L'impossible éthique
des entreprises

Éditions d'Organisation
1, rue Thénard
75240 Paris Cedex 05
Consultez notre site :
www.editions-organisation.com

DU MÊME ÉDITEUR
CHEZ LE MÊME ÉDITEUR

L'essentiel de la gestion, 2ᵉ édition 2001.
Panorama de la gestion, avec G. Hɪʀɪɢᴏʏᴇɴ, J. Tʜᴇ́ᴘᴏᴛ, N. Tᴏᴜʀɴᴏɪs et J.-P. Vᴇ́ᴅʀɪɴᴇ, 2ᵉ édition 2000.
10 repères essentiels pour une organisation en mouvement, avec G. Gᴏᴢʟᴀɴ, 1999.

© Éditions d'Organisation, 2002
ISBN : 2-7081-2799-3

Coordonné par André BOYER

L'impossible éthique des entreprises

Éditions
d'Organisation

Sommaire

Présentation des auteurs XI

Introduction XIII

PREMIÈRE PARTIE

Le concept d'éthique de gestion 1

Chapitre 1 L'éthique au service de la stratégie de l'entreprise 3

L'éthique des affaires : principes et règles 4

    L'éthique de gestion s'instrumentalise 6

    La gestion intègre l'éthique dans sa pratique 9

L'éthique à l'ère de l'individualisme 13

    Le « marché » des éthiques modernes :
    pour une liberté de base 16

    La question éthique dans la prise de décision :
    le sens moral revendiqué 21

    Éthique dans l'entreprise : outil stratégique 22

Chapitre 2 L'éthique se frotte aux TIC : illusion ou exigence ? 25

À nouvelle société, nouveau contrat social 25

    L'individu, nouveau Narcisse : le « look » 26

    L'émergence des TIC : vers une réification de
    la communication 27

    La net-économie : une logique immatérielle 28

Face aux dérives : un contrat social revisité 32

    L'éthique jusqu'à la Renaissance 34

    L'éthique au cours des XVIIe et XVIIIe siècles 35

    L'éthique au cours des XIXe et XXe siècles 36

DEUXIÈME PARTIE

Le rôle clé du dirigeant 41

Chapitre 3   **L'éthique de l'entrepreneur : entre convictions et compromis** 43

    Les contradictions de l'entrepreneur : le frein à l'éthique 44

    Entrepreneuriat : un état d'esprit 44

    Éthique personnelle de l'entrepreneur : un référent 46

    Éthique et réalité concurrentielle 49

    Une image d'entreprise, ça s'entretient 53

    L'éthique comme vecteur de réussite 53

    La réputation de l'entrepreneur : un capital à préserver 56

Chapitre 4   **L'éthique au service des actionnaires ?** 63

    Les dirigeants au service de l'actionnaire 64

    La loyauté du dirigeant, un devoir incontournable 66

    Actionnaires, faux actionnaires : déceler la nuance 74

    Le dirigeant aux ordres du marché 78

    Le marché, ses exigences 79

    Les réactions des dirigeants : obligations de résultats 88

TROISIÈME PARTIE

La politique éthique dans l'entreprise 93

Chapitre 5   **Peut-on concilier éthique et management des ressources humaines ?** 95

    Éthique et management des RH : quelle compatibilité ? quels outils ? 95

    L'éthique peut-elle gérer le changement et la crise ? 96

    L'éthique : une exigence de tous les acteurs 97

L'éthique : pivot du triptyque « Vision, Valeurs, Principes » de l'entreprise 99

Outils éthiques, les objectifs de l'entreprise comme fil conducteur 101

Trois niveaux d'intégration pour adopter une position éthique 103

Le « management socialement responsable » s'approprie l'éthique 105

Le « management socialement responsable » s'approprie les outils 108

Processus des ressources humaines et éthique : l'impact 109

L'éthique, facteur de succès des collaborateurs 110

Les salariés comme levier de l'éthique 110

Audits sociaux : l'éthique au programme 112

Le bilan sociétal 112

L'approche éthique en questions 112

Chapitre 6 L'éthique au service du mix-marketing ? 115

Le mix-marketing intègre l'éthique dans ses méthodes 115

« Éthique » du produit 117

« Éthique » du prix 119

« Éthique » de la distribution 120

« Éthique » de la communication 121

La loyauté, concept éthique, outil stratégique 125

Chapitre 7 Le mythe d'Hermès ou les contradictions éthiques de la vente 129

La vente et l'éthique : je t'aime, moi non plus 130

Une vision historique du monde et de l'acte marchand 131

La rémanence du mythe d'Hermès 132

L'impossible éthique du vendeur 134

La vente éthique : un oxymore ? 134

Tensions et dilemmes éthiques du vendeur dans l'acte de vente 137

Éthique et vente : une alchimie à trouver entre sphères concurrentes 142

L'instrumentation de l'éthique : une impasse ? 142

La vente comme processus 143

Des pistes managériales 144

Une analyse plus macro 146

La vente et son image dans l'opinion : une éthique étique 146

Évolution de la fonction vente dans les entreprises au xxe siècle 147

Une pratique sans fondement théorique 148

Chapitre 8   L'éthique prise dans l'étau financier de la mondialisation 153

Les opérations stratégiques ont leur « éthique » 154

La confiance, un concept éthique 155

Négociation et confiance dans la coopération inter-entreprises 156

Les institutions financières en marge de l'éthique ? 167

Éthique financière, éthique de l'argent 167

Des tactiques plus amicales 169

Les organismes de surveillance restaurent la confiance 171

« L'éthique » des produits financiers 174

QUATRIÈME PARTIE

Synthèse : l'éthique et le profit 179

Chapitre 9   Le militantisme de l'entreprise, une hypocrisie ? 181

Entre profit et pression environnementale, une invitation au scepticisme 182

Une nouvelle niche de profitabilité 182

Hypocrisie et air du temps 187

Une pression normative 188

Une resocialisation à la fois voulue et subie 189

Les réalités du militantisme entrepreneurial : un mouvement de fond 191

Dans la tradition de l'action sociale 191

Une nouveauté : le militantisme humanitaire 194

Éthique et militantisme : le rêve impossible de l'entreprise   197
   L'entreprise schizophrénique   197
   La sphère métamorale de l'entreprise   203

Conclusion générale   207

Bibliographie   211

Index   223

Présentation des auteurs

Samih ABID, avocat au barreau de Nice, docteur en droit, chargé d'enseignement à la Faculté de Droit de Sciences Économiques et de Gestion, Université de Nice-Sophia-Antipolis, membre du CREDECO-IDEFI, UMR 6043 CNRS/INRA.

Isabelle ARNAUD, consultante, chargée d'enseignement à la Faculté de Droit, Sciences Économiques et Gestion, Université de Nice-Sophia-Antipolis.

Isabelle BARTH, maître de conférences en sciences de gestion, Université de Lyon-II, directeur du DESS Vente.

André BOYER, professeur en sciences de gestion, IAE de Nice, Université de Nice-Sophia-Antipolis, RODIGE UMR CNRS 6044.

Virginie DE BARNIER, docteur en sciences de gestion, enseignante à l'EDHEC et chargée de cours à l'Université de Nice-Sophia-Antipolis.

Cécile DEJOUX, maître de conférences en sciences de gestion, Université de Toulon et du Var, IAE-Paris I-Sorbonne.

Rim DOURAI, docteur ès sciences de gestion, Université de Nice-Sophia-Antipolis, RODIGE UMR CNRS 6044.

Ali EL IDRISSI, maître de conférences en sciences de gestion, IUT de Nice-Côte d'Azur, Université de Nice-Sophia-Antipolis, RODIGE UMR CNRS 6044.

Djamila EL IDRISSI, maître de conférences en sciences de gestion, IAE de Nice, Université de Nice-Sophia-Antipolis, RODIGE UMR CNRS 6044.

Fatna HARRAR, docteur ès sciences de gestion, RODIGE UMR CNRS 6044.

Shawna MILLIOT-GUINN, docteur ès sciences de gestion, ATER, Université de Poitiers.

Philippe MOUILLOT, maître de conférences en sciences de gestion à l'Université de Poitiers.

Nadine TOURNOIS, professeur en sciences de gestion, Directeur de l'IAE de Nice, Université de Nice-Sophia-Antipolis, RODIGE UMR CNRS 6044.

Edwige VERNOCKE, maître de conférences en sciences de gestion, IUT de Nice-Côte d'Azur, Université de Nice-Sophia-Antipolis, CRIC Montpellier-I.

Introduction

André BOYER

Cet ouvrage soutient la thèse que l'éthique de gestion est un sous-ensemble de la gestion de l'entreprise et non de l'éthique. Tout au long de cet ouvrage, nous observerons que l'éthique de gestion initiée par les entreprises sert avant tout leur profitabilité. Notre premier objectif, repris pour chacun des volets de la gestion d'entreprise développé dans l'ouvrage, consiste à analyser les moyens qu'utilise l'entreprise pour transformer le thème éthique en source de profit. Cette analyse plus approfondie des relations entre l'éthique et la gestion des entreprises, va au-delà d'une simple acceptation ou d'un pur refus de l'affichage des intentions éthiques proclamées par ses acteurs.

La première partie définit le concept d'éthique de gestion. Le premier chapitre est une définition de l'éthique à l'ère de l'individualisme, qui implique un « produit » éthique mis à la disposition des entreprises qui développent des outils de gestion adaptée à la demande éthique. Il va nous permettre d'examiner concrètement la signification d'une charte éthique. Si, *a contrario*, l'éthique de gestion se définit en premier lieu comme une éthique, que signifie cette éthique qui pourrait être appliquée à l'entreprise ? Quel est le sens du mot « éthique » dans nos sociétés occidentales si ce mot en a toujours un ? On peut en effet se demander à bon droit si l'éthique, telle qu'elle apparaît aujourd'hui, placardée en argumentaire de vente ou comme élément de management, voire de manipulation, correspond à un simple artifice ou à un besoin réel et profond de l'humanité du nouveau millénaire. Le deuxième chapitre présente d'abord l'historique sommaire du concept d'éthique qui a considérablement évolué dans son contenu au cours des siècles. Ensuite, il trace à grands traits les caractéristiques de la société actuelle dans laquelle s'inscrit la « nouvelle économie », à la faveur du développement exponentiel des technologies de l'information et de la communication (TIC).

La deuxième partie analyse le rôle des dirigeants dans l'éthique de l'entreprise. Au cours d'une période complexe du point de vue éthique, qu'elle soit qualifiée d'ère de l'apparence, de crise du sens ou de déficit moral, l'éthique peut devenir le piédestal des entreprises et des entrepreneurs qui véhiculent des discours moralisateurs qui se veulent témoins de leurs attitudes responsables. L'esprit entrepreneurial s'accommode parfaitement d'une conception magnifiée de sa contribution au fonctionnement de la société. L'esprit d'entreprise s'appuie sur des aptitudes comme la créativité, la gestion de l'incertitude, la capacité à prendre des risques. Pourtant, le dérapage idéologique guette les décideurs à la vision trop étroite.

Après avoir présenté les bases de la notion d'entrepreneuriat, l'objet du troisième chapitre consiste à montrer comment l'entrepreneur est conduit à prendre des décisions non éthiques, sans pour autant renoncer à une gestion commerciale de l'éthique. Le point de repère naturel des dirigeants en matière d'éthique, qu'ils soient entrepreneurs ou managers, est naturellement dans une société donnée, la règle de droit. Cette dernière procède des données économiques, sociales, politiques et idéologiques de la société. Ainsi, traditionnellement, le droit s'appuie soit sur la morale, soit sur des éthiques spécifiques qui puissent s'incarner dans des codes de bonne conduite. En quoi le droit peut-il aider les dirigeants à respecter le mandat reçu des actionnaires et quelles sont les contradictions qu'il subit ?

Le dirigeant est, en effet, tenu à une obligation générale de loyauté qui se traduit par des normes de comportement juridique. Or, en tant qu'être humain, le dirigeant est perpétuellement tiraillé entre la recherche de son bien et de celui d'autrui. Il se trouve confronté à des responsabilités, dont il ignore l'étendue et les moyens de les assumer. L'abondance de la jurisprudence montre bien le flou de la loi en matière de définition des devoirs des dirigeants sociaux, tandis que le recours aux codes de bonne conduite est plébiscité par le marché.

Le quatrième chapitre traite des devoirs des dirigeants avec une approche juridique et gestionnaire. Il n'a pas pour but d'étudier la mise en œuvre de l'éthique, en l'occurrence à travers les articles de loi et les codes de bonne conduite privés, mais plutôt celui de qualifier cette éthique, notre postulat étant que le dirigeant a un comportement éthique lorsqu'il répond aux attentes de ses mandants, les actionnaires. Mais si le dirigeant semble être au service de l'actionnaire, le véritable bénéficiaire n'est-il pas en définitive le marché ? Les démarches éthiques des entreprises s'inscrivent dans une logique de changement qui vient de l'extérieur, telle que la pression exercée par les consommateurs et les actionnaires ou de l'intérieur de l'organisation, comme l'arrivée d'un nouveau dirigeant ou la perception d'une situation de crise. Dans tous les cas, elles constituent une réponse à un besoin et s'inscrivent dans une logique d'adaptation. Ainsi, la question de l'éthique dans l'entreprise est un des moyens qui s'offrent à elle pour préserver et développer les relations de confiance nécessaires à sa crédibilité et à sa pérennité.

La troisième partie éclaire la politique de l'entreprise en matière d'éthique. Si les dirigeants et les actionnaires sont au premier rang quant aux comportements éthiques liés à l'entreprise, l'ensemble de son personnel et de ses partenaires se trouve naturellement concerné par ces derniers. La thématique de la confiance semble devenir un précepte managérial, et plus exactement des relations de confiance avec les consommateurs, les actionnaires et les collaborateurs. Confrontés à un certain nombre d'événements, les *stakeholders* (opinion publique, consommateurs, salariés, État) et les *shareholders* (investisseurs, actionnaires) réclament des garanties aux entreprises sur leurs engagements vis-à-vis de la qualité, des délais et des principes éthiques pour instaurer une relation de confiance.

Confrontés à une pression externe comme interne, les dirigeants se trouvent pressés d'intégrer l'éthique dans le cadre d'un triptyque « Vision, Valeurs, Principes » qui fait partie intégrante de la stratégie de l'entreprise. Le cinquième chapitre analyse donc l'impact de l'éthique sur le management des ressources humaines, et appréhende, dans un premier temps les différents niveaux d'intégration d'une position éthique dans l'entreprise, pour examiner ensuite les outils disponibles d'un « management par l'éthique » qui s'intégrerait à la gestion des compétences des organisations.

La relation entre le marketing et l'éthique est une question que l'on traite souvent de façon globale, sans analyser de façon détaillée les rapports entre les actions marketing et l'éthique. Cette analyse est l'objet du sixième chapitre qui examine l'aspect éthique des quatre variables du *marketing-mix*.

Si le respect d'une norme éthique vis-à-vis des clients de l'entreprise apparaît comme une des composantes majeures de l'éthique de gestion, il reste qu'associer l'éthique à la vente est un pari difficile tant ces deux termes paraissent antinomiques et tant les médias, miroirs et écrans des représentations de la société, nous renvoient une image dégradée de la vente. Nous voyons, dans le déficit éthique qui affecte la vente, le symptôme de son incapacité à dépasser le statut d'un savoir pratique. Aussi le septième chapitre analyse-t-il l'antagonisme fondamental qui oppose vente et éthique à partir d'une relecture du mythe d'Hermès, dieu des marchands et des voleurs, en s'interrogeant sur la possibilité d'une articulation des sphères vente et éthique ainsi que sur la nécessité d'une évolution de la fonction vente de manière à la rendre compatible avec l'éthique.

Finalement on ne saurait ignorer, en matière d'éthique, le cadre international dans lequel s'effectuent les opérations de l'entreprise. La préoccupation éthique dans les affaires qui est depuis longtemps répandue aux États-Unis tend à se globaliser sous la pression de l'internationalisation des entreprises. Cette extension ne se fait pas sans mal puisque la conception de l'éthique est spécifique à chaque culture. Encore faut-il distinguer trois dimensions de l'éthique pour analyser son rôle dans le cadre de la mondialisation : l'éthique des rapports de l'entreprise avec son environnement, l'éthique dans l'entreprise qui met en lumière des conflits basés sur le principe du respect de la loyauté et de la confidentialité et l'éthique de la personne qui interroge la rationalité individuelle. Ces trois aspects sont abordés dans le huitième chapitre pour deux domaines d'action stratégique liée à la globalisation des entreprises : les opérations de rapprochements et d'alliances et leurs dimensions éthiques ainsi que l'éthique dans les marchés financiers avec et le développement de produits financiers appelés fonds éthiques.

La dernière partie de synthèse fait le point sur la relation entre l'éthique et le profit. Lié au marketing de l'entreprise, l'engagement de l'entreprise dans les grandes causes humanitaires et sociales est devenu une tendance lourde de sa communication. Peu à peu s'est développé un mécénat de solidarité que l'on peut analyser en termes de véritable marketing social, avec des actions de plus en plus spectaculaires, et des budgets considérables. L'entreprise s'oriente-t-elle vers une « communication sociale » évoluant à terme vers un véritable « humanisme industriel et technologique » ? On voit cependant rarement l'entreprise engager des actions non bénéficiaires...

Le neuvième et dernier chapitre, sur le militantisme de l'entreprise, explicite nos doutes et étaie notre scepticisme sur les bonnes intentions du monde entrepreneurial en examinant les hypothèses explicatives les plus logiques, qui vont du simple effet de mode à une nouvelle stratégie de profit, de la pression du « politiquement correct » à la remotivation des salariés. Compte tenu de l'orientation générale de cet ouvrage, on ne peut se contenter de cette démarche initiale : comment travailler sur un aspect aussi sensible de l'action de l'entreprise sans le recadrer dans la dimension générale du rapport que celle-ci entretient avec l'éthique ? Dans le contexte d'ambiguïté à la fois structurelle et formelle qui s'est développé autour du mot éthique lui-même, puis de son emploi dans le monde économique, le militantisme de l'entreprise, quels qu'en soient les paradigmes explicatifs, se présente néanmoins comme un point fort des visées éthiques de celle-ci. Au cœur de ce concept, il est peut-être nécessaire d'en remettre en question la pertinence...

Ainsi cet ouvrage, plutôt que d'offrir une vision de l'éthique de gestion qui viendrait s'ajouter ou se superposer à des démarches plus autorisées que les nôtres, s'articule autour du doute sur les intentions éthiques. Ce doute s'évalue à l'aune des actes accomplis au sein de l'entreprise et de leurs finalités, puis, à partir de l'approfondissement du concept d'éthique. Chaque chapitre appelle dans son domaine à s'interroger sur le sens de la pratique de la gestion. Nous avons voulu proposer, en fin d'ouvrage, une bibliographie permettant au lecteur gestionnaire de disposer d'une base de références pour construire sa propre opinion sur le rôle de l'éthique dans l'entreprise, celui qu'il observe et celui qu'il souhaite lui attribuer.

Première partie

Le concept
d'éthique de gestion

L'éthique de gestion est-elle une discipline de gestion ou une subdivision de l'éthique ? Si notre parti, tout au long de cet ouvrage, consiste à la classer parmi les disciplines de gestion, nous ne pouvons pas rejeter sans examen la thèse ambiguë selon laquelle l'éthique de gestion se définirait comme une éthique. Nous examinerons cette thèse, sous deux angles différents dans les deux premiers chapitres de cet ouvrage. Dans le premier chapitre, l'éthique est définie dans le cadre d'une société individualiste appliquée aux chartes éthiques. Le second chapitre élargit la réflexion éthique au plan de son histoire tout en la reliant à l'actualité des Technologies de l'information et de la communication (TIC).

L'éthique au service
de la stratégie de l'entreprise

André BOYER, Isabelle ARNAUD

Ou bien l'éthique est au service du profit, ou bien le profit doit composer avec l'éthique.

Dès l'introduction, nous avons indiqué que nous considérions l'éthique de gestion comme faisant partie intégrante de la gestion de l'entreprise, puisqu'elle doit servir son objectif de profit avant toute autre considération. Dès lors, comment concilier le profit et l'éthique en se plaçant du point de vue de l'entreprise ? Ou bien l'éthique est au service du profit, ou bien le profit doit composer avec l'éthique, c'est-à-dire être sacrifié peu ou prou à des principes éthiques. Pour répondre à cette question qui traverse l'ensemble de cet ouvrage sous des angles différents, nous allons définir l'éthique des affaires puis observer comment elle s'applique en pratique dans les entreprises, et, enfin, en tirer les conséquences sur les liens entre l'éthique d'entreprise et celle de la société dans laquelle elle se trouve.

L'éthique reste, comme toujours, du domaine de l'individu et de la société. Le premier point de vue est celui de la conviction, de la raison et de la responsabilité de chacun d'entre nous, à son poste dans le monde d'aujourd'hui. Le second point de vue, celui de la société, nous concerne aussi bien comme acteurs que comme observateurs. Cette dernière cherche avant tout les moyens de faire travailler les entreprises dans le sens de l'intérêt général, ou à défaut de les empêcher de développer des actions qui lui soient trop contraires. C'est dans cet objectif qu'elle est intéressée à une éthique d'entreprise. L'éthique d'entreprise est donc prise en tenaille entre l'éthique individuelle (ne pas agir contrairement à ses principes) et l'éthique collective (l'entreprise doit être citoyenne). Dans cette posture inconfortable, quelle est donc cette éthique qui pourrait être appliquée à l'entreprise ?

L'ÉTHIQUE DES AFFAIRES : PRINCIPES ET RÈGLES

La question fondamentale posée aux décideurs dans l'entreprise, du point de vue éthique, est celle de leur responsabilité vis-à-vis des êtres et des choses. Pour les individus, on évoque la responsabilité vis-à-vis des clients, des employés, des fournisseurs, des actionnaires, de l'État, de la société où intervient l'entreprise, de l'ensemble de l'humanité. Vis-à-vis des objets matériels, il s'agit de la responsabilité de sécurité (protection des personnes au sens large), de bonne gestion ou de capacité technique et professionnelle. Ces responsabilités sont encadrées par les lois et les règlements que les entreprises sont tenues de suivre, du fait des règles de droit liées à leurs statuts sociaux.

L'éthique des affaires suggère qu'il existe des principes ou des règles particulières à respecter, qui découlent des caractéristiques des actions menées au sein de l'entreprise. Nous examinons cette question à partir de la définition de l'expression « éthique des affaires ». Le terme « éthique des affaires » est la traduction littérale de *business ethics*. L'éthique des affaires peut être définie comme l'analyse des modes d'application des normes morales des individus aux « décisions concrètes prises dans l'entreprise, qu'il s'agisse des décisions des acteurs individuels ou de celles de l'entreprise considérée globalement »[1]. Il ne semble pas fondamentalement différent d'utiliser les termes « éthique de gestion » ou « éthique d'entreprise ». En France, la plupart des auteurs parlent uniquement d'éthique des affaires. Le professeur de gestion Jacques Orsoni[2] explique que « le terme d'éthique est généralement tenu dans ce domaine comme synonyme de morale, c'est-à-dire comme science ou comme art de diriger sa conduite ».

La théorie et la pratique des affaires auraient des dimensions normatives éthiques qui nécessiteraient d'être trouvées, identifiées et comprises. Dans les affaires, l'éthique concerne la pratique du management dans tous ses champs d'action, comme le management stratégique, le management de l'information, le marketing, la comptabilité, la théorie des organisations, la finance et l'investissement, les ressources humaines ou la publicité. De façon plus détaillée, le marketing est concerné par les décisions relatives à la médiatisation des produits, aux prix, à la fiabilité des produits, aux relations publiques, à la négociation et au marchandage, la gestion des ressources humaines par le recrutement et la sélection, la comptabilité par les comptes rendus financiers, l'audit

---

1. Antoine Kerhuel, « Éthique de part et d'autre de l'Atlantique », *Projet*, n° 224, hiver 1990, p. 15-21.
2. Jacques Orsoni, « L'enseignant de gestion face à la morale d'entreprise », *Revue française de gestion*, juin-août 1989.

et le contrôle de gestion, la direction de l'entreprise par le leadership, la vision financière, la forme des contrats.

Dans une société où la liberté et la satisfaction de l'individu sont mises en avant, l'employé est conduit à définir ses droits notamment à la santé et à la sécurité. Il attend de son employeur un traitement juste. Il définit son domaine privatif, revendique la liberté de s'exprimer et de disposer d'un pouvoir de négociation en particulier par le biais des syndicats. Il s'estime concerné par la restructuration de l'entreprise. Il est en droit de s'opposer à toute forme de discrimination.

La prise de contrôle des entreprises par de nouveaux propriétaires est de nature à générer de nombreux problèmes liés à l'éthique, du fait des conditions de rachat avec leurs secrets et leurs spéculations [1] (on se réfère à des « chevaliers » blancs ou noirs). Les problèmes éthiques dans l'entreprise ont engendré une littérature éthique des affaires qui offre quatre thèmes dominants, la métaéthique, l'éthique normative, l'éthique descriptive et prescriptive (voir tableau ci-après).

MÉTAÉTHIQUE	La littérature métaéthique cherche à révéler et à justifier la structure fondamentale des systèmes moraux, selon des principes téléologiques et déontologiques tels que celui de la justice[a].
ÉTHIQUE NORMATIVE	Sur ces bases, la métaéthique s'interroge sur la signification et la justification des décisions prises par les individus et les entreprises, conduisant au développement de modèles normatifs de décision.
ÉTHIQUE DESCRIPTIVE	Prenant une position d'observateur, la littérature descriptive observe la phénoménologie éthique. Les décisions des managers sont mises en parallèle avec leurs responsabilités fonctionnelles, et les croyances des individus et des entreprises sont reliées à leurs cultures.
ÉTHIQUE PRESCRIPTIVE	Finalement, la littérature prescriptive encourage la communauté scientifique à être plus éthique. Elle se donne pour tâche d'apprendre aux hommes d'affaires comment mettre en pratique un comportement éthique par des codes[b]. Ces derniers matérialisent l'éthique de l'entreprise par un ensemble de règles et de principes destinés à définir un comportement considéré comme satisfaisant. Comme les préceptes moraux ne sont pas facilement traduisibles en règles d'action, les déontologies professionnelles constituent une médiation entre les principes et la pratique, grâce à la mise en place de règles particulières.

(a) Voir J. Rawls, 1987, *op. cit.*
(b) Gael McDonald, « Business ethics: Practical proposals for organisations », *Journal of Business Ethics*, Dordrecht, May 2000, vol. 25, p. 169-184.

Tableau 1. Les quatre formes d'éthique des affaires

---

1. *The Blackwell Encyclopedic Dictionary of Business*, Patricia H. Werhane, R. Edward Freeman (éd.), 1997, Blackwell, Cambridge.

Avant d'analyser les propositions de la littérature éthique, interrogeons-nous sur l'origine des éthiques de gestion. Leurs analyses et propositions sont fondées soit sur la mise en application d'éthiques particulières[1], soit sur l'observation des contraintes que subissent les entreprises dans une société et à une période donnée[2]. Les appels à suivre telle ou telle éthique sont utiles, mais gardons-nous de faire du prosélytisme en faveur d'un système éthique particulier : car dans le monde d'aujourd'hui, c'est à l'individu qu'il appartient d'en décider en fonction de son degré de rationalité et de responsabilité. Il reste l'attention qu'il est nécessaire de porter aux évolutions du monde, de ses opinions, de ses priorités et de ses règles. Nous sommes bien ici dans les questions qui concernent un ouvrage de gestion, les « problèmes éthiques » revenant à des questions de stratégies éthiques pour le profit ou la survie de l'entreprise.

L'éthique de gestion s'instrumentalise

■ *Total-Fina : la gestion du « catastrophe-mix »*

Le cas de l'échouage du pétrolier *Erika* fin 1999 illustre bien à notre avis la problématique de l'éthique de gestion. Bien que l'échouage ne relève pas de la responsabilité juridique de Total-Fina, l'opinion publique lui en a imputé la responsabilité morale, pour avoir voulu faire du profit en économisant sur le transport du pétrole, ce qui explique le recours de l'entreprise aux services d'un navire peu fiable.

Pour les responsables de Total-Fina, il était facile de démontrer aux actionnaires que la recherche du profit, donc du plus bas prix possible pour le transport du pétrole, était un objectif légitime pour toute entreprise, pétrolière ou non. Tout autre comportement des dirigeants aurait entraîné des sanctions contre eux. Cet accident, non prévisible d'un point de vue technique, a eu des effets négatifs sur son image. En conséquence, il devait être intégré dans les paramètres de gestion. Après l'échouage seulement, la question de l'éthique des dirigeants de l'entreprise pétrolière a été posée devant l'opinion : ont-ils été suffisamment conscients de l'étendue des dégâts ? Étaient-ils prêts à participer à l'indemnisation de la catastrophe ? Que prévoyaient-ils dans le futur pour éviter le renouvellement d'une catastrophe semblable ?

---

1. La théorie de la justice de Rawls est particulièrement en vue en ce début de XXIe siècle.
2. En ce début de XXIe siècle, la non-discrimination, notamment vis-à-vis des femmes, le respect de l'environnement, sont particulièrement en vue.

Les responsables des relations publiques de Total-Fina ont travaillé dur pour conseiller les dirigeants, et probablement pour décider directement du nombre et de la nature des communiqués à publier, des gestes symboliques à accomplir et du *catastrophe-mix* à gérer en fonction des réactions de l'opinion publique et de sa capacité à garder en mémoire les événements qui ont entouré l'échouage de l'*Erika* et la pollution qui en a résulté. Ce travail de relations publiques est exactement de la même nature que celui d'un responsable de marketing, à ceci près qu'il s'agit de limiter, de circonscrire les effets puis d'amortir progressivement une image négative de l'entreprise, au lieu de valoriser, de diffuser et de maintenir une image positive de l'entreprise. L'aspect éthique, au même titre que le caractère négatif du problème posé aux responsables des relations publiques, ne change rien aux techniques éprouvées des relations publiques et des concepts sur lesquels elles sont fondées.

Ce travail de *catastrophe-mix* a été suivi avec anxiété par les actionnaires, qu'ils soient des fonds de pension, de petits actionnaires indépendants ou l'État français, dans la mesure où toute erreur de communication pouvait se traduire par un boycott particulièrement dommageable pour les profits de l'entreprise. Cependant, on peut être certain qu'aucune mesure de sélection de navire pétrolier à double coque n'aurait été approuvée AVANT la catastrophe, en raison de son incidence sur les profits. Sans aucun doute les arguments des actionnaires auraient été que la position concurrentielle de Total-Fina en aurait été affectée, les concurrents ne pratiquant pas cette précaution. L'éthique est un facteur qui est intégré dans la gestion de l'entreprise dans le cadre de l'image de marque confiée aux services des relations publiques, sans doute une des sous-directions du département de la communication de l'entreprise. Nous en connaissons bien le processus et les conséquences. En somme une question stratégique classique, aiguë à court terme mais routinière à long terme, comme cet exemple nous l'a montré.

■ Total-Fina : le souci moral

La question que pose l'éthique n'est pas de savoir si les dirigeants, les cadres, les employés de l'entreprise et les partenaires, les clients, les fournisseurs, les concurrents, les collectivités publiques ont des valeurs morales, mais si sa prise en compte, par exemple sous forme de charte des « valeurs » de l'entreprise, est nécessaire pour maintenir ou accroître l'image, donc le profit de l'entreprise. Dans cette configuration, l'image est le terme clé : tout se passe comme si l'entreprise agissait tel un enfant qui souhaite manger le plus de confiture possible mais qui ne veut surtout pas l'avouer, et dont la pire crainte est d'être pris la main dans le sac. L'image de l'entreprise est l'interface entre l'envie de confiture et l'absence de preuve d'actions répréhensibles. Pour faire oublier leur obsession de la confiture en haut du placard (le profit), l'entreprise parle de l'amour qu'elle porte à l'environnement ou aux valeurs « humaines » de solidarité, de travail bien fait, de qualité, mais ne pense qu'à l'image de l'entreprise.

Si le souci éthique, admettons-le, est inspiré par la crainte de la détérioration de l'image de l'entreprise, la gestion de l'éthique a pour vocation d'instrumentaliser l'éthique vis-à-vis de l'efficience de l'entreprise. Le « business humanitaire », dont l'objectif est non pas le profit, mais la philanthropie, en apporte une confirmation complémentaire. Ces associations sont des entreprises ordinaires dans leurs principes de gestion : il s'agit de mettre en relation des nécessiteux et des donateurs potentiels, ces derniers étant identifiés comme des personnes ressentant le besoin (éthique) de donner. Le marché humanitaire commence par éliminer les « mauvais » produits, c'est-à-dire la misère non vendable, la maladie qui n'est pas à la mode, le fléau ignoré. L'image de l'association humanitaire et de ses produits est toujours l'élément central de la gestion de l'organisation éthique et le reste de la gestion de l'organisation, ses techniques publicitaires, ses salaires ou ses placements financiers sont parfaitement classiques, sauf ses objectifs. L'éthique intégrée dans l'objectif de l'entreprise humanitaire est clairement l'élément central de son image. L'entreprise doit donc être simplement consciente des situations de gestion où l'éthique intervient pour modifier l'image de l'entreprise, de ses dirigeants ou de ses employés. Si l'on considère les domaines de la gestion des ressources humaines, du marketing et de la stratégie, certains comportements des entreprises ont des effets dommageables sur leur image.

Considérer l'homme au travail comme un objet est une atteinte à la condition humaine. Le stress et l'aliénation au travail montrent que les conditions de travail induisent l'anxiété, la méfiance, le durcissement moral. Les décisions de licenciement ou de mise à la retraite révèlent souvent une face négative des rapports humains dans l'entreprise. De même l'utilisation de la publicité peut entraîner à la fois des problèmes de choix des moyens de communication[1] et de gaspillage. Les rapports de force déséquilibrés entre producteurs (agriculteurs, PME) et distributeurs, entraînent l'exploitation des premiers par les seconds, et des mouvements d'hostilité. Enfin, l'influence cumulée des entreprises, par

---

1. Voir André Boyer, « Un marketing sans paradigme ? », *RFG*, octobre 1999, p. 64-80.

la recherche du « toujours plus », le gaspillage et la pollution des ressources, sur la culture, les mœurs, la politique ne peut être ignorée du gestionnaire.

La pratique de la gestion implique de prendre en considération le rôle de l'image éthique dans les décisions de l'entreprise.

La pratique de la gestion implique de prendre en considération le rôle de l'image éthique dans les décisions de l'entreprise, soit de se résigner à ce qu'elle prenne la forme d'une pression extérieure médiatique et juridique. La mise en place d'un code d'éthique permet d'analyser la démarche d'intériorisation de la contrainte de l'image éthique dans l'organisation interne de l'entreprise.

La gestion intègre l'éthique dans sa pratique

■ Le code d'éthique : l'impact

L'intérêt de l'exemple ci-après se situe dans le caractère détaillé [1] de la mise en place d'un code éthique (CE) dans une grande entreprise multinationale d'origine américaine, employant environ 6 000 personnes [2] et opérant en Asie. Nous l'appellerons conventionnellement « Éthos ». L'entreprise a mis en place son code éthique (CE) sans être apparemment sous la pression des pouvoirs publics ou de l'opinion. Le programme est construit à partir de l'hypothèse que les valeurs de la direction de l'entreprise ont un impact fort sur le comportement des employés. La notion d'intégrité a constitué la base clairement établie du fonctionnement de l'entreprise, donc du CE. Certains dirigeants se sont impliqués dans la mise en place du CE jusqu'à animer eux-mêmes la formation des formateurs au CE. La formalisation du CE, par son caractère explicite et à condition de ne pas multiplier les ambiguïtés, a un effet positif sur le respect des règles éthiques de l'entreprise. Il forme un livret qui contient onze sections (voir tableau ci-après).

---

1. La première étape a consisté à proposer une stratégie pour la mise en place d'un code de conduite pour la force de travail. Cette dernière ayant été acceptée, un manuel a été développé. Puis un support vidéo a été élaboré, les membres du comité de direction ont été réunis pour superviser l'organisation du programme auprès des chefs de départements, des ateliers de travail ont été mis en place pour former les formateurs, et l'évaluation de l'efficacité du programme a été conduite.
2. Gael McDonald, « Business ethics: Practical proposals for organisations », *Journal of Business Ethics*, mai 2000, vol. 25, p. 169-184. Dans cet exemple, le nom de l'entreprise n'est pas révélé.

Contenu du livret des règles éthiques de l'entreprise Éthos	
Section 1	Un message d'introduction du directeur général.
Section 2	La notification de l'égalité des salariés devant les opportunités de carrière, par la communication avec tous. Elle contient l'engagement de la direction de promouvoir les employés de l'entreprise. L'accent est mis sur la responsabilité de chacun.
Section 3	La prééminence proclamée de l'éthique sur le respect de la loi : « même si la loi est permissive, nous choisirons la voie de la plus haute intégrité » ou « l'honnêteté est une qualité reconnue universellement » ou encore « les moyens sont aussi importants que les fins ».
Section 4	Le traitement des conflits d'intérêts : il est fondamental de ne pas porter tort à l'entreprise vis-à-vis de ses concurrents, notamment en leur fournissant des informations confidentielles.
Section 5	La corruption : il est important de refuser tout cadeau ou facilité provenant des clients, des fournisseurs ou de toute personne en contact avec Éthos.
Section 6	La sécurité : Éthos s'engage à assurer la sécurité physique et psychologique de ses employés.
Section 7	Le service au client, sa satisfaction sont reconnus comme des valeurs fondamentales d'Éthos.
Section 8	Les règles de consultation, d'évaluation et de sélection des fournisseurs et des sous-traitants sont spécifiées.
Section 9	Les règles à respecter pour protéger l'environnement sont énoncées.
Section 10	Le respect des intérêts des actionnaires s'exprime en particulier par la responsabilité de leur fournir des informations complètes, détaillées et sincères.
Section 11	Les employés ont la responsabilité individuelle de respecter le CE. Il leur est rappelé les sanctions qu'entraîneraient les violations du code.

Tableau 2. Les éléments du code éthique de l'entreprise Éthos

Le code précise quelles sont les principales valeurs d'Éthos, la sécurité, le service aux clients, la qualité, qui sont de la responsabilité commune de l'organisation et des employés. Il tient compte de la culture de l'entreprise : opérant en Asie, il met l'accent sur la corruption, mais ignore la gravité du harcèlement sexuel, systématiquement mentionnée dans les codes des entreprises opérant aux États-Unis. L'objectif du code d'éthique est de servir de guide aux employés, de permettre aux employés de résister plus facilement aux pressions non éthiques des supérieurs hiérarchiques et des clients mais aussi de mettre l'accent sur les débats éthiques, plutôt que purement économiques dans l'entreprise. Aussi doit-il être complètement intégré dans l'organisation pour qu'il ait une efficacité non purement cosmétique.

Après la diffusion du CE auprès de tous les employés d'Éthos en octobre 1994, un audit ultérieur alertait la direction sur le non-respect du CE, parce que ses exigences n'étaient pas correctement comprises face à l'ambiguïté des situations que vivaient les employés. Éthos décidait alors d'aider ses employés à prendre les décisions appropriées, en organisant une session de formation à l'utilisation du CE. À cet effet, trois objectifs spécifiques furent retenus pour cette formation : renforcer le respect des standards de conduite sur le lieu de travail ; développer une meilleure compréhension du CE tel qu'il s'applique à l'organisation et à ses salariés ; convaincre les salariés de l'importance qu'attache la direction au respect du CE.

Concrètement, un manuel détaillé de formation fut réalisé, intitulé « Un pas dans la bonne direction », destiné à tous les formateurs. Ces derniers, encouragés à s'informer des difficultés pratiques d'application du CE, ont pris contact avec le département Audit comme avec les acteurs principaux d'Éthos, tout en s'appuyant sur leurs expériences personnelles. Au total 125 formateurs ont été entraînés, qui dirigèrent chacun des formations sur l'utilisation du CE à des groupes de 20 employés. Toutes les questions sans réponses furent fournies au Département Audit pour être analysées et résolues [1].

Durant les sessions d'introduction aux séminaires, un film vidéo présentait une interview du directeur général contenant des déclarations du type : « J'aimerais rappeler à chaque cadre et employé que personne dans l'entreprise Éthos n'a autorité pour contrecarrer les prescriptions du CE », qui permettait à chacun de mesurer l'importance et l'absence de flexibilité du CE. Dans l'interview, le DG répondait à 17 questions précises de façon à éclairer les décideurs sur les réponses à apporter aux situations ambiguës. Ces questions furent regroupées autour de six thèmes (voir tableau ci-dessous).

Thèmes	Questions
1	Quelle est la relation entre l'éthique et les affaires, chez Éthos en particulier ?
2	Quel est le rapport entre l'éthique et le respect de la légalité ?
3	À partir d'exemples vécus de l'histoire de l'entreprise, quels sont les comportements les plus sensibles en matière d'éthique ?
4	Si l'éthique concerne les choix individuels, en quoi Éthos est-elle concernée ?
5	Quels exemples peut-on donner de problèmes éthiques résolus avec succès ?
6	Jusqu'à quel point l'entreprise est-elle prête à diminuer ses profits pour respecter son CE ?

Tableau 3. Les six thèmes éthiques relatifs aux situations ambiguës de l'entreprise Éthos

---

1. Au cours des sessions de formation, plusieurs méthodes ont été employées, comme l'utilisation de biographies montrant le caractère universel des choix éthiques, les jeux de rôle, l'analyse des articles de la presse, les jeux d'entreprises centrés sur l'éthique.

■ *Code éthique et code de l'entreprise : deux concepts distincts*

Un programme d'évaluation de l'efficacité de la formation était adressé à tous les formateurs, d'où il ressortait que l'interview vidéo du DG avait bien montré l'importance du CE pour Éthos, mais que les formateurs auraient souhaité disposer d'exemples plus nombreux de violations ou d'erreurs éthiques. Les formateurs ont également noté que les participants connaissaient mal le CE avant les sessions de formation, et qu'un certain nombre d'employés étaient sceptiques sur l'application effective des principes contenus dans le CE.

Depuis cette première formation, afin de maintenir et de renforcer le climat éthique, des dispositions ont été prises : effectuer un audit éthique annuel, créer un comité éthique permanent et ouvrir une ligne de communication permettant de discuter des difficultés d'application du CE et de dénoncer ses violations.

Cet exemple montre l'importance de l'engagement de la direction de l'entreprise et de la codification des questions éthiques pour mener une politique éthique adaptée à l'entreprise, qui nécessite aussi une permanence dans le contrôle, l'information et l'explication et des incitations matérielles pour que le code éthique soit traduit dans les actes. Les promoteurs de la mise en place d'un code éthique dans l'entreprise recommandent les orientations stratégiques suivantes en cohérence avec le CE (voir tableau ci-dessous).

Orientations stratégiques
Le CE présuppose l'engagement de la direction : « si ce n'est pas éthique, ce n'est pas profitable ».
L'entreprise ne doit pas faire la leçon aux employés, mais déterminer clairement le rôle et les responsabilités de chacun, sous la forme d'engagements réciproques entre l'organisation et les employés.
La définition du concept éthique, comme la relation avec la mise en pratique sont également nécessaires.
Le CE et la formation au CE doivent avoir clairement pour objectifs d'aider les employés à faire face aux problèmes éthiques qu'entraînent les décisions qu'ils ont à prendre dans le cadre de l'entreprise.
Les violations du CE doivent être ouvertement reconnues et corrigées, avec des sanctions et des récompenses liées à la qualité du comportement éthique.
L'objectif doit être que chaque personne dans l'entreprise se sente responsable du respect du CE.

Tableau 4. La cohérence des orientations stratégiques avec le code éthique

L'exemple ci-dessus montre également que la mise en place d'un code éthique dans l'entreprise n'a rien à voir avec l'éthique de l'entreprise en général, ou *a fortiori* de ses dirigeants ou de ses employés. Comme toujours en gestion, la prise en compte des comportements et des exigences de tous les partenaires de l'entreprise est nécessaire ainsi que l'organisation du fonctionnement de l'entreprise qui favorise son développement. Les questions soulevées par le CE sont semblables à celles qui ont présidé à l'implantation de la qualité dans les produits, la production et les services de l'entreprise.

L'éthique est à l'intersection des rapports entre l'individu et la société, plus exactement entre ce que le premier croit, veut et fait, et ce que la seconde attend, accepte et codifie.

Quelle que soit l'action de l'entreprise en faveur d'un code éthique et la pression que cette dernière exerce pour la faire respecter, l'éthique est à l'intersection des rapports entre l'individu et la société, plus exactement entre ce que le premier croit, veut et fait, et ce que la seconde attend, accepte et codifie. Lorsque les rapports entre l'individu et la société changent, l'éthique change et avec elle les exigences auxquelles doit répondre l'entreprise. Or l'évolution majeure dans ce domaine est l'émergence d'une éthique de plus en plus centrée sur l'individu, qui tend à écarter toute autorité extérieure, et toute transcendance qui lui serait imposée. L'éthique de la personne, de la société et de l'entreprise est dépendante de cette polarisation autour de l'individu.

L'ÉTHIQUE À L'ÈRE DE L'INDIVIDUALISME

L'éthique et la morale ont des origines étymologiques voisines. L'éthique provient du grec *ta éthé* signifiant les mœurs, et la morale du latin *mores*, désignant les coutumes. Dans son acception moderne, la morale appelle à un devoir, qui implique des règles à suivre, et qui formule des interdits. L'éthique observe la morale, l'ensemble des morales, dont elle analyse les structures. Elle a l'ambition d'être une science, ayant pour objet d'élaborer les fondements des règles de conduite et de construire une théorie de ce qui est le Bien et le Mal[1]. Métamorale, elle se situe au-delà des règles en s'attachant à révéler leurs fondements.

L'éthique, dès l'abord, prend ses distances avec la morale, cette dernière étant liée à la culture, la religion et aux convictions de celui qui s'y réfère. La morale s'adresse à la personne. Elle se présente comme une doctrine de l'action individuelle face à la nécessité de vivre en société, ou tout simplement de survivre. Son caractère transcendant affecte la liberté de l'individu, qui ne peut que l'appliquer, l'interpréter ou la rejeter. Or l'évolution idéologique et sociale a conduit depuis

---

1. Angèle Kremer-Marietti, *L'Éthique*, PUF, coll. « Que Sais Je ? », Paris, 1987.

plusieurs siècles en Occident à l'émergence d'une philosophie et de pratiques individualistes par opposition aux règles contraignantes de la société morale. Au fur et à mesure que ces règles se sont affaissées sous les arguments de la raison triomphante, le monde moderne a présidé à l'avènement de l'individualisme hédoniste qui refuse les contraintes et combat l'obstacle des règles[1].

Cette évolution trouve son origine, sinon dans le mouvement individualiste de la Renaissance, du moins dans la formulation systématique qui en a été faite au cours du siècle des Lumières. Depuis le XVIIIe siècle, les philosophes et les scientifiques n'ont eu de cesse de mettre en cause la religion comme base de la morale. Proclamant leur foi dans la raison de l'individu qui lui permettrait de construire les fondements de sa morale, ils l'ont aussitôt chargé d'autant de devoirs que de droits, des devoirs aussi bien envers lui-même qu'envers la collectivité. Depuis cette étape de la morale fondée sur la raison, l'impératif du devoir s'est considérablement affaibli devant une société de consommation qui stimule les désirs et la satisfaction matérialiste[2]. Les formes d'encadrement et de contrôle social comme l'église, la famille, l'école sont désormais en déliquescence face à une culture contemporaine célébrant l'ego, le présent, la liberté, la satisfaction des désirs. L'idée de Sacrifice s'est fortement dévalorisée, la foi dans le Progrès a progressivement vacillé, laissant l'individu seul face à une éthique qu'il lui faut bien construire pour survivre face aux autres et au temps.

La société moderne est fondée sur la valeur absolue de l'individu. Le bonheur est un droit naturel, face auquel il faut bien abaisser les exigences de l'obligation morale. À la fin du XVIIIe siècle, les économistes s'étaient taillés un beau succès auprès de l'opinion éclairée en assurant (en démontrant, disaient-ils) que l'égoïsme et les vices privés de l'individu mis en concurrence se transformaient, par une merveilleuse ruse de la raison, en instruments de la prospérité, voire du bonheur du monde[3]. Les philosophes avaient précédé et accompagné les économistes sur cette pente. Les calculs de Machiavel ont été magnifiés comme résolument modernes. En distinguant la morale personnelle et subjective telle que la proposait Kant et la morale objective détenue par les institutions (la famille, l'État), Hegel réduisait la morale à la sphère privée. Le devoir était dénoncé par Nietzsche comme un esclavage, et comme une source d'hystérie par Freud. La popularisation de

---

1. Gilles Lipovetsky, *L'Ère du vide, essais sur l'individualisme contemporain*, Gallimard, Paris, 1983.
2. Gilles Lipovetsky, *Le Crépuscule du devoir*, Gallimard, Paris, 1992.
3. Le boulanger d'Adam Smith ne le nourrissait pas par bonté d'âme, et pourtant il le nourrissait tout de même, s'émerveillait notre auteur, et avec lui tous les économistes.

l'eudémonisme est passée par le « il est interdit d'interdire » pour aboutir au vieux dilemme eudémoniste : comment être heureux ?

Face à cette question posée à chaque être humain, l'éthique reprend ses droits par le biais de la société. Quels que soient les fondements de l'éthique, religieux, culturels ou individuels, toute société ne peut exister qu'en protégeant l'individu contre les autres et contre lui-même. Dans la société individualiste d'aujourd'hui, personne n'a le droit d'abuser de personne au nom de quelque principe, conviction ou foi que ce soit. Il en résulte des problèmes et des débats nouveaux : la question de l'euthanasie se situe exactement entre le droit de chacun de limiter ses souffrances et de mourir dans la dignité d'une part, et dans le risque d'accorder abusivement au médecin la possibilité de donner la mort, d'autre part.

Les médias ont le droit et le devoir d'informer, mais aussi la responsabilité de ne dire que ce qui est supportable pour la société : ils n'ont pas par exemple, à inciter les enfants à la violence ni à les exposer à la pornographie. La liberté sexuelle est reconnue voire exaltée, mais elle ne doit pas conduire à abuser de la faiblesse des autres, notamment de celle des femmes et des enfants. Les femmes ont le droit d'être respectées dans leur image, non pas en fonction d'une morale mais par respect pour leurs personnes. Les athlètes, incités à gagner, doivent par ailleurs être protégés dans leur santé par l'interdiction des produits anabolisants. Le droit de fumer implique à l'inverse le droit de ne pas être contraint d'en supporter les nuisances.

L'individu doit aussi être protégé contre lui-même. Seul, il est trop faible pour parvenir au bonheur sans être assisté, conseillé et protégé. Le suicide n'est pas condamnable en soi puisque chacun est maître de sa vie, mais la société condamne pour « non-assistance à personne en danger » ceux qui ne viennent pas en aide aux personnes qui tentent de mettre fin à leurs jours au nom de la protection des êtres psychologiquement fragiles. Chacun est libre de boire et de fumer. Mais il faut naturellement que chacun protège sa santé en évitant les excès : les taxes sur les alcools et le tabac y trouvent leur justification collective. La consommation de drogue est trop dangereuse pour être laissée à la portée de personnes trop faibles pour ne pas en abuser. Le plaisir de manger implique de respecter la diététique. Le droit à l'esthétique a pour bornes les dangers de détérioration de la santé.

Finalement l'éthique individualiste, fondée sur le respect absolu du droit des individus à être heureux, génère des règles qui se traduisent en lois contraignantes que les institutions sociales sont chargées de faire respecter. La nouveauté est que l'éthique doit trouver son chemin en s'appuyant exclusivement sur le plaisir et la raison individuelle. C'est pourquoi, à rebours des éthiques transcendantales, les éthiques modernes s'adressent à l'individu, sans pouvoir leur dicter leurs conduites. Il leur faut argumenter, raisonner et convaincre l'individu avant de réglementer en désespoir de cause au nom de la société. Chaque situation nouvelle est susceptible de modifier les règles éthiques, ce qui oblige à en redéfinir le cadre adéquat. Dans une société hédoniste individualiste, le sujet de débat le plus sérieux et le plus constant devient paradoxalement le débat éthique, puisqu'il faut sans cesse redéfinir les règles du jeu entre des individus libres et raisonneurs confrontés à un monde qu'ils déséquilibrent en permanence par leurs objectifs de satisfaction des désirs.

Le débat éthique produit donc un tumulte croissant, portant sur l'évolution des règles et la dénonciation des déviances des uns jugée par les autres. Mais ces dérives sont dénoncées en référence à des principes issus de morales et de fondements éthiques divers.

Le « marché » des éthiques modernes : pour une liberté de base

■ *Éthique et transcendance religieuse*

Les religions ont toujours défini la nature du bien et du mal, en vertu de laquelle les systèmes de valeur des sociétés étaient déterminés. L'éthique philosophique, au nom de la raison, ne leur reconnaît pas le droit de fonder une métamorale. Cependant, dans le monde présent, les préceptes religieux continuent à définir les règles et à inspirer les choix de la majorité des acteurs de l'entreprise à travers le monde, qu'ils soient chrétiens, israélites, musulmans, bouddhistes ou hindouistes, pour ne se référer qu'à ces cinq grandes religions.

Lorsque la référence religieuse apparaît, chacun connaît avec clarté les règles qui seront ou qui devraient être respectées. La référence à la religion sonne comme un appel à l'humilité face à la prétention de la philosophie de construire une conscience qui embrasse le monde. Elle remet également en doute la primauté de l'Être sur la relation entre les êtres[1]. La rencontre de l'autre ouvre la voie de la responsabilité de chacun face à l'autre. La Bible, les Évangiles, le Coran en appellent à l'effacement de l'être devant l'infini, à la primauté de la rencontre, fondement de la responsabilité donc des règles éthiques, et *in fine* à l'acceptation de la tradition comme source d'inspiration.

---

1. Ou la primauté de l'ontologie dans l'éthique.

Dans les sociétés théocratiques, les règles qu'elles édictent s'imposent à l'entreprise comme à la personne. Il ne s'agit pas de préceptes à appliquer de façon plus ou moins stricte selon la foi de chacun, mais de lois moralement et matériellement contraignantes. L'éthique de la transcendance religieuse ne donne pas à l'individu de choix en fonction de sa raison et de son plaisir. Mais inversement l'effacement de la référence religieuse entraîne l'affaiblissement du rôle du devoir, au sens déontologique du « devoir faire ». La relation entre l'entreprise et l'éthique apparaît dès l'énoncé de l'objectif de la production économique. Ce dernier n'est pas religieux, mais orienté vers l'accroissement du bien-être matériel, en contradiction avec les contraintes de l'obligation morale. Si Max Weber a pu montrer que le protestantisme réconciliait le labeur, le succès matériel et la foi religieuse, il reste que cette dernière est censée dicter la voie que doivent suivre les hommes d'affaires. Or la société de consommation mine les fondements de toutes les religions, y compris les protestantismes, par le biais du rejet de toutes les règles qui s'opposent à l'usage illimité des biens et des services. Le partage des richesses n'y est pas plus valorisé que l'abstinence, la charité ou la modestie.

> **La relation entre l'entreprise et l'éthique apparaît dès l'énoncé de l'objectif de la production économique.**

Si l'affaiblissement du sentiment religieux est directement lié à la téléologie de la société de consommation, cette dernière inspire une éthique individuelle qui se doit de faire appel à la raison philosophique. En première approche, la raison serait celle de l'individu face à la vie. À la suite d'Épicure, Spinoza et Nietzsche, mettent en avant la puissance du désir de vivre. Le paradigme éthique de l'Être est alors fondé sur la joie ou la force vitale. Le Bien[1] est ce qui la favorise, le Mal ce qui la dessert. Mais au nom de la même raison individuelle face à la vie, d'autres philosophes comme Schopenhauer tempèrent l'hymne de l'Être à la joie, parce que la raison commande de prendre aussi en compte la face amère, sombre et cruelle de la vie. Les éthiques qui exaltent la vie, les désirs, le bonheur ou son contraire le désespoir, voire le tragique, conduisent à des sagesses individuelles qui se forgent avec l'expérience vitale de chacun. Elles sont toutes fondées sur la primauté de l'Être.

■ *Éthique et appel à la raison*

Naturellement, l'éthique ne peut ignorer la dimension collective de la vie. Les hommes ont droit aux libertés de base[2] selon un principe

---

1. Qui peut inclure aussi le Beau, permettant de mêler esthétique et éthique pour faire de sa vie une œuvre d'art.
2. La Déclaration universelle des droits de l'homme se réclame de ce principe.

d'égalité, qui est complété logiquement par le principe de responsabilité de l'individu par rapport à sa vie comme vis-à-vis de ses égaux en droit. En prenant en charge les rapports entre l'individuel et le collectif, l'éthique reconnaît les droits de l'individu tout en lui demandant de prendre ses responsabilités. Si l'individu s'y refuse, l'éthique en appelle à la société pour qu'elle édicte les règles et les fasse respecter[1]. L'éthique ne pouvant en appeler à la religion, il lui reste la foi dans la raison pour organiser les rapports entre les individus. Elle invoque alors la relation, le langage, la communication qui lui paraissent devoir être des objets d'études qui ne prêtent pas à discussion[2].

C'est ainsi que Jürgen Habermas[3] distingue deux types d'activités rationnelles qui s'accordent bien avec la vie de l'entreprise : la première concerne la recherche de gains matériels ou symboliques qui s'efforce à une rationalité liant l'action et ses résultats. La seconde vise une entente entre des partenaires. Elle présuppose que l'autre est une personne responsable, permettant ainsi d'adapter au monde moderne l'impératif kantien[4]. Dès lors pour Habermas, le langage fonde l'éthique universelle car il autorise la reconnaissance de l'autre et la nécessité d'une entente. Cette vertu prêtée à l'échange se retrouve dans les multiples appels au dialogue à l'intérieur de l'entreprise comme avec ses partenaires.

John Rawls[5] fait le lien entre l'éthique fondée sur la communication et l'éthique fondée sur l'intérêt collectif. Le libéralisme s'appuie sur l'utilitarisme, qui fonde le bien-être collectif à partir de l'addition de celui de ses membres. Ses règles émanent conventionnellement d'un contrat issu d'une assemblée de personnes libres et rationnelles, qui rechercheraient les règles et les principes d'une société juste[6]. L'éthique serait donc fondée sur un débat, où ressurgit la primauté du dialogue prôné par Habermas, ainsi que sur un contrat qui établit une structure sociale et ses règles. Il en résulterait, selon Rawls, deux principes de justice : le premier indique que chaque personne a un droit

---

1. Hobbes met en avant la volonté de vivre de l'individu qui le porte à la guerre de tous contre tous, mais qui accepte pour survivre que l'État joue le rôle du Léviathan, qui a pour fonction d'être le gardien de l'égalité.
2. Cet acte de foi constitue l'un des postulats du postmodernisme.
3. J. Habermas, *De l'éthique de la discussion*, Cerf, Paris, 1986.
4. « Je dois toujours me conduire de telle sorte que je puisse aussi vouloir que ma maxime devienne une loi universelle. » *Fondements de la métaphysique des mœurs*, 1785.
5. J. Rawls, *Théorie de la justice*, Le Seuil, Paris, 1987.
6. Pour que ces personnes ne construisent pas un système à leur profit, il imagine qu'un « voile d'ignorance » recouvre leurs propres caractéristiques (avantages et handicaps dans la société) et leur propre place dans la future société en construction. Il s'agit donc d'êtres kantiens qui participent à une délibération universelle.

égal à l'ensemble des libertés fondamentales, et le second reconnaît que les inégalités socio-économiques ne sont justes que si elles bénéficient aux individus les plus défavorisés.

Ces principes de justice permettent de définir une déontologie sans se préoccuper de définir *a priori* ce qu'est le Bien (comme le prescrivent les éthiques téléologiques). Le débat offre aux membres de l'assemblée la possibilité de définir les principes de la justice. L'éthique de Rawls est sans aucun doute candidate pour servir de guide ou de justification aux responsables politiques et économiques de ce monde, depuis l'effacement du débat entre marxisme et capitalisme sur la justice sociale et l'efficacité économique. Elle ne prend cependant pas en charge les problèmes d'environnement et de développement scientifique, comme le constate Karl Otto Apel[1] qui observe la mise en place d'une société planétaire unifiée, grâce aux effets techniques des découvertes scientifiques. Si la science domine l'humanité par sa pensée et ses effets matériels, il est donc nécessaire de fonder une éthique rationnelle qui intègre la pensée scientifique. Puisque la science se refuse à être la source de l'éthique, le positivisme interdisant de déduire des normes morales de « faits objectifs », il reste à la communauté des penseurs d'examiner les propositions du chercheur solitaire selon des normes éthiques fondamentales qui s'imposent à elle. Apel se rattache à la philosophie kantienne quant à la transcendance de la raison qui animerait la communauté de scientifiques, et à Habermas pour la construction de l'éthique à partir d'une communauté de communication.

Hans Jonas[2], pour sa part, relie l'Être, l'éthique et la science à partir d'un diagnostic sur les mutations de l'action humaine : la technique se saisit de l'homme comme d'un objet, en prolongeant sa vie et en se livrant à des changements génétiques. Ce nouvel agir lui semble lourd de menaces, car l'éthique classique n'est pas adaptée à ce démiurge qu'est devenu l'homme doté de ces nouveaux pouvoirs biologiques. À l'impératif kantien classique sur la façon d'agir, il substitue d'autres impératifs qui intègrent la nouvelle responsabilité de l'homme vis-à-vis de l'homme. Il lui semble fondamental que le devoir impératif de l'homme soit de ne pas compromettre les conditions de la survie de l'humanité sur terre. L'impératif de Jonas est ontologique car il fonde le bien sur l'existence de l'Être. Pour lui, la responsabilité de l'individu est illimitée car elle se doit de prendre en charge une humanité devenue plus immédiatement périssable du fait de l'homme.

---

1. *L'Éthique à l'âge de la science*, PUF, Paris, 1987.
2. *Le Principe responsabilité*, Le Cerf, Paris, 1990.

Ainsi l'éthique, en tant que philosophie de la morale, recherche les fondements raisonnables du Bien dans le monde d'aujourd'hui. Un monde ou la valeur suprême est le droit de l'individu [1] à la liberté, au désir et au bonheur. Parmi les systèmes éthiques qui s'offrent sur le marché de la modernité, les préceptes d'Habermas et de Rawls sont de nature à proposer des références pour l'action d'un individu sociable et raisonnable. Si l'individu étend son champ de responsabilité aux risques supportés par la personne du fait des recherches biologiques et ceux que la production matérielle fait peser sur la survie de l'humanité, il peut suivre Apel et Jonas qui en appellent à la responsabilité de l'homme vis-à-vis du futur de l'humanité. L'appel à la raison de l'individu pour dégager l'éthique qui lui convient, rend vaine toute tentative pour définir, reconnaître ou imposer une éthique unique qui puisse être celle de la société ou de l'entreprise d'aujourd'hui. À tout moment de nouvelles propositions éthiques sont susceptibles d'apparaître sur le « marché éthique ».

On peut cependant « raisonnablement » estimer que deux limites sont susceptibles de nous guider dans cette quête de l'éthique d'entreprise. D'une part, il n'existe pas d'humanité sans éthique. Même s'il s'agit d'une éthique parfois imprécise et toujours changeante avec les conditions du monde, les sociétés humaines sont toujours dotées d'une éthique de fait qui transparaît dans les lois, les interdits, les coutumes, les valeurs, les opinions. L'individu comme l'entreprise est contraint de s'y conformer sous peine d'encourir au minimum la désapprobation et au maximum de mettre sa vie en jeu. D'autre part, si le primat de l'individu l'autorise à agir selon les principes qui lui chantent, au prix même de sa vie, la conscience qu'il a du monde implique une responsabilité vis-à-vis de ce dernier. L'éthique, quelle qu'elle soit, est à la fois un ensemble de contraintes que l'individu doit respecter pour survivre et l'intériorisation de sa responsabilité vis-à-vis du monde. L'une et l'autre ne sont plus gravées dans le marbre transcendantal d'autrefois, varient avec les circonstances et les individus, mais sont toujours prégnantes.

Les règles comme les principes appartiennent tous deux à l'éthique, les premières servant de limites, les seconds de guide, notamment pour appliquer ou corriger des règles imprécises ou inadaptées. Si l'éthique humaine est un substitut à l'instinct de survie animal, les règles s'appliquent à ceux qui ne savent pas faire le Bien tandis que les principes de responsabilité concernent ceux qui prétendent le savoir. La question

---

1. Un individu qui n'accepte ni obligation ni sanction, selon Gilles Lipovetsky, *op. cit.*, 1992, p. 15.

se pose donc de savoir dans quelles conditions l'acteur prend en compte la dimension éthique dans les motivations de ses décisions.

La question éthique dans la prise de décision : le sens moral revendiqué

Le problème moral est posé aux êtres humains lorsque leurs décisions les conduisent à choisir entre des manières d'agir qui diffèrent selon le critère du bien et du mal. Pour reprendre la terminologie kantienne, à côté des exigences techniques relatives aux objectifs de l'action, les hommes développent une exigence pratique (la *praxis*) qui donne un sens à leur action, au-delà de toute considération fonctionnelle [1]. Le problème moral naît-il de la conscience, c'est-à-dire étymologiquement de la connaissance, souvent intuitive, que le sujet a de lui-même, de ses états et de ses actes, ainsi que de son environnement ? Que le sens moral soit vu comme un substitut à l'instinct [2], ou qu'il soit une fonction adaptative de l'espèce [3], il reste que le sens moral est revendiqué par l'acteur.

Comme l'expérience de la conscience en tant que compréhension de soi est intérieure à l'individu, le sens moral de la personne se forme de manière individuelle. Au plan collectif, le concept de « conscience collective », est l'ensemble des idéaux fédératifs érigés à l'état de valeurs. Elle correspond aux valeurs individuelles partagées, sinon par la totalité, du moins par une partie substantielle des membres de la société de référence. Deux perceptions opposées des relations entre la conscience morale individuelle et les valeurs du groupe apparaissent : soit la conscience morale naît dans la profondeur de la conscience individuelle pour être ensuite partagée par le groupe, soit le système de valeurs est construit autour de la survie du groupe pour être ensuite imposé à ses membres. On peut enfin refuser de se prononcer sur la prééminence de l'individu ou du groupe, et considérer que le groupe et l'individu sont indissociables, au motif que la conscience morale demande un engagement de la pensée tout en trouvant ses sources dans le groupe. Quoi qu'il en soit, il existe une relation entre les consciences morales individuelles et le système de valeurs auquel se réfère la collectivité.

> Au plan collectif, le concept de conscience collective » est ensemble des idéaux fédératifs érigés à l'état de valeurs.

---

1. Emmanuel Kant, *Critique de la raison pratique*, PUF, Paris, 1965.
2. Konrad Lorenz soutient que le développement de la médiation de la morale dans l'espèce humaine est lié à la régression de l'instinct animal comme mécanisme de sélection des actions (K. Lorenz, *L'Agression : une histoire naturelle du mal*, Flammarion, Paris, 1977).
3. Jean-Pierre Changeux, *Fondements naturels de l'éthique*, Odile Jacob, Paris, 1993.

La moralité en tant qu'exigence normative se concrétise par des pratiques morales. Le sujet moral est en effet fondamentalement un sujet social. Il n'est pas une conscience isolée mais un sujet inséré dans un tissu social qui sollicite sa moralité. Cette pratique morale concrète dépend de facteurs socioculturels : l'individu se règle souvent sur les usages communs de son milieu par facilité, par conformisme, et du fait de l'éducation et de la pression sociale qui modèlent ses représentations du bien. Les travaux en psychologie morale ont tenté de montrer comment chacun construit sa conscience dans ses relations au monde et aux autres. Piaget a insisté[1] sur le rôle de la punition, au cours de l'éducation du jeune enfant, dans l'acquisition d'un respect durable des règles. L'évolution psychologique serait la succession de cinq voire de six stades de développement moral[2]. Les quatre premiers correspondraient à l'obéissance par crainte de la punition, à la recherche de récompenses, à la satisfaction de faire ce que les autres attendent et à la confiance dans l'utilité personnelle et collective de respecter les règles sociales. On trouve par définition dans une société une minorité de personnes qui adoptent une moralité non conventionnelle fondée sur un jugement autonome. Seuls les saints et les philosophes adoptent et se conforment à des principes universels.

Les individus tendent généralement à régler leurs comportements sur les normes du groupe social auquel ils appartiennent. Cette observation est également applicable à l'activité des entreprises. Afin d'éviter les punitions et l'opprobre de l'opinion publique, les entreprises sont incitées à satisfaire les attentes de la collectivité avant que cette dernière n'intervienne par le biais des groupes de pression et par la sanction des tribunaux. Il reste à reconsidérer ces principes dans le cadre de l'entreprise.

Éthique dans l'entreprise : outil stratégique

Quel est donc le sens de l'éthique de gestion ? Nous avons voulu montrer qu'elle s'insérait dans le cadre de la gestion et non de la morale. Dès lors, il n'est pas concevable de se servir du terme « éthique » pour laisser croire qu'il y aurait une éthique particulière à concevoir et à mettre en place pour l'entreprise. Certes, il ne manque pas en effet de philosophes pour s'emparer du champ de l'entreprise afin de vendre des principes et des règles éthiques adaptés à l'entreprise. L'éthique est aussi un marché porteur, généré par des entreprises désorientées

---

1. Jean Piaget, *Le Jugement moral chez l'enfant*, PUF, Paris, 1932.
2. Lawrence Kohlberg, *The psychology of Moral Development: the Nature and Validity of Moral Stages*, Harper and Roy, 1984.

par la mondialisation et anxieuses de disposer de règles solides. Mais il ne s'agit que d'un marché, en rien d'une morale...

Le problème de l'éthique dans l'entreprise n'est donc pas de déterminer quelles sont les actions, bonnes ou mauvaises, relativement à une éthique qui resterait à définir. Il n'est ni moral, ni philosophique, ni scientifique, mais pratique. Il est du même ordre que la question de la mise en place et du respect de la qualité. L'entreprise connaît les principes éthiques qu'elle doit honorer, comme le respect des clients et du personnel, la protection de l'écosystème, et d'une façon générale les normes de la société d'aujourd'hui qui privilégient le respect de l'individu. Les médias semblent d'ailleurs s'être donné pour tâche non seulement d'informer le public des déviations face à la norme mais de s'en faire les hérauts, voire les propagandistes.

Aussi personne ne peut-il raisonnablement ignorer l'éthique en vigueur dans chacune de nos sociétés et il est inutile d'inviter les entreprises à la respecter, *a fortiori* à la découvrir ou à la réinventer. Quant à faire de nouvelles leçons d'éthique, pour ne pas écrire de morale, aux actionnaires, aux managers ou aux employés, à quoi bon et à quel titre ? Il reste l'intuition du chef d'entreprise capable de comprendre avant les autres, que la norme éthique évolue par exemple vers le management participatif, vers un rôle accru des femmes dans la direction des entreprises, vers la qualité visible, vers les produits « bios », vers les emballages réduits... En somme le manager doit montrer en matière d'éthique de gestion ses qualités d'innovateur.

> **L'éthique entre en jeu dans l'entreprise, lorsque l'absence ou l'insuffisance d'éthique contrarie le profit.**

Nous ne nous prononcerons pas sur la question de savoir si « le XXIe siècle sera éthique ou ne sera pas »[1]. Par contre, il nous semble important de rappeler que les entreprises sont toujours guidées par l'objectif du profit. L'éthique entre en jeu dans l'entreprise, lorsque l'absence ou l'insuffisance d'éthique contrarie le profit. L'éthique est, en ce sens, un effort pour retrouver le chemin du profit à long terme face à la tentation de donner la priorité au profit à court terme. On peut considérer aussi que, lorsque l'éthique s'inscrit dans le court terme, elle n'est qu'une hypocrisie en général assez vaine, tandis que l'éthique de gestion ancrée dans le long terme des relations de l'entreprise avec ses partenaires trouve sa véritable signification. L'éthique de gestion est donc un outil stratégique de long terme.

Il subsiste enfin des problèmes techniques d'application des principes éthiques à chaque situation et pour chaque discipline de gestion, qui font l'objet des chapitres suivants.

---

1. Quoique nous nous permettrons d'avancer qu'il ne le sera ni plus ni moins que les autres.

Chapitre 2

L'éthique se frotte aux TIC : illusion ou exigence ?

Nadine TOURNOIS, Shawna MILLIOT-GUINN

L'éthique prend un sens nouveau avec les changements économiques et les applications des découvertes scientifiques. Sans même se référer aux évolutions en cours des techniques biologiques, le développement des technologies de l'information et de la communication (TIC) risque de modifier fortement le sens que l'on donnait à l'éthique dans l'économie traditionnelle. C'est pourquoi nous allons dans un premier temps décrire la situation nouvelle créée par les TIC, et la comparer ensuite à l'évolution du concept d'éthique au cours du temps, pour nous interroger sur le sens qu'elle garde encore aujourd'hui.

À NOUVELLE SOCIÉTÉ, NOUVEAU CONTRAT SOCIAL

Le XXe siècle se caractérise par un mouvement vers l'irrationnel, que l'on peut constater aussi bien au niveau esthétique qu'au niveau scientifique, qui porte un intérêt croissant au désordre (voir L'éloge du désordre). On assiste à l'émergence d'un véritable culte de l'irrationnel[1] qui correspond peut-être à un certain désarroi de la conscience contemporaine[2]. La composante irrationnelle du comportement humain

---

1. H. Michaux, *Chemins cherchés, chemins perdus, transgressions*, Gallimard, Paris, 1981.
2. J. Russ, *L'Aventure de pensée européenne*, Armand Colin, Paris, 1995.

a d'ailleurs été prise en compte par tous les domaines de la gestion (management, marketing, etc.) sous des appellations telles que « rationalité limitée » dont l'engouement s'est matérialisé par un prix Nobel (celui de Simon en 1973). Le premier changement se situe au niveau du rôle de l'individu dans la société.

L'individu, nouveau Narcisse : le « look »

L'individu, après n'avoir été présenté que comme un élément qui n'a de sens que par les relations qu'il entretient avec les autres (approches structuralistes), apparaît aujourd'hui sous la forme d'un véritable Narcisse des temps modernes. On assiste à un « culte du moi » qui fait émerger un être dépourvu de points de repère. L'homme est devenu un « look ». L'ego, l'hédonisme sont mis en avant. Cette tendance a même été considérée comme un fondement de l'évolution des courants socioculturels utilisés abondamment en marketing. L'homme est ainsi devenu l'objet réel de la société de consommation de masse. Ceci est contraire à toute idée de dépassement de soi-même (en opposition totale avec le concept du « soi-même » de Sartre) ou de conquête de soi-même, ou contraire aux principes de la société. L'homme émancipé est aujourd'hui dépassé, il n'est plus occupé par la recherche de sa liberté. « Le Moi... se trouve cette fois décapé, vide de son identité... comme l'espace public se vide émotionnellement par excès d'informations, de sollicitations et d'animations, le Moi perd ses repères, son unité... il est devenu un ensemble flou »[1].

Cette forme de négation de l'homme s'accompagne d'autres négations, même si certains nous proposent, comme Misrahi[2], la conception d'un « individu intégral », sujet de l'éthique dont il permet la réalisation, mais qui semble dénué de toute réalité objective. Il en va de même de la philosophie de l'histoire. Les totalisations historiques (Hegel ou Marx) n'invitent plus aujourd'hui à croire à une logique séquentielle permettant à l'homme d'avancer. Les historiens eux-mêmes ne semblent plus croire à un sens de l'histoire, pourtant bien nécessaire au maintien d'un espoir chez l'homme. Ils font référence à une succession ou une juxtaposition d'histoires[3].

La dialectique, l'idée d'un progrès de la pensée par contradictions surmontées, après avoir été vénérée dans les années 1940-1950[4], tend à

---

1. G. Lipovetsky, *L'Ère du vide : essais sur l'individualisme contemporain*, Gallimard, Paris, 1989.
2. R. Misrahi, *La Problématique du sujet aujourd'hui*, Encre Marine, Paris, 1994.
3. F. Fukuyama, *La Fin de l'histoire et le dernier homme*, Flammarion, Paris, 1992.
4. Cette survie est liée à l'existence même des philosophes dits « dialectiques » tels que Hegel, Marx ou Sartre, qui considèrent que la contradiction est la réalité même de l'homme et le moteur de la pensée.

s'affaiblir à partir des années 1960. Si elle survit, c'est au sein de la pensée scientifique contemporaine, en ce sens qu'il y a complémentarité et besoin d'organisation de notions multiples. En clair, on peut se demander si ce que l'on évoque aujourd'hui sous le nom de « complexité » n'est pas une forme moderne de la dialectique. Il n'en demeure pas moins que l'on est bien loin de la technique sophiste de dialogue destinée à faire triompher l'apparence sur la réalité. Qu'en est-il de l'idée de progrès, chère au siècle des Lumières ? Elle aussi, manifestement, traverse une grave crise. De nouvelles formes de barbarie, de misère, une raison devenue folle, une science aux résultats non contrôlables, une nature dégradée, modifiée, asservie... Tout pousse à ne plus croire au progrès, du moins sous sa forme moderne. Dans cette situation, l'apparition de nouvelles technologies change la donne.

L'émergence des TIC : vers une réification de la communication

Seuls éléments émergeant aujourd'hui de ce chaos : les TIC et un ensemble d'espoirs qui leur sont directement reliés, prédisant et/ou constatant un renouveau social, une « nouvelle société ». Si, pendant des siècles, les évolutions sociales et éthiques (ou idéologiques) ont été directement dépendantes de la place et de l'influence du sacré, aujourd'hui ce qui semble déterminant dans cette évolution est l'ensemble des technologies notamment liées à l'information et à la communication. À cela plusieurs raisons, d'abord parce que, par défdtion, ces technologies ont permis de multiplier les liens entre les êtres humains. Or, communiquer peut être considéré comme partie intégrante du comportement éthique. En effet, communiquer avec l'autre, c'est le respecter, le prendre en considération. C'est la « non-communication » qui est la négation de l'éthique.

À cela bien sûr, on peut objecter que la communication dont il s'agit ici est une forme réifiée de la communication. Ce sont les fonctions conative et référentielle, au sens jakobsonien[1] du terme, qui sont prédominantes. De plus, si cette communication est à l'origine d'une ouverture plus grande sur l'extérieur, voire d'une mondialisation des échanges, elle s'accompagne dans le même temps d'une véritable remise à plat de valeurs dites traditionnelles comme le travail, la pro-

---

1. R. Jackobson, *Essais de linguistique générale*, Minuit, Paris, 1963.

priété ou l'endettement, participant ainsi à la perte de points de repère stables pour l'homme.

La net-économie : une logique immatérielle

■ *Le travail comme miracle*

La « logique » même de fonctionnement de l'économie traditionnelle et/ou industrielle, voire postindustrielle, n'est pas la même que celle de la net-économie. On peut opposer ces deux logiques dans le tableau ci-dessous.

Caractéristiques	Économie traditionnelle	Net-économie
Travail	– Matériel – Mécanique, auto-consommé	– Immatériel – Connaissances, relations
Capital	– Fixe – Propriété des biens de production	– Immatériel – Location des biens de production

Tableau 1. Comparaison entre l'économie traditionnelle et la net-économie

La première caractéristique évoquée, à savoir la valeur « travail », on fera les remarques suivantes :

- Le travail, s'il est scientifique, apparaît comme quasi miraculeux. Les miracles de la science semblent inépuisables. Le « nouveau Moïse » ne serait plus un homme de Dieu mais un homme de science [1]. Lippman ajoute qu'il est normal que les hommes de science aient acquis une bonne partie de l'autorité intellectuelle des hommes d'Église car, pour l'homme de la rue, leurs découvertes sont vécues comme des miracles. En conséquence, la valeur « travail » repose davantage sur une vue plus immatérielle, sur un ensemble de connaissances et de relations.
- Le *big-bang* technologique restructure ainsi la société en deux grandes classes de travailleurs. Cette restructuration est conforme, en quelque sorte, au *Conte des deux villes* de Dickens où les emplois bien rémunérés (emplois reposant sur des connaissances rares) se maintiennent et où les emplois à faible rémunération (emplois de type mécanique) disparaissent progressivement.

---

1. W. Lippman, *A preface to Morals*, MacMillan, New York, 1929.

- L'éthique du travail, reposant sur le culte du travailleur soucieux de bien servir son entreprise et permettant de rallier une certaine conception chrétienne du salut éternel et l'ethos utilitariste, peut difficilement se maintenir. L'individu sait qu'il risque, même s'il est consciencieux et « honnête » vis-à-vis de son employeur, de ne pas garder son travail très longtemps [1]. En effet, la valeur homme du travail tend à disparaître. Les « grands » chefs d'entreprise ne sont-ils pas aujourd'hui ceux qui ont réussi de grands plans de restructuration aboutissant souvent à des licenciements massifs ? Le temps où il était honteux, pour un chef d'entreprise, de licencier du personnel semble révolu.

- La nouvelle divinité laïque, la technologie, a abouti à une nouvelle appréhension de l'homme. Ce dernier est, désormais, souvent perçu comme un objet mécanique. Carlyle [2] avance d'ailleurs que : « Cet âge n'est ni philosophique, ni moral, mais mécanique. Les hommes sont devenus mécaniques de cœur et de tête ».

- L'approche du temps de travail évolue également. L'importance croissante du temps de loisir, comme temps essentiel, a tendance à marginaliser le temps de travail [3]. Le temps devient d'ailleurs petit à petit une marchandise à part entière, peut-être même la marchandise la plus prometteuse (commercialement parlant) pour les années à venir. En effet, les activités de contrôle, autrefois exclusivement axées sur la production et le travail (Smith, Gilbreth, Taylor, etc.) ont abouti à des champs de recherche comme la cinématique et l'ergonomie que l'on retrouve comme fondements de l'organisation scientifique du travail. Ces activités de contrôle se trouvent aujourd'hui supplantées par la mise au point d'autres formes de contrôles, tout aussi pointus, mais axés sur la consommation et les consommateurs. C'est par l'exploitation de bases de données extrêmement riches (Datawarehouse, Data Mining), par l'exploitation de codes-barres et par de multiples boucles de rétroaction informatiques que l'on aboutit à ce que l'on peut appeler l'« organisation scientifique de la consommation » !

Le temps de loisir, ou plus généralement la vie de l'homme, est devenu ainsi une vraie marchandise pour les XXᵉ et XXIᵉ siècles. Cette nouvelle approche se traduit par l'émergence de nouvelles industries.

---

1. J. Rifkin, *La Fin du travail*, La Découverte, Paris, 1977.
2. T. Carlyle, « Signs of the times », *in* Clayre et Alasdair, *Nature and Industrialization: an Anthology*, Oxford University Press, 1977.
3. H. Marcuse, *Éros et civilisation*, Minuit, Paris, 1968.

• Enfin, une classe supérieure de travailleurs « internationaux » émerge. Cette classe aura moins de responsabilités civiques à l'avenir ou, du moins, souhaitera moins s'en encombrer puisqu'elle n'appartiendra de fait à aucune communauté, si ce n'est à une communauté « transversale » qui n'est pas sans rappeler, sur certains points, celle des mercenaires.

■ *Les actifs immatériels : le nouvel engouement*

Quant au capital, il évolue également considérablement :

▷ **Il est beaucoup plus important de nos jours, pour une société, de détenir des savoirs, des brevets, des noms de marque prestigieux que des machines, des immeubles ou des stocks.**

• « Le capital immatériel a pris le pas sur le capital fixe. Il est beaucoup plus important de nos jours pour une société de détenir des savoirs, des brevets, des noms de marque prestigieux que des machines, des immeubles ou des stocks. Les gestionnaires ne s'y trompent pas en s'attachant à développer le *knowledge management*, la gestion en flux tendus, la gestion des marques, ou encore à se pencher sur les problèmes d'évaluation des actifs immatériels non prévus par notre système comptable. Ceci est d'autant plus vrai que, la technologie évoluant extrêmement vite, les sociétés sont de moins en moins intéressées à posséder des biens de production. Le fait de pouvoir en disposer, sans en avoir la propriété, leur paraît même souvent plus souhaitable (toyotisme *versus* fordisme). C'est la raison pour laquelle les contrats de location prennent de plus en plus le pas sur les actes de propriété. Un des fondements mêmes de l'économie capitaliste se trouve partiellement remis en cause. On note la même tendance chez les particuliers qui, par exemple aux États-Unis, préfèrent de plus en plus louer leurs voitures plutôt que de les acheter. La logique de propriété s'atténue parce qu'elle est jugée trop risquée voire pas assez rentable. L'organisation en réseau s'est ainsi progressivement mise en place selon une logique de coûts (Coase, Williamson, Richardson, etc.). Elle prend le pas sur l'organisation d'entreprise aux frontières bien délimitées. La priorité n'est plus de posséder, mais d'appartenir au « bon réseau »[1]. La logique de propriété, fondée sur une éthique individualiste par essence, fait place à une logique d'accès qui devrait déboucher sur une éthique communautaire. Autrement dit, il ne s'agit plus de gérer des transactions isolées et discontinues, mais au contraire d'établir et de gérer des relations durables dans le temps.

En termes de gestion commerciale, cela peut se traduire par des approches comme « le marketing relationnel » (*Customer Relation-*

---

1. J. Rifkin, *L'Ère de l'accès*, La Découverte, Paris, 2000.

ship Management) ou par la remise en cause d'outils classiques tels que la « part de marché » qui cède progressivement la place à ce que l'on pourrait appeler la « part de client ». On considère aujourd'hui qu'il vaut mieux équiper un client de « la tête aux pieds » et le fidéliser, plutôt que d'essayer de gagner des parts de marché en tentant de prendre des clients à la concurrence. Le concept même d'économie d'échelle est ainsi remis en cause.

La priorité devient plutôt la réactivité, l'économie de temps, qui passe par les réseaux et la non-propriété. Ceci signifie également que l'importance de la structure propre aux découpages classiques des activités de l'entreprise (par exemple géographiques) disparaît en partie avec le « cyberespace ». Ainsi, c'est le processus qu'il faut aujourd'hui mieux maîtriser [1].

- Le rapport social à l'argent a lui aussi considérablement changé. L'endettement, autrefois honteux (le prêt à intérêt était d'ailleurs condamné par l'Église), s'est transformé progressivement en emprunt vertueux. Celui qui emprunte est un « bon citoyen », il permet à l'économie de se développer... C'est en quelque sorte l'éthique du capital qui a évolué.

- L'entrepreneur, qui était historiquement l'homme qui détenait le capital, n'a plus besoin aujourd'hui d'être « capitaliste ». Le concept de risque de l'entrepreneur schumpetérien est dans bien des cas dépassé. Le capitalisme industriel cède progressivement du terrain au capitalisme culturel où l'éthique du producteur fait place, avec la Net Économie, à l'« éthique » du joueur... Cette éthique apparaît d'ailleurs chez les individus dès leur plus jeune âge. Ils vivent une partie de leur existence dans des mondes simulés, caractéristiques de la nouvelle économie culturelle, que l'on sait être à l'origine de personnalités multiples, voire de maladies mentales provoquées par la perte de points de repère, notamment en termes d'éthique.

Toutes ces évolutions, que l'on retrouve dans le tableau suivant nous permettent d'envisager l'émergence d'un nouveau contrat social.

---

1. Voir, par exemple, les travaux de Very sur les processus de fusions-acquisitions.

Économie traditionnelle	Net-économie
Travail matériel	Travail immatériel
Espace géographique	Cyberespace
Structure	Processus
Capitalisme industriel	Capitalisme culturel
Importance du capital fixe	Importance des actifs circulants
Logique de propriété	Logique d'accès
Individualisme	Communauté
Stratégie de contrôle des marchés	Logique d'accès aux « bons réseaux »
Économie d'échelle	Économie de temps
Priorité : production-vente	Priorité : création de valeur, construction de réseaux
Transactions discontinues	Relations dans le temps
Parts de marché	« Parts de client »

Tableau 2. Éléments du nouveau contrat social

FACE AUX DÉRIVES : UN CONTRAT SOCIAL REVISITÉ

Ce contrat, qui vise à faciliter la vie en société, engendre le besoin d'un nouveau code éthique. Les réflexions sur l'éthique se multiplient et les grands quotidiens en font l'écho régulièrement selon différentes approches qui se présentent sous forme de questions ayant trait à différents thèmes.

• La maîtrise de notre maîtrise de la nature [1]. Les « progrès » de la biologie, de la génétique... apparaissent souvent comme des dangers nous faisant entrevoir le spectre du *Meilleur des mondes* [2] comme un possible proche. Face aux dérives actuelles et potentielles de la science, des voix se lèvent pour demander le respect d'une éthique de la recherche.

• La lutte contre l'insécurité. Les dysfonctionnements relationnels au sein de la société conduisent à se poser des questions sur le besoin de la restauration d'une autorité et, surtout, sur le « comment » de cette restauration. Cette analyse, on le voit, ne laisse pas une grande place à l'éthique puisque la majorité des individus ne pose pas la question en termes de rigueur de comportement. Certains philosophes abordent le problème sous l'angle de « l'homme responsable »

---

1. J. Russ, *La Pensée éthique contemporaine*, PUF, Paris, 1994.
2. A. Huxley, *Le Meilleur des mondes*, Pocket, Paris, 1992.

évoqué plus haut à partir des travaux de Sartre par exemple. Parmi eux, Comte-Sponville [1] parle du « désespoir des banlieues » expliqué par le fait que les habitants de ces centres urbains ne sont plus libres, ils ne peuvent plus agir sur leur avenir. Ils sont ainsi marginalisés car « le fond de la misère, c'est précisément quand plus rien ne dépend de moi ». Il ne s'agit donc pas d'espérer, mais plutôt de vouloir, de donner aux individus les moyens de vouloir, et donc d'aimer les autres.

- La responsabilité sociale. Le sentiment plus ou moins généralisé de responsabilité vis-à-vis des déshérités et de la jeunesse se développe. Ce sentiment se traduit par l'émergence de multiples mouvements caritatifs plus ou moins médiatisés (les Restos du cœur...).
- La justice. Bien que toujours analysée comme partie intégrante de l'éthique, la justice est vue aujourd'hui comme une condition incontournable de la satisfaction des individus (notamment au travail) et de leur attitude positive par rapport à l'organisation à laquelle ils appartiennent.

La justice distributive, fondée sur une certaine équité des récompenses dans le travail, permettrait d'obtenir la satisfaction des agents de l'entreprise, tandis que la justice procédurale (procédure de décision) permettrait d'obtenir une attitude positive vis-à-vis de l'organisation [2].

- Les recherches en sciences de gestion, en sociologie, en philosophie mettent en avant le fait que l'éthique, à l'orée du XXIe siècle, a dépassé largement sa dimension morale relative à l'intégrité de la personne. Elle peut, seule, être conçue comme un invariant universel. Il faut à présent y intégrer une dimension conventionnelle, c'est-à-dire une dimension sociale sous forme de règles et d'usages propres à un groupe, ainsi qu'une dimension personnelle, c'est-à-dire propre à l'individu (ce qui permet, par exemple, d'inclure les goûts et une certaine forme d'hédonisme).

L'individu ne croit plus aujourd'hui en la Vérité (au sens hégélien du terme) et comment le pourrait-il ? La raison est vue comme très relative, elle n'est plus une déesse. Elle est, au contraire, mise sous haute surveillance. La science est un pari, rien ne dit que l'avenir apportera une réponse, que la vérité absolue émergera.

---

1. A. Comte-Sponville, *Traité du désespoir et de la béatitude*, tomes 1 et 2, PUF, Paris, 1997, 1999. – *Petit traité des grandes vertus*, PUF, Paris, 1999.
2. D. Steiner, « Qu'est-ce qui est juste ? Une introduction à la psychologie de la justice distributive et procédurale », *in* J.-L. Beauvois, *La Construction sociale de la personne*, PUG, Grenoble, 1999.

Nos « temps modernes » correspondent à une véritable renaissance où l'homme, débarrassé de références dogmatiques absolues et jouissant d'une raison incertaine, ressent le besoin de nouvelles assises éthiques, dénuées de toute certitude, et où l'idée de justice[1] devrait engendrer de nouvelles règles d'organisation sociale et donc de nouvelles exigences aussi bien en management qu'en marketing. On ne peut les comprendre et les interpréter qu'en prenant appui sur la dimension temporelle de l'éthique qui ne prend son sens que dans les changements scientifiques, économiques, sociaux, psychologiques et finalement philosophiques de l'humanité. Pour comprendre la place de l'éthique aujourd'hui, il faut revenir sur son évolution conceptuelle au cours du temps.

L'éthique jusqu'à la Renaissance

▷ L'éthique est, par essence, un concept philosophique, dont le contenu même résulte de la vision du monde que l'on adopte.

L'éthique est, par essence, un concept philosophique, dont le contenu même résulte de la vision du monde que l'on adopte. Or, très vite, dans la Haute Antiquité, deux visions du monde se sont opposées.

• Celle des Égyptiens et des Sumériens selon laquelle la nature est l'unique réalité, l'homme et les dieux eux-mêmes lui appartiennent et obéissent à ses règles. Les Grecs adhéreront à cette approche et y ajouteront des concepts tels que celui de la raison (oubliée jusqu'à la Renaissance et qui renaîtra au XVIIe siècle). Selon cette philosophie, tout procède de la nature et de la raison, que ce soit l'éthique, la connaissance ou encore la politique.

• L'autre vision, propre aux Hébreux, postule que Dieu a créé le monde à partir du néant. C'est la parole divine qui gouverne le monde. Selon cette approche, l'homme est doté d'une authentique liberté et d'un projet éthique : dominer la nature et lui donner un sens grâce au travail qu'il accomplira. Le judaïsme, puis le christianisme, adhéreront à cette approche, la différence de fond reposant sur « la victoire sur la mort »[2] avec la reconnaissance de l'arrivée du Messie en la personne de Jésus.

Ce sont précisément ces deux grandes visions qui vont s'opposer au cours des siècles suivants pour finir par un relatif anéantissement mutuel. Jusqu'aux XIIIe et XIVe siècles, l'omniprésence du christianisme impose une conception de l'éthique telle qu'elle est inséparable du mal et du péché. La faute éthique est un péché, c'est-à-dire un acte contraire aux volontés divines. Seul Saint Thomas tente une réconciliation, avec

---

1. J. Rawls, *Théorie de la justice*, Seuil, Paris, 1987.
2. J. Russ, *La Marche des idées contemporaines*, Armand Colin, Paris, 1993.

le naturalisme, en émettant l'idée d'un « droit naturel ». Cette notion, mi-éthique mi-politique, est fondée sur la raison divine à laquelle Dieu lui-même se soumet.

Grâce à l'apport nominaliste, de nouvelles approches en termes de raison et de pensée voient le jour. En effet, pour les nominalistes, les concepts universels (tels que l'Homme, le devoir...) ne sont que des mots ; ils ne correspondent à aucune réalité[1]. C'est Abélard qui, le premier, imagine une voie intermédiaire : celle de la pensée.

L'éthique au cours des XVIIe et XVIIIe siècles

Cette évolution aboutit au XVIIe siècle à l'apologie de la raison et à la volonté de dominer la nature (grâce à l'exercice de la raison). Bacon réussit à renverser les mœurs anciennes, qui protégeaient la nature, en faisant la distinction entre le savoir naturel et l'éthique. En disant que la science ne prétend pas répondre aux questions qui relèvent du domaine spirituel et moral, cette approche a permis d'atténuer les attaques venant de l'Église. Dans cette logique, Descartes met en avant une éthique de la générosité[2]. Cette éthique peut se résumer à la maîtrise de soi, à la souveraineté du moi, au sens où chacun doit conquérir sa liberté. C'est une éthique de la « grandeur », du « cœur noble » (contraire à toutes les médiocrités) que l'on retrouve d'ailleurs chez de nombreux auteurs comme Corneille ou Racine avec la mise en avant de valeurs « aristocratiques ». Cependant, c'est Spinoza[3] qui va créer une rupture et faire renaître l'opposition « Dieu-Nature » où la raison s'attaque à la foi elle-même (malgré la lutte de Bossuet et des Jésuites).

Enfin, Locke, dans son *Essai sur l'entendement humain*, avance une troisième approche. L'éthique serait d'origine sociale, elle serait apparentée à l'instinct de conservation : « Il est des devoirs absolument nécessaires à la conservation de la société humaine. » Il met en avant l'idée que c'est la société qui crée elle-même ses valeurs. Ainsi, au début du XVIIIe siècle, l'éthique devient une valeur sociale. La nature redevient la source de la vérité, le centre de la connaissance, elle est la mère du monde (Rousseau, Diderot). Quant à la raison, elle doit écraser les superstitions (Voltaire), l'homme va dominer la nature vidée de toute transcendance. La nature et la raison deviennent dès lors les fondements de l'éthique, du Droit, de l'État... Le concept de Dieu chrétien est largement dépassé avec Rousseau qui professe un déisme

---

1. Contrairement aux platoniciens qui y voient des vérités premières ou « essences ».
2. R. Descartes, *Discours de la méthode*, Flammarion, Paris, 1992.
3. B. de Spinoza, *Éthique*, Gallimard, Paris, 1993.

garanti par la nature et la raison. L'homme est rendu responsable de sa destinée par cet Être suprême. C'est cette responsabilité même qui constitue le fondement de l'éthique nouvelle : « Bonheur – Nature – Raison ».

Selon cette philosophie, il faut prendre soin de soi-même et contribuer au bonheur des autres. Cette idée de bonheur est celle du bonheur terrestre. Parallèlement, la recherche d'un bonheur absolu relevant d'une vie ultérieure disparaît. L'éthique peut ainsi se résumer au droit au bonheur terrestre. « Enfin le bonheur devenait un droit, dont l'idée se substituait à celle de devoir. »[1] Le concept de devoir source de bonheur fait progressivement place au concept de droit au bonheur, dont l'État a la responsabilité. La tolérance, la bienfaisance et l'humanité organisent alors les nouvelles « vertus », tandis que les valeurs aristocratiques (grandeur, noblesse...) se meurent progressivement.

Ces approches donnent, avec Kant[2], une nouvelle dimension au concept de raison ; c'est la « raison pratique » qui s'oppose à la « raison métaphysique ». Il s'agit pour Kant de déterminer quel est l'usage légitime de la raison, son étendue et ses limites. La raison pratique, c'est-à-dire éthique, contient la règle de la moralité de la décision : il faut obéir, respecter la loi morale universelle. On peut résumer ce concept de « morale universelle » par cette phrase de Kant : « Agis toujours selon une maxime telle que tu puisses aussi vouloir qu'elle devienne une loi universelle. » Cependant, une telle approche nécessite selon lui, trois prérequis que la connaissance ne saurait atteindre : Dieu, la liberté et l'immortalité de l'âme (puisque selon Kant la perfection morale n'appartient pas à ce monde).

L'éthique au cours des xixe et xxe siècles

Le summum de ces différents courants, cohérents entre eux, aboutit au triomphe de l'histoire, de l'humanisme, de la raison et de la science ; mais certainement pas à celui de l'éthique qui est ignorée ou, à tout le moins, réduite. En effet, au xixe siècle, l'éthique, en tant que telle, est alors fortement critiquée au nom de l'histoire (Hegel), de la religion (Kierkegaard), de la création (Nietzsche) et de la politique (Marx).

Hegel[3] s'applique, pour sa part, à démontrer que la conception même d'éthique est contraire à celle d'universalisme, c'est le « tu dois » qui

---

1. P. Hazard, *La Pensée européenne au XVIIIe siècle*, Hachette, Paris, 1995.
2. E. Kant, *Critique de la raison pure*, PUF, Paris, 1990.
3. F. Hegel, *La Raison dans l'histoire*, Éditions 10/18, Paris, 1979.

est prépondérant dans le raisonnement éthique. Kierkegaard[1], quant à lui, considère que la vérité réside dans la subjectivité ; mais comment est-il possible d'envisager la subjectivité comme quelque chose d'authentique ? De plus, selon Kierkegaard, il existe trois stades de vie. Le stade esthétique, fondé sur la recherche du plaisir dont le prototype pourrait être Don Juan ; le stade éthique, fondé sur le devoir, mais dénué de toute transcendance ; le stade religieux, stade supérieur, fondé sur l'idée de vertu, de bonne conscience. Selon ce schéma, le stade intermédiaire, c'est-à-dire le stade éthique, ne présente aucun intérêt, il n'est ni plaisir, ni vertu. C'est « l'inessentiel du devoir », cela ne vaut donc pas la peine d'y attacher la moindre importance.

Quant à Nietzsche[2], il fait une véritable généalogie de la morale, tentant de montrer que la construction d'impératifs moraux est le résultat du ressentiment de la haine des faibles. Ces derniers, incapables de goûter aux joies de la vie et de l'action, établissent des principes moraux par « haine des maîtres et des créateurs ». « Ils neutralisent le vide de leur existence et se vengent de ceux qui inventent et érigent en norme leur puissance. » Cette approche ramène l'éthique à des conditions psychologiques, à un jeu d'instincts et de pulsions que l'on retrouve au XXe siècle, sous une forme quelque peu différente, avec Freud. L'éthique est ainsi synonyme de tristesse, d'absence de vie, de haine de soi. Au nom de la vie et de la création, l'homme ne peut donc qu'ignorer l'éthique. Le XIXe siècle apparaît ainsi somme un siècle extra moral.

Enfin, Marx met en avant l'idée que l'éthique doit être politique pour atteindre l'homme. Son mouvement est étranger, voire opposé, à tout idéal d'ordre transcendantal. C'est dans ces conditions extra éthiques que se profile le XXe siècle ; même si on assiste à des sursauts de défense de la pensée religieuse qui fait émerger une éthique qui a néanmoins perdu toute sa puissance missionnaire. En effet, Freud[3] achève la désacralisation du concept d'éthique en lui donnant des fondements psychologiques. Selon son approche psychanalytique, l'éthique correspond au produit du « surmoi ».

Un autre grand courant se fait jour avec le personnalisme issu, en fait, de la notion de « personne morale »[4] propre à Kant. L'éthique se résume alors au respect de la personne humaine et se confond avec lui. Cette philosophie s'oppose au collectivisme et à l'individualisme

« L'homme est condamné à être libre » (Jean-Paul Sartre).

---

1. S. Kierkegaard, *Œuvres complètes*, Éditions de l'Orante, Paris, 1966.
2. F. Nietzsche, *Œuvres philosophiques complètes*, Gallimard, Paris, 1974.
3. S. Freud, *Introduction à la psychanalyse*, Payot, Paris, 1984.
4. Une « personne morale » étant un individu digne de respect et responsable.

bourgeois (un individu centré sur lui-même, tel que présenté par Scheler et Mounier [1]). Quant à Jean-Paul Sartre, il rejoint Pascal pour prôner l'éthique de l'engagement. Selon lui, « l'homme est condamné à être libre », il est sans cesse appelé à faire des choix entre différents possibles. C'est la raison pour laquelle il refuse la théorie de Freud. S'il l'admettait, il accepterait l'inconscient. L'homme ne serait plus complètement conscient, il ne serait plus un « pour soi ». Ce que Freud appelle l'inconscient, Sartre l'appelle la « mauvaise foi », soit une considération hautement antiéthique.

Pour lui, il est impossible de ne pas choisir, de ne pas s'engager. « Ne pas s'engager, c'est encore s'engager. » L'homme ne peut se retirer au sein d'une pure subjectivité. Quoi qu'il fasse, il est responsable. Une telle conception de la liberté [2] et de la responsabilité de l'homme a fait dire à Sartre : « On n'a jamais été aussi libre que sous l'occupation allemande. » Cette idée d'engagement moral s'applique tout particulièrement à l'intellectuel qui ne peut rester « neutre ».

Époque	Concept d'éthique
Avant la Renaissance	Omniprésence du christianisme Projet éthique : dominer la nature Éthique : domaine du sacré Faute éthique = péché
Renaissance	Construction progressive de la vision scientifique Recul du caractère sacré de l'éthique (saint Thomas, Abelard...)
XVIIe siècle	Descartes : éthique de la générosité (chacun doit conquérir sa liberté, idée de grandeur, de cœur noble) Spinoza : opposition « Dieu Nature » Locke : la société crée ses valeurs éthiques
XVIIIe siècle	Éthique = valeurs sociales Nature vidée de toute transcendance Éthique = droit au bonheur terrestre Tolérance, bienfaisance, humanité Kant : raison pratique = morale universelle.
XIXe siècle	Hegel : éthique contraire à l'universalisme Kierkegaard : inessentiel du devoir Nietzsche : création des médiocres par vengeance L'éthique doit être ignorée au nom de la vie et de la création
XXe siècle	Éthique = concept purement laïc La liberté repose sur l'engagement moral (Freud, Sartre...).

Tableau 3 : Principales évolutions du concept d'éthique jusqu'au XXe siècle

---

1. E. Mounier, *Le Personnalisme*, PUF, Paris, 2001.
2. J.-P. Sartre, *L'Existentialisme est un humanisme*, Gallimard, Paris, 1996.

Le concept d'éthique, son contenu même, a ainsi considérablement évolué au cours des siècles pour devenir aujourd'hui purement laïc voire profane et désacralisé. Il n'a plus la même valeur pour l'être humain. C'est dans ce contexte philosophique de fond que s'est développé le monde du XXe siècle et, plus précisément, le monde des affaires. L'éthique est donc devenue non plus une référence vis-à-vis de laquelle les individus et les groupes déterminent leurs comportements, mais un enjeu, une affiche qui accompagne des comportements et des choix qui ont d'autres référents, tel celui du profit vis-à-vis de l'entreprise. C'est pourquoi les chapitres suivants traitent du rôle de l'éthique dans les différents domaines où s'exerce l'activité de l'entreprise. Le premier d'entre eux est celui de l'action de l'entrepreneur.

Deuxième partie

Le rôle clé du dirigeant

Le rôle du dirigeant, qu'il soit entrepreneur ou manager de l'entreprise, est crucial dans les décisions stratégiques, dont fait partie l'orientation éthique de l'organisation. Le quatrième chapitre met en lumière les risques de magnifier le rôle de l'entrepreneur dans les prises de décision éthiques, et le cinquième chapitre montre en quoi le droit ne permet pas de lever l'ambiguïté des rapports entre managers et actionnaires.

Chapitre 3

L'éthique de l'entrepreneur : entre convictions et compromis

Rim DOURAI

L'éthique devient le piédestal des entreprises et des entrepreneurs.

L'entreprise devient, aujourd'hui, le nouveau terrain sur lequel se joue l'avenir de ceux qui veulent se détacher de l'emprise salariale, ces nouveaux nomades en quête d'aventure professionnelle. Ces initiateurs d'une idée à concrétiser, et détenteurs d'une perception adaptée à l'environnement, attirent les regards de la société et suscitent la curiosité. En effet, la promotion de l'esprit d'entreprise foisonne dans la presse spécialisée et les établissements d'enseignement supérieur se positionnent comme les prosélytes de ce fameux entrepreneuriat. Parallèlement, face à un monde inquiet de la crise de sens qu'il subit, l'éthique devient le piédestal des entreprises et des entrepreneurs. Ces derniers véhiculent des discours moralisateurs qui se veulent témoins de leurs convictions et de leurs engagements dans une attitude responsable. En effet, l'esprit entrepreneurial s'accommode parfaitement d'une conception magnifiée de sa contribution à une société attentive à l'apaisement de ses maux. Pourtant, le dérapage guette les décideurs sans discernement qui s'évertuent à nier la réalité qui viendrait contredire les principes proclamés.

Le comportement éthique de l'entrepreneur est étudié en deux temps. Dans le premier, nous mettons en évidence la conduite de l'entrepreneur qui prend des décisions non éthiques, certaines sous contraintes et d'autres, volontaires, destinées à servir des intérêts égoïstes. Dans le second, nous démontrons que les défaillances éthiques n'occultent pas pour autant la formalisation de principes et de valeurs, dissuasive dans l'adoption de comportements négatifs par les collaborateurs, mais stratégique dans la communication de l'image commerciale de l'entreprise.

L'usage que nous proposons du terme éthique est lié à la construction de l'individu. L'éthique est fondée sur l'adoption de principes fondamentaux devant guider les jugements, actions et comportements de l'individu. Plus précisément, nous parlerons de morale en référence aux règles, aux normes et aux valeurs essentiellement sociales, la morale étant considérée comme une contrainte sociale pouvant faire l'objet de sanctions. Nous désignerons par éthique l'élaboration individuelle de principes et de règles. Toutefois, la distinction entre ces deux termes n'implique pas leur opposition. En effet, les questions d'ordre éthique sont noyées sous une multitude de questions économiques, sociales, politiques, culturelles, etc. L'entrepreneur est un personnage inséré dans un ensemble de relations sociales. Ainsi, toute décision met en œuvre la personnalité de celui qui la prend et s'inscrit dans le respect d'obligations générales largement admises.

LES CONTRADICTIONS DE L'ENTREPRENEUR : LE FREIN À L'ÉTHIQUE

> « Et c'est pourquoi je te dirai que c'est l'esprit qui mène le monde et non l'intelligence. »
>
> Antoine DE SAINT-EXUPÉRY

L'intégration éthique dans les pratiques et les discours ne dispense en rien certains entrepreneurs d'adopter des comportements douteux qui n'ont pour seul but que de servir leurs propres intérêts. Après avoir défini la notion d'entrepreneur, nous verrons que les nombreux compromis auxquels ce dernier se trouve quotidiennement confronté le conduisent, le plus souvent, à une reconsidération de ses convictions. Parfois même, la recherche d'un profit personnel nourrit seule les motifs d'action de l'entrepreneur qui, dans sa poursuite d'intérêts illégitimes, prend le risque de mettre en péril son organisation.

Entrepreneuriat : un état d'esprit

Une simple définition ne saurait suffire à saisir toute la complexité du phénomène entrepreneurial. D'abord parce que les initiatives de nature entrepreneuriale sont très variées. Ensuite parce que sa construction paradigmatique relève de l'apport des diverses disciplines des sciences sociales. La multitude de chercheurs qui se sont intéressés à l'entrepreneuriat et les logiques qui se sont croisées, ont donné lieu à un champ de recherche qui recouvre des domaines aussi divers que l'innovation, la création d'entreprise, le travail autonome, les franchises, etc. (Annexe 1). Les travaux de Hornaday (1982), ainsi que ceux de Meredith *et al.* (1982), Filion (1997), présentent les caractéristiques les plus courantes, attribuées aux entrepreneurs (Annexe 2). La diversité des qualités requises amène à penser, précise Casson (1991), que l'entrepreneur est un généraliste plus qu'un spécialiste.

La polysémie ambiante qui règne autour de ce phénomène rend difficile le rassemblement des diverses acceptions existantes sous l'enseigne d'une conception unique. Pourtant, Filion (1997) fait remarquer qu'il s'agit davantage de différences dans les façons de définir l'entrepreneur entre disciplines, puisque, au final, des éléments communs apparaissent au sein de chacune d'elles. Par ailleurs, l'entrepreneur est largement assimilé au créateur de *son* entreprise (Marchesnay, 2000). La création d'entreprise a fait l'objet d'une attention plus soutenue de la part des chercheurs, parce qu'elle constitue sans doute « l'archétype de l'acte entrepreneurial » (Verstraete, 1999). C'est donc la création d'entreprise *ex nihilo* menée par un individu ayant conduit à la création effective d'une (ou de plusieurs) structure(s) d'entreprise qui guide la théorisation de ce champ de recherche.

Afin de doter notre travail d'une limite conceptuelle, nous proposons toutefois d'attribuer à l'entrepreneur les caractéristiques suivantes. L'entrepreneur est un innovateur, un créateur tenace qui reconnaît la valeur d'une idée et qui persiste dans la réalisation de ses projets. Il recherche constamment des opportunités commerciales tout en prenant des risques modérés. En relation avec son environnement, l'entrepreneur redéfinit sans cesse son domaine d'activité et procède à des ajustements face aux opportunités et aux menaces qui se présentent à lui. Ce rôle entrepreneurial s'insère enfin dans un cadre d'apprentissage qui le pousse constamment à l'action et le plonge dans un processus en perpétuelle évolution.

L'ensemble de ses caractéristiques se retrouve dans la définition de Filion (1997) qui voit dans l'entrepreneur « une personne imaginative, caractérisée par une capacité à se fixer et à atteindre des buts. Cette personne maintient un niveau élevé de sensibilité en vue de déceler des occasions d'affaires. Aussi longtemps qu'il ou elle continue d'apprendre au sujet d'occasions d'affaires possibles et qu'il ou elle continue à prendre des décisions modérément risquées qui visent à innover, il ou elle continue de jouer un rôle entrepreneurial. »

Précisons enfin la qualification attribuée au rôle d'entrepreneur. Les rôles entrepreneuriaux sont décrits comme pouvant être détenus par des propriétaires-dirigeants de PME mais aussi de grandes entreprises, par des personnes qui créent une entreprise, ou qui travaillent de manière autonome sans développer une entreprise, ou alors par des personnes exerçant des activités entrepreneuriales au sein de grandes entreprises et qui jouent donc un rôle d'intrapreneur. Les intrapreneurs sont décrits comme des personnes d'action investies des qualités d'initiative et de créativité, qui assurent le succès de l'organisation qui les emploie, et qui s'assurent une réussite au sein de cette même organisation (Doyon, 1991).

Nous évoquerons le comportement entrepreneurial pour désigner aussi bien une organisation qu'un individu. Nous parlerons d'entrepreneur pour désigner un entrepreneur isolé, un propriétaire-dirigeant ou un intrapreneur.

Éthique personnelle de l'entrepreneur : un référent

Les actions de l'entrepreneur sont généralement décrites comme le référent pour les comportements des hommes au sein de l'entreprise. L'influence des dirigeants a été maintes fois soulignée dans la littérature managériale. Fondateurs ou successeurs, leurs convictions, leurs valeurs et leurs principes constituent des éléments de stabilité et de continuité essentiels au développement et à la prospérité de l'entreprise. L'exemplarité émerge ainsi au cœur de l'éthique (Minguet, 1995). « Elle pourrait se définir comme une éthique incarnée, l'éthique en mouvement » (Dherse et Minguet, 1998). Pour ces auteurs, les valeurs d'exemplarité du décideur sont représentées par sa « cohérence personnelle » (c'est ce qui lui assure sa crédibilité), par « l'incarnation du sens » (il oriente la qualité éthique des valeurs de l'entreprise) et par « l'humanisation de la règle » (une règle morale qui doit inspirer l'action du décideur).

Minguet (1995) explique également que les préoccupations d'ordre humain contribuent à écarter les éventuelles crises nuisibles à l'épanouissement des collaborateurs et atténuent la tentation de l'entrepreneur de basculer dans un comportement « machiavélique ». Il précise que « quelqu'un qui habite cette exemplarité, est un levier puissant. Il est un entrepreneur et il crée d'autres entrepreneurs ». La « vertu de prudence » prévient également l'entrepreneur d'une dérive dans sa conduite (Ortiz-Ibarz, 1995). Elle lui permet d'évoluer dans un cadre éthique qui préserve son intégrité.

Ainsi la prise en compte de la dimension éthique dans les entreprises relève d'abord de l'engagement et de l'intégrité personnelle des décideurs. Ce sont les convictions affirmées et remodelées au gré de l'expérience, les possibilités offertes et les contraintes imposées qui donnent un sens aux décisions. Un entrepreneur peut-il promouvoir une éthique professionnelle si son attitude se caractérise par un opportunisme égoïste et hédoniste ? La défaillance de l'éthique commerciale ou celle qui concerne le personnel, est un facteur nuisible qui peut déchoir le dirigeant de ses fonctions. Si l'on considère que la portée des actes doit dépasser celle des paroles, c'est donc au travers d'actions visibles et méthodiques que l'entrepreneur donne à connaître son éthique. Les comportements quotidiens loyaux et honnêtes s'instaurent ainsi comme l'expression attendue et indispensable d'une éthique des dirigeants.

Seulement, le statut de l'exemplarité requiert aujourd'hui d'intégrer les interactions de l'environnement instable dans lequel l'entrepreneur est appelé à évoluer. Alors, comment doit-on considérer l'exemplarité au milieu de tant de contraintes et de tentations ? Comment expliquer que ceux qui organisent le consensus autour de comportements éthiques en arrivent à enfreindre les dispositions instaurées ? Comment une personne convaincue de la valeur éthique d'une action, peut-elle décider de prendre des mesures qui trahissent ses propres convictions ?

Nous évoluons au sein d'un environnement fortement concurrentiel et surmédiatisé, dans lequel les entrepreneurs sont contraints à une prise de décision rapide. Absorbés par l'urgence du moment, ils se plient parfois à des actes délictueux et procèdent à des déviations éthiques, sans pour autant prendre le temps d'analyser leurs comportements. Si ce flou éthique est temporaire et les interdits transgressés, uniquement pour s'affranchir d'une situation ambiguë, peut-être pourrait-on comprendre les circonstances et tolérer une telle action. Moussé (1989) affirme que « dans l'impossibilité de tout connaître du réel comme dans celle de réaliser parfaitement l'idéal, on comprend que c'est au prix de constants compromis sur lesquels, toutefois, il faut éviter de se méprendre ».

La question de la survie d'une entreprise place aussi l'entrepreneur dans une situation délicate. Menacé de faillite, il peut opter pour un sursis par un manquement à l'éthique. Le sacrifice d'un intérêt à court terme pour la poursuite d'un intérêt à plus long terme comporte de nombreuses variations. Plus les responsabilités sont lourdes, plus leur exercice devient complexe. Les intentions réelles des personnes concernées sont alors surpassées car ce sont les conséquences qui l'emportent.

Ainsi, l'intérêt comme source de motivation n'a pas à chaque fois pour ambition de porter atteinte à un tiers. L'efficacité peut être recherchée exclusivement pour soi et par indifférence envers autrui. Dans ce cas, nous nous éloignons d'une conception de l'éthique vue comme la capacité à donner priorité au bien d'autrui sur le sien propre, ou de renoncer à quelques avantages en vue du bien de tous. Il est clair que nul ne peut être attentif à tout ce qui conditionne ses actes. Seulement, si l'entrepreneur souhaite évoluer dans le respect de ses convictions, il doit être capable, selon Moussé (2001), « de percevoir les possibilités et les contraintes de son action personnelle et collective ». En outre, la plus éthique des décisions nécessite de composer avec la faiblesse éthique de l'entourage externe de l'entrepreneur. En supposant que ce dernier soit doté de qualités éthiques et qu'il soit entouré de collaborateurs ayant ces mêmes qualités, il ne maîtrise en rien les actions de ses différents partenaires ou concurrents.

> **La plus éthique des décisions nécessite de composer avec la faiblesse de l'entourage externe de l'entrepreneur.**

Les fortes pressions de court terme posent d'énormes problèmes d'arbitrage entre des contraintes contradictoires. « Les fins réalisables ne sont jamais parfaites » (Moussé, 2001), car les moyens pour les atteindre supposent toujours des compromis. Les convictions du décideur combinent l'évaluation des possibilités et des contraintes à la fois matérielles, sociales, légales ; ainsi que l'évaluation des risques et des chances pour soi-même et pour les autres. Puisque les compromis paraissent inévitables, la moins mauvaise des solutions, observe Gélinier (1991), est d'opter pour « une éthique minimale : ce que les tribunaux peuvent prouver et exiger, rien de plus ». Ici, la conviction de l'entrepreneur ne faiblit pas. Seulement, elle cède aux exigences de la société dans la mesure où résister ne ferait qu'accroître le mal. La pression de ces « dissymétries injustes » (Dherse et Minguet, 1998) a pour effet de peser sur la liberté de ceux qui choisissent de ne pas adopter leurs mauvaises pratiques. Il n'en demeure pas moins, que ces processus de dissymétries sont « résistibles et réversibles » si tant est que l'entrepreneur fasse preuve d'une détermination personnelle pour s'en extraire.

Mais que penser des actes constants, conscients et intentionnés qui poussent l'entrepreneur à agir dans son propre intérêt ? Les convictions les plus fortes ne mènent à rien si elles sont suivies d'actes irresponsables. Surtout, si l'entrepreneur ne mesure pas les conséquences de ses décisions et s'il n'évalue pas les risques entraînés par les réactions de ses partenaires. Aujourd'hui, se prétendre foncièrement honnête en affaires est une conception purement utopique. Nous sommes conscients que les agissements des hommes en société comportent une part de séduction et de stratagèmes. Mais entre déviations éthiques et cynisme habile, l'alternative reste claire.

Éthique et réalité concurrentielle

Si la référence aux valeurs demeure fondamentale parce qu'elle oriente l'action, cette évocation de valeurs devient inutile et trompeuse lorsqu'elle ne compose plus avec le réel. S'en tenir à des références idéologiques au mépris de la complexité changeante de la réalité ne permet à aucune action d'ordre éthique de prendre corps. Il arrive parfois que la stabilité des principes énoncés contraste avec la nécessité pour l'entreprise de s'adapter aux exigences actuelles de son environnement. Il devient alors nécessaire de réexaminer l'éthique de l'entreprise. Les principes d'action peuvent constituer un danger parce qu'ils figent les concepts et deviennent nuisibles si l'entreprise prend une direction difficilement maîtrisable. La réflexion éthique de l'entrepreneur doit donc se référer à l'analyse sans cesse actualisée de l'environnement. « Celui qu'animent des convictions doit s'ouvrir à la réalité qui sollicite ses actes », souligne Moussé (2001).

Par ailleurs, Gélinier (1991) précise que la prise de conscience d'une exigence éthique propre à l'entreprise est inséparable de l'ambition d'un haut niveau de performance. « C'est une stratégie de haute performance qui donne les moyens d'une éthique exigeante, et vice versa » (Gélinier, 1991). Fortement critiquée par Etchegoyen (1991), cette citation décrète selon lui, qu'il est impossible d'avoir une intention morale et que seule l'efficacité de l'action peut être évaluée. Aspirer à un haut niveau éthique pourrait ainsi dissimuler des pratiques douteuses qui sous le couvert d'une attitude professionnelle et responsable, n'ont pour seul but que de servir des intérêts égoïstes. Pour Seidel (1994), l'éthique des affaires ne peut exister que comme complément de la stratégie. « Elle est le "lieu" où l'entreprise formule les contraintes morales en provenance de la société ainsi que les engagements autonomes qu'elle accepte ». La dimension éthique n'est donc atteinte que si un risque de divergence apparaît entre les intentions éthiques d'une entreprise et les moyens employés pour atteindre ses objectifs. En effet, les jugements portés sur les entreprises visent la dimension éthique de leurs activités, c'est-à-dire la relation entre les fins visées et les moyens employés. « Le long terme c'est aussi apporter une dimension sociale à notre travail », précise Michel Fabiani, PDG de BP [1]. Ce dernier considère la démarche éthique comme permettant de concilier les impé-

---

1. « BP mise sur l'humanitaire », *Les Échos*, 26 septembre 2001.

ratifs économiques avec le développement social de son entreprise. « L'éthique est un facteur de succès. Elle entraîne un coût, [...] mais à long terme on y gagne », affirme Bertrand Collomb, PDG de Lafarge [1]. Il explique que la réussite d'une entreprise n'est pas uniquement liée à l'argent, mais également à l'intégration des forces sociales qui l'entourent.

L'avenir de l'entreprise se révèle dépendant de la poursuite d'intérêts légitimes. « Les objectifs de l'entreprise sont qualitatifs », souligne Tanabe [2]. « Volume et profit ne sont que la conséquence d'une position de qualité ». Même si l'éthique d'entreprise exprime l'ambition d'une réussite compétitive, cette ambition suppose que l'on soit capable de desserrer la contrainte concurrentielle par le biais de moyens légaux et loyaux (Chambolle, 1995). Ce qui signifie devoir investir en innovation, en qualité, en service, dans la formation et la motivation du personnel, etc.

Cependant, si certains entrepreneurs s'imposent loyalement, ou savent se retirer à temps d'une activité dans laquelle il n'est plus possible de réussir sans pratiques douteuses, d'autres au contraire n'ont aucun scrupule à agir en marge de la légalité et à s'aventurer dans des démarches à hauts risques. La malhonnêteté peut être rentable et impunie à court terme. Mais à long terme, elle compromet le moral et la performance de l'entreprise. D'abord parce qu'un affaiblissement de l'éthique constitue un piège pour l'entrepreneur et son organisation ; ensuite, parce que, tôt ou tard, l'éthique finit par prendre « sa revanche par voie interne ou externe » (Gélinier, 1991). Malgré ces risques, des entrepreneurs fondent l'expansion de leur entreprise sur les jeux de puissance, les complicités politiques ou les tromperies en tout genre. Cette exploitation médiocre sacrifie l'éthique pour donner la priorité à un intérêt légitime au service de l'argent ou du pouvoir. Les manipulations idéologiques prennent le alors le dessus pour assujettir l'éthique à un artifice.

Le délit d'initié est un exemple d'actualité. Utiliser une information cruciale et normalement confidentielle pour faire une plus-value rapide sur le marché boursier relève d'une action non éthique. De nombreux chefs d'entreprise sont souvent tentés d'utiliser leurs relations, ou même d'user de compromissions pour glaner des informations privilégiées, à des fins personnelles. En janvier 2001, François Gontie, connu pour ses multiples rachats d'entreprises décotées, est mis en

---

1. « Loin de coûter cher, l'éthique est un facteur de succès », *Les Échos*, 17 septembre 2001.
2. Citation du consultant Shoichi Tanabe (*in* Gélinier, 1991, p. 167).

examen pour avoir acheté un nombre d'actions important de la Sita, filiale de Suez-Lyonnaise des Eaux, avant l'annonce officielle d'une OPE (Offre publique d'échange) sur cette société. Cette opération douteuse engendra plusieurs millions de francs qui permirent à François Gontie de renflouer d'autres sociétés en difficulté[1].

Dans la même lignée, le journal *La Tribune* annonçait en octobre 2001[2], la mise en examen de Jean-François Hénin pour abus de biens sociaux dans le cadre de l'affaire Executive Life. En 1980, cette compagnie d'assurance californienne fait faillite avec, dans ses actifs, un portefeuille de *junk bonds* (des obligations pourries). Ces titres convertibles en actions se révèlent très risqués mais potentiellement très rémunérateurs dans l'éventualité d'un redémarrage de la croissance américaine. Jean-François Hénin, président d'Altus Finance, une filiale du Crédit Lyonnais, repère la « bonne affaire ». Seulement, la loi américaine interdit qu'un établissement contrôlé par un État étranger – le Lyonnais nationalisé – exerce son influence au sein d'une société d'assurance locale. Jean-François Hénin négocie alors en 1991, l'achat du portefeuille de *junk bonds*, tandis qu'Executive Life est reprise par un consortium emmené par la Maaf (la compagnie d'assurance française). Autrement dit, la Maaf aurait servi de couverture à Altus Finance, qui serait le véritable acheteur d'Executive Life. L'affaire se révéla très rentable puisque les *junk bonds* auraient rapporté plusieurs dizaines de milliers de francs en dividendes et en plus-values. Quant au Crédit Lyonnais, il en aurait peu bénéficié, puisque, en 1992, il revendait ce portefeuille à François Pinault qui en retira une partie de sa fortune personnelle.

Le bien-être matériel ou financier doit-il devenir la mesure exclusive de la réussite ? L'usage de l'argent ne devrait-il pas composer avec le respect des règles morales et légales ? Ceci, même si chaque action est appréciée en fonction de ses enjeux financiers : qu'il s'agisse de relations commerciales clients-fournisseurs, de rémunérations des salariés, de licenciement collectif ou de concurrence déloyale, etc. « L'éthique n'est pas une mode », titrait le journal *Les Échos* en mai 2000[3]. Pourtant, elle représente aujourd'hui le point de passage obligé pour les entreprises, notamment lorsque leurs performances financières sont évaluées en rapport avec leurs préoccupations éthiques. Des outils de mesure et de contrôle ont été développés pour attribuer une note au respect éthique des entreprises (le bilan social propose quinze indica-

---

1. « Les nouveaux pirates du business attaquent », *Capital*, n° 113, février 2001.
2. *La Tribune*, 15 octobre 2001.
3. « L'éthique n'est pas qu'une mode », *Les Échos*, 16 mai 2001.

teurs, le *Global Reporting Initiative* défini des indicateurs environnementaux, sociaux et économiques, le *Dow Jones Sustainability Indexes* classe les entreprises s'inscrivant dans un développement durable...) [1]. Le lancement de ces indices relève-t-il de l'attachement des entreprises à l'éthique ou est-ce principalement une tendance de fond qui ne peut ou ne doit être ignorée ? Comme le dit Locke : « La vertu est généralement approuvée, non parce qu'elle est innée, mais parce qu'elle est utile » [2].

▷ **Rehausser le niveau éthique n'est possible que s'il y a reconsidération de la stratégie.**

L'éthique de l'entreprise se rattacherait ainsi à des choix stratégiques majeurs, ce qui implique que rehausser le niveau éthique n'est possible que s'il y a reconsidération de la stratégie. Si celle-ci se contente uniquement d'être saine dans son principe, elle pourrait dissimuler une réalité beaucoup moins pure à d'autres niveaux : développement du laisser-faire, abus de pouvoir entre départements, coalitions, corruptions diverses, etc. L'engagement éthique de l'entrepreneur supposerait donc le respect des convictions ainsi que le dépassement de l'égoïsme et de l'orgueil. La recherche d'un profit personnel ne ferait de l'éthique qu'un « galimatias inexplicable » (Etchegoyen, 1991) pour imposer des impératifs qui ne serviront qu'à faire valoir des intérêts propres.

Si le comportement éthique de l'entrepreneur est généralement présenté comme ce qui conditionne le climat et les rapports sociaux au sein des organisations, il apparaît que les déviations éthiques perdurent dans les agissements des décideurs. La complexité du champ de leurs décisions, l'ambition personnelle, l'aveuglement pour certains, la vanité et l'égoïsme pour d'autres imprègnent leurs actions. Par ailleurs, la conciliation de points de vue contradictoires rend plus difficile une prise de décision claire. C'est la raison pour laquelle la formalisation des principes éthiques s'instaure comme un moyen d'encadrer et d'expliquer le sens de la marche à suivre. Pourtant, leur communication vise également à prévenir des soupçons qui viendraient entacher la réputation de l'entrepreneur.

---

1. « Quand l'éthique rime avec rentabilité », *Les Échos,* 26 septembre 2001.
2. Citation de Locke (XVIIᵉ siècle).

UNE IMAGE D'ENTREPRISE, ÇA S'ENTRETIENT

> « Le rôle hiérarchique est un rôle sacré[...]. Ce qui est sacré, c'est le devoir. »
>
> Yannik BONNET, 1995

La vulnérabilité dans les déviations éthiques se présente notamment lorsque la prise de décision comporte d'importantes conséquences pour des tiers, qu'ils soient internes ou externes à l'entreprise. Si l'entrepreneur affiche une éthique exigeante dans les textes et les discours, parce qu'elle permet d'orienter les conduites à adopter, ses actes également se révèlent importants. Un comportement douteux ou malhonnête risque de gangrener son éthique interne, de nuire à sa réputation et, *in fine*, de ternir l'image de son entreprise.

L'éthique comme vecteur de réussite

La formalisation de l'éthique d'une entreprise s'inspire de son histoire, de son métier, de sa stratégie, mais aussi de la personnalité de l'entrepreneur. En clarifiant les principes d'action devant concourir à la réussite de l'entreprise, le décideur apporte des éléments positifs à chacun des partenaires, mais balise également son espace de pouvoir. L'intégration puis la formalisation de l'éthique suppose ainsi la dissuasion des comportements négatifs, ainsi que l'engagement ferme de l'entrepreneur dans un comportement honnête, une conduite vue comme juste, constante et n'induisant aucune ambiguïté. La pratique de la formalisation vise à renforcer la résistance éthique de l'organisation face aux pressions, qui poussent à privilégier le court terme et à agir de façon considérée comme non éthique (Courrent et Mercier, 2000). De plus, expliquent Ortiz-Ibarz et Echevarria (1995), la codification éthique permet d'éviter le « paradoxe de l'isolement : celui qui refuse la corruption dans l'entreprise n'aura pas forcément l'impression d'être un idiot ».

Plus la taille de l'entreprise augmente, plus l'organisation de l'éthique nécessite une expression formalisée, cela va de soi. Les normes spécifiées fournissent ainsi des règles de conduite afin d'établir une distinction entre les bonnes et les mauvaises façons d'agir. Ces procédures établies autour de thèmes qui préservent les intérêts de l'entreprise, tout en se conformant à ses principes fondamentaux, sont énoncés dans un document éthique. Généralement nommé charte éthique, Mercier (1999) explique que ce document se présente en réalité sous diverses formes (voir tableau ci-après).

Un énoncé de valeurs qui comporte les croyances destinées à guider les membres d'une organisation (*satisfaire nos clients, protéger l'environnement*, etc.).
Un credo ou une philosophie du management qui regroupe les grands principes d'une conduite éthique au sein de l'entreprise, ce à quoi elle croit profondément ainsi que ses grandes orientations (*mériter la confiance de nos investisseurs, respecter l'intérêt général, devenir les leaders du marché*, etc.).
Un projet qui exprime la vision idéale de l'entreprise, qui met l'accent sur la mobilisation générale et qui vise à intégrer les projets individuels dans un projet collectif (*encourager l'effort personnel, renforcer le professionnalisme*, etc.).
Un code éthique qui formalise de manière explicite les normes et les comportements qui s'imposent aux membres de l'entreprise (*apporter au client le produit dont il a besoin, satisfaire aux obligations envers la société*, etc.).

Tableau 1. Les contenus possibles des chartes éthiques

Chaque type de document constitue en réalité la facette d'une réflexion éthique qui recouvre diverses dimensions (voir tableau ci-dessous).

La réflexion axiologique concerne les valeurs présentées comme un idéal à atteindre. Ce sont des convictions fondamentales et importantes pour les individus, qui demeurent relativement inchangées au cours du temps. Cette réflexion aborde généralement les notions d'intégrité, d'honnêteté, d'équité, de loyauté, etc. Ces valeurs pouvant être « constitutives » (préalables à la formation d'une structure sociale) ou « comportementales » (pour apprécier la conduite des acteurs face à la convergence des buts) (Bucki et Pesqueux, 1992).
La réflexion déontologique se rapporte à la volonté de faire adhérer les membres aux préceptes et aux normes de l'entreprise. Elle se pose là où le droit n'impose pas un comportement précis.
La réflexion ontologique se réfère à l'identité et à la singularité de l'organisation.
La réflexion téléologique se préoccupe des intentions et de la finalité de l'entreprise.
La réflexion psychologique s'ajoute à l'ensemble pour faire en sorte que les individus se considèrent partie prenante de l'organisation, à travers l'adhésion, la participation et la construction du projet de l'entreprise.

Tableau 2. Les cinq approches de la réflexion éthique

Les documents éthiques constituent à la fois des instruments de gestion et de transmission des valeurs qui font la réussite de l'entreprise. Ils constituent « souvent de la connaissance intégrée par l'expérience exprimée sous forme de principes » (Dryancour, 1995). En organisant l'éthique, l'entrepreneur cherche ainsi à susciter l'adhésion et le dévouement des collaborateurs afin d'instaurer une prévisibilité dans leurs comportements. Toutefois, la difficulté réside dans le caractère réaliste ou idéaliste attribué aux documents éthiques. Si pour certains entrepreneurs, l'application demeure rigoureuse et les énoncés modestes, d'autres élaborent des principes plus ambitieux et parfois même extensifs pouvant déboucher sur des projets de manipulation. Les documents les plus efficaces sont ceux qui donnent des orientations et non des consignes. Ils ne constituent pas un ordre figé, ce qui serait d'ailleurs contraire à ce qu'est une entreprise soumise aux variations permanentes de son environnement. *A contrario*, les documents généralistes peuvent exprimer divers principes qui risquent d'entrer en décalage avec la spécificité de l'entreprise pour, *in fine*, brouiller l'image qu'elle cherche à transmettre. Les missions importées ne contribuent pas à la construction de l'identité d'une entreprise. L'éthique est un état d'esprit, non un catalogue de décisions types.

L'individu étant profondément influencé par les comportements des individus environnants, la manifestation d'un climat éthique au sein de l'entreprise favorise les comportements éthiques. Contrairement à la culture, manière de penser étroitement associée aux croyances et aux valeurs de l'entreprise, le climat éthique est « une perception partagée d'un comportement vu comme juste » (Mercier, 1999). Il encourage les membres de l'organisation à se conduire en conformité avec les principes éthiques énoncés et contribue à établir fermement l'éthique dans les pratiques de toute l'entreprise.

> **La prévention et la dissuasion contre les défaillances éthiques sont influencées par des caractéristiques à la fois individuelles et situationnelles.**

La prévention et la dissuasion contre les défaillances éthiques sont influencées par des caractéristiques à la fois individuelles et situationnelles (voir figure ci-dessous). Toutefois, l'influence du climat éthique sur les décisions dépend également de son contenu (les normes qui s'attachent au comportement éthique) et de sa puissance (le degré de contrôle qu'il exerce sur les comportements). Il n'en reste pas moins que ce sont les entrepreneurs qui encouragent et soutiennent la conduite éthique. Leur exemplarité demeure ainsi fondamentale.

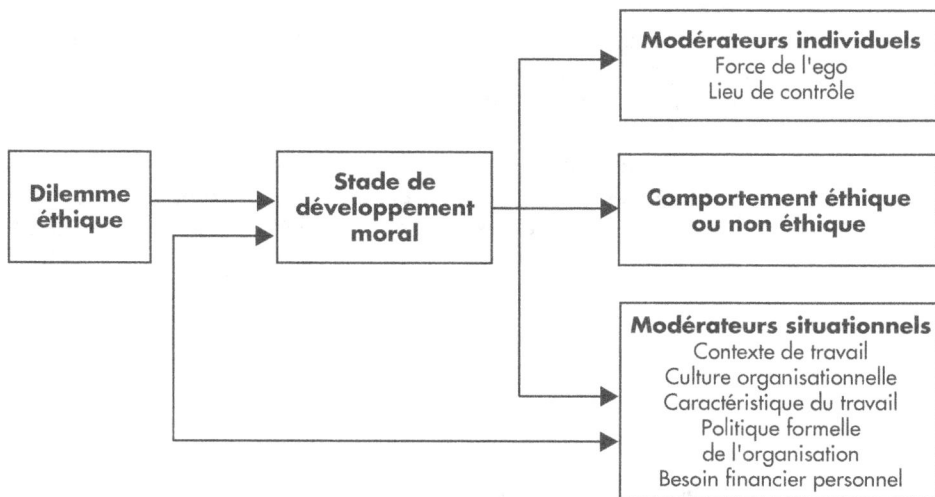

Source : Adapté de Trevino 1986, *in* Mercier, 1999.

Figure 1. La prise de décision éthique

La réputation de l'entrepreneur : un capital à préserver

■ *L'éthique, outil de séduction*

Le travail d'appropriation de règles éthiques n'est pas totalement innocent. Les actions de l'entrepreneur semblent parfois conditionnées par des règles d'utilité invoquées dans l'intérêt de la survie de son entreprise ou pour la sauvegarde de sa réputation. Il est bien connu qu'un individu « moral » devient rapidement un héros dont l'image rassure et émeut les hommes. Les entrepreneurs l'ont compris et se servent aujourd'hui de l'éthique comme outil de séduction, tant elle apparaît importante dans la perception d'une image positive. La collaboration croissante des entreprises avec des ONG (WWF, Greenpeace, Robin des Bois [1]...) constitue un moyen de purifier leurs images aux yeux du public [2]. C'est ainsi que WWF propose son label aux entreprises qui acceptent l'adoption d'une démarche éthique pour le respect de l'environnement. L'exemple du « panda » apposé au coté du « L » de Lafarge peut paraître surprenant et produit un impact positif sur l'image éthique de l'entreprise. « L'éthique d'entreprise est la plupart du temps le produit que la communication offre à la demande de morale des hommes. » Elle est, selon Etchegoyen (1991), en grande partie subordonnée à la communication interne et externe de l'entreprise.

Une enquête menée par l'agence Hill & Knowlton, auprès de dirigeants américains et européens, révèle une variation dans la vision des décideurs, quant à la meilleure voie à suivre pour améliorer la réputation de leur entreprise [3]. Des critères tels que la mise en avant du leadership du groupe, le rôle primordial du dirigeant, les relations clientèles, etc., apparaissent déterminants dans l'amélioration de la réputation d'une entreprise. Par ailleurs, l'étude révèle une montée en puissance de l'éthique dans les propos des interviewés. « La réputation est une affaire de long terme, contrairement à l'image qui correspond à une vision de l'instant. » 94 % des dirigeants jugent en effet ces facteurs de réputation importants dans l'atteinte des objectifs stratégiques de l'entreprise.

La démarche de transmission de l'éthique repose sur une double logique. Elle s'appuie d'une part, sur une logique de responsabilité en

---

1. Robin des Bois est une ONG dont les militants s'étaient fait connaître en grimpant dans de vieux arbres parisiens qui gênaient des travaux, pour empêcher leur abattage et en escaladant les tours d'une centrale nucléaire dans les Ardennes.
2. « Le flirt ONG-entreprises : comment l'éthique vient aux multinationales », *Les Échos,* 17 septembre 2001.
3. « La réputation, un capital encore mal exploité par les entreprises », *Les Échos,* 26 juin 2001.

cherchant à promouvoir une relation de confiance mutuelle. Or en assurant dans le même temps le strict respect des règles énoncées, la formalisation éthique repose d'autre part, sur une logique coercitive qui veille à l'obéissance des collaborateurs. Émerge alors un paradoxe dans cette juxtaposition des logiques. Tout en faisant la promotion de la prise d'initiative et de la responsabilité individuelle, l'entrepreneur impose dans le même temps la conformité à des règles préétablies.

Dans ce contexte, se pose la question de l'utilité réelle et recherchée de la formalisation éthique. L'instrumentation des principes émis incite-t-elle à améliorer la moralité des individus ou permet-elle le contrôle de leurs décisions concernant certains problèmes ? Le caractère moral d'une instrumentation éthique n'est pas de développer la moralité des acteurs mais seulement d'orienter la représentation qu'ils ont de la hiérarchie des intérêts en présence. Quant à vouloir guider leurs décisions, c'est nécessairement leur imposer une représentation de la réalité. C'est en ce sens, disent Courrent et Mercier (2000), que « la formalisation influence la nature de l'éthique des acteurs ».

Alors jusqu'où aller dans les choix éthiques imposés aux salariés ? Des entreprises telles The Body Shop, Cisco Systems ou Patagonia [1] encouragent leur personnel à s'investir dans des projets communautaires : se consacrer à une ONG pour les salariés de Pantagonia, visites d'hôpitaux et boycottage d'Esso pour les employés de The Body Shop, des séminaires de formation pour devenir bénévoles et philanthropes pour les membres de Cisco, etc. Pourtant, « *ce qui domine, c'est un vernis de bonne conscience* », déclare Alan Barclay, ancien employé d'Amazon.com. Désabusé par l'agressivité de sa hiérarchie, il rajoute que « tout est politiquement correct [...] mais quand vous sortez la tête de l'eau, tous ces discours solidaires ne visent que le profit des actionnaires » [2].

La démarche éthique n'implique pas d'enfermer les membres de l'entreprise dans un système de principes qui confond « sans cesse le volontarisme et la réalité subjective », explique Etchegoyen (1991). L'éthique ne peut se résumer à un ensemble de règles strictes énoncées avec autorité ou de manière dogmatique. C'est davantage une démarche collective, qu'un comportement individuel d'obéissance. Mais étant généralement initiée par la direction, il existe un risque de la voir devenir un moyen de pression sur les salariés. Sa formalisation excessive dénature et altère la véritable réflexion éthique, car elle ne prétend

---

1. Patagonia est une marque de vêtements de sport et de loisirs située à San Fransisco.
2. « Jusqu'où aller dans les choix éthiques imposés aux salariés ? », *Les Échos,* 4 septembre 2001.

pas, dans ce cas, servir un idéal, mais constitue un moyen en vue d'une fin. Le respect des règles éthiques ne semble donc possible que s'il est partagé par les collaborateurs de l'entreprise. Les hommes doivent rechercher une authentique compréhension mutuelle et se mettre d'accord sur ce qu'il faut tenir pour bien, explique Habermas (1988), mettant ainsi l'accent sur l'impossible formulation d'une éthique non fondée sur la réciprocité.

De la sorte, le choix effectué par l'entrepreneur de transmettre certaines valeurs aux membres de l'entreprise, n'est ni discuté, ni vraiment communiqué. Aujourd'hui, l'entreprise ne se contente plus de l'efficience propre à toute communication, c'est-à-dire son aptitude à produire des effets quelconques. Dans le cadre de sa réussite compétitive, elle recherche l'efficacité communicationnelle, la capacité que possède toute communication à générer des effets délibérément visés. En effet, une telle communication peut parvenir à masquer les apparats, aussi bien envers son public interne, qu'externe. Dans cette perspective, elle devient le moyen de construire une réalité, certes avantageuse pour l'entreprise, mais une réalité trompeuse. La fonction essentielle de la communication consiste-t-elle alors à manipuler le public ? « Reprocher au discours d'être manipulateur revient en réalité à reprocher au discours d'être », explique Meyer (1993). Une information communiquée, constitue avant tout du sens. Quelle que soit sa valeur de vérité ou d'objectivité, elle transmet le réel en le mettant en forme. Ceci implique que « techniquement », elle « construit » et qu'elle peut, par conséquent, entraîner la déformation ou la manipulation du réel. L'information purement factuelle ou transparente n'existe pas, selon Benoit (2001).

■ Quand dire ce n'est pas faire

Ainsi, communiquer l'éthique suppose souvent la tentative de maîtrise d'une image qui doit, d'une part, agir sur la motivation et les conduites des personnes dans l'entreprise et, d'autre part, corroborer le souci d'une réputation honnête du décideur. La transmission d'écrits sophistiqués devient alors porteuse d'une image qui risque toutefois d'être trahie par les pratiques réelles de l'entreprise. Or l'inévitable décalage entre image et réalité nécessite d'être attentivement surveillé. Toutefois, si des écarts sont constatés entre les discours et les actes, ils ne sont pas constamment mal intentionnés. Parfois, ils découlent d'une maladresse plus que d'une perversion des décideurs. Il n'en reste pas moins que, aujourd'hui, la vocation morale revendiquée de ces derniers demeure de rigueur, ce qui induit d'assumer la responsabilité éthique des actions engagées. Un décideur responsable peut-il alors, sous prétexte de vouloir sauvegarder sa réputation, se soustraire à l'engagement, compris comme la volonté de répondre à ses actes ?

L'éthique de la responsabilité est liée aux conséquences engendrées. Elle se distingue de l'éthique de la conviction, fondée sur les intentions précédant l'action des personnes, sans souci des résultats. D'un point de vue moral, « la valeur d'une action vient moins de la bonne volonté qu'elle manifeste que de la conformité de ses conséquences concrètes aux exigences de la vertu » (Le Bihan, 1997). De la sorte, toute règle de conduite doit être subordonnée à la considération des effets de son application. S'inscrivant dans une logique d'efficacité, l'éthique s'intéresse alors aux conséquences des actes. Il ne suffit pas d'avoir une intention louable pour valoriser une action. L'acte lui-même doit avoir une valeur. Éviter de se soucier des conséquences objectives revient à se donner bonne conscience en se persuadant qu'on n'a pas fait le mal volontairement. Par ailleurs, « le culte de la bonne intention [...] prend le risque de justifier l'acte après coup en le purifiant par l'intention qui l'a motivé » (Le Bihan, 1997).

> **Le dilemme, éthique de conviction et éthique de responsabilité, apparaît être un faux dilemme.**

A contrario, s'en tenir uniquement au résultat, c'est se méprendre sur le sens de l'action morale. Il est clair que la réussite d'une action n'est pas une preuve de sa moralité, sinon les corruptions réussies seraient légitimes. De même, l'échec d'une action malveillante, n'annule pas la valeur des intentions qui l'ont motivée. Ainsi, le dilemme, éthique de conviction et éthique de responsabilité, apparaît être un faux dilemme. La conciliation des deux semble possible si l'on admet que l'attitude éthique consiste à agir par conviction pour obtenir les meilleurs résultats. Trouver le meilleur compromis conduirait l'entrepreneur à viser un optimum, le minimum de mal pour un bien donné.

Nous avons souligné, à travers ce chapitre, la difficulté actuelle pour un entrepreneur de prendre des décisions stratégiques dans le strict respect de ses convictions. Aussi, à l'issue de cette réflexion, pouvons-nous retirer deux types d'enseignements principaux. Nous avons d'abord montré comment les problèmes de survie d'une entreprise ou l'arbitrage entre des contraintes contradictoires, conduisent l'entrepreneur à sacrifier l'éthique, pour accorder une priorité à des intérêts matériels ou financiers. Par ailleurs, afficher des principes éthiques qui contrastent avec les actions menées, constitue un danger pour l'entrepreneur et son entreprise. Si l'ambition de réussite compétitive se réalise parfois au prix de nombreuses compromissions et manipulations, elle est certes rentable à court terme, mais à long terme, elle risque de compromettre la performance de l'entreprise et de porter atteinte à la réputation de l'entrepreneur. Puis nous avons mis en lumière l'existence d'effets de discordances entre les actes et les discours de l'entrepreneur pouvant nuire à l'image commerciale de l'entreprise. En matière éthique, les pratiques quotidiennes de ce dernier sont considérées comme un guide du comportement des individus. De plus, la formalisation de principes et de valeurs contribue à encourager et à soutenir la conduite éthique au sein de l'entreprise. Cependant, il apparaît parfois que leur proclamation constitue le reflet de valeurs marchandes, notamment lorsque l'entrepreneur l'impose à l'imaginaire des individus avec pour intention de transmettre une image positive de l'entreprise.

Qu'il soit entrepreneur ou manager, tout décideur est soumis au droit qui indique les limites éthiques qu'il ne doit pas franchir. Le chapitre suivant examine les rapports entre le droit et l'éthique dans le cadre des relations entre les dirigeants et les actionnaires.

Annexe 1. – Les principaux thèmes de recherche en entrepreneuriat

Caractéristiques comportementales des entrepreneurs
Caractéristiques économiques et démographiques des PME
Entrepreneuriat et PME dans les pays en développement
Caractéristiques managériales des entrepreneurs
Processus entrepreneurial
Création d'entreprises
Développement d'entreprises
Capitaux de risque et financement de la PME
Gestion des entreprises, redressements, acquisitions
Entreprises de haute technologie
Stratégie et croissance de l'entreprise entrepreneuriale
Alliance stratégique
Entrepreneuriat corporatif ou intrapreneuriat
Entreprises familiales
Travail autonome
Incubateurs et systèmes de soutien à l'entrepreneuriat
Réseaux
Facteurs influençant la création et le développement d'entreprises
Politiques gouvernementales et création d'entreprises
Femmes, groupes minoritaires, ethnicité et entrepreneuriat
Éducation entrepreneuriale
Recherche en entrepreneuriat
Études culturelles comparatives
Entrepreneuriat et société
Franchises

Source : Filion, 1997.

Annexe 2. **Les caractéristiques courantes attribuées aux entrepreneurs**

Innovateurs
Leaders
Preneurs de risques modérés
Indépendants
Créateurs
Énergiques
Persévérants
Originaux
Optimistes
Orientés vers les résultats
Flexibles
Débrouillards
Besoin de réalisation
Internalité
Confiance en soi
Implication à long terme
Tolérance à l'ambiguïté et à l'incertitude
Initiative
Apprentissage
Utilisation de ressources
Sensibilité envers les autres
Agressivité
Tendance à faire confiance
Argent comme mesure de performance

Source : Filion, 1997.

L'éthique au service des actionnaires ?

Samih ABID

En tant qu'être humain, le dirigeant est perpétuellement tiraillé entre la recherche de son bien et de celui d'autrui.

Les actionnaires ont repris un pouvoir qu'ils avaient délaissé[1], ils ont réinvesti les assemblées générales, ils n'ont pas hésité à créer des associations de défense des investisseurs en valeurs mobilières. Ils sont encouragés en cela par le discours néolibéral. Le dirigeant, mais aussi l'administrateur de société, est le mandataire des actionnaires. Il est tenu à une obligation générale de loyauté qui se traduit par des normes de comportement (juridique) et c'est ainsi que l'on peut évoquer une certaine éthique du dirigeant de société. Cependant, en tant qu'être humain, le dirigeant est perpétuellement tiraillé entre la recherche de son bien et de celui d'autrui. Puisqu'il est mandataire social, quels sont ses devoirs ?

Il est nécessaire de qualifier cette éthique. Plus exactement, l'identification du bénéficiaire réel du discours moral permettra de savoir si les valeurs imposées aux dirigeants sont au service de la société ou du marché. Notre postulat est le suivant : le dirigeant a un comportement éthique lorsqu'il répond aux attentes de ses mandants, les actionnaires. Le lien entre la performance financière totale et l'accent mis sur l'éthique, comme un instrument du gouvernement d'entreprise, a été quantifié et démontré. Une étude menée sur la base du classement 1997 de la revue *Business Week* a identifié 26,8 % des 500 plus grandes sociétés

---

1. Sophie L'Hélias, *Le Retour de l'actionnaire. Pratique du Corporate Governance en France, aux États-Unis et en Grande-Bretagne*, Gualino éditeur, 1997.

cotées américaines qui, dans leur rapport annuel aux actionnaires, s'engageaient à adopter un comportement éthique envers leurs actionnaires ou à accentuer la concordance de leur gestion avec leur code de conduite. La performance financière de ces entreprises était plus élevée que celle des entreprises qui ne fournissaient aucun effort en ce sens. Selon l'auteur, ces conclusions devraient motiver plus d'entreprises à utiliser les principes des comptabilités, audit et *reporting* éthiques et sociaux[1]. En clair, cela consiste à leur assurer annuellement des dividendes substantiels et une valorisation boursière constante de leurs titres. S'agit-il d'un détournement des valeurs morales au profit de finalités économiques ? Le dirigeant semble être au service de l'actionnaire, mais le véritable bénéficiaire n'est-il pas le marché ?

LES DIRIGEANTS AU SERVICE DE L'ACTIONNAIRE

La règle de droit procède des données économiques, sociales, politiques et idéologiques de la société. Ainsi, traditionnellement, le droit s'appuie sur la morale ; en son absence, le champ sera libre à l'éthique qui s'incarnera dans les codes de bonne conduite. Or, l'entreprise est en quête de valeurs[2]. La réintroduction de l'éthique en droit des affaires touche la lutte pour le pouvoir au sein de l'entreprise entre les actionnaires et les dirigeants sociaux[3]. La lutte endosse la dimension contractuelle des relations sociétaires, entre le dirigeant d'entreprise et ses actionnaires. Dès l'origine, la société est un contrat[4]. Le dirigeant est face à ses responsabilités, mais il en ignore l'étendue et ne sait pas

---

1. V. Curtis, C. Verschoor, « A study of the link between a corporation's financial performance and its commitment of ethics », *Journal of Business Ethics*, Dordrecht, vol. 17, Issue 13, octobre 1998, p. 1509-1516.
2. Myriam Mandin, Nadine Ricci, Martine Robert, « L'entreprise en quête de valeurs : une étude de la déontologie du gouvernement d'entreprise et de la communication », *in* Roland Granier (éd.), *Culture et comportements économiques*, Presses universitaires d'Aix-Marseille, 2000, p. 339-401.
3. En sciences de gestion, cet antagonisme met en scène deux stratégies : le désir de l'actionnaire de contrôler le dirigeant (théorie de l'agence) d'une part, et la réponse des dirigeants qui consiste à créer les conditions de leur enracinement, d'autre part.
4. Après une période de « société contractuelle » durant le XIXe siècle et la moitié du XXe, l'appréhension juridique de la société a évolué depuis la Seconde Guerre mondiale au profit d'une approche qui considérait la société comme un centre d'intérêt à part entière, c'est-à-dire une institution. La société a été également qualifiée d'« organisation juridique de l'entreprise » (Jean Paillussseau, « Les fondements du droit moderne des sociétés », *JCP éd. E,* 1984, II, n°14193). Dans cette « société institutionnelle », les dirigeants de sociétés étaient devenus des managers ayant pour vocation de défendre l'intérêt de la personne morale, parfois aux dépens des actionnaires initiaux. C'était une époque où le dirigeant incarnait totalement la société. Or, depuis une vingtaine d'années, la contractualisation des relations sociétaires est à nouveau de mise.

trop comment les respecter. L'abondance de la jurisprudence montre bien le flou de la loi en matière de définition des devoirs des dirigeants sociaux. Le juge a même tendance à élargir le champ des devoirs, créant une insécurité juridique due aux revirements de la jurisprudence. La loi n'ayant pas vocation à régenter l'activité humaine dans tous ses détails, les marchés et les entreprises réclament des dispositifs flexibles de préférence ; ils manifestent une préférence marquée pour l'approche déontologique. Tout comme le rapport Vienot-I [1], la Commission des opérations de Bourse (COB) est favorable à une approche déontologique qu'elle considère comme le meilleur moyen de susciter l'adhésion à un dispositif qui doit rester souple [2].

Le recours aux codes de bonne conduite est plébiscité par le marché. La solution la plus évoquée consiste en la codification des devoirs (les gestionnaires parlent plutôt de formalisation). Les codes de conduite sont une pratique courante dans les pays anglo-saxons, États-Unis en tête. Ils commencent à se répandre dans les sociétés françaises sous l'impulsion du phénomène du *corporate governance*, défini comme le « système par lequel les sociétés sont dirigées et contrôlées ». Traduit non sans maladresse, par la formule « gouvernement d'entreprise », il constitue désormais une idéologie familière aux chefs d'entreprise français. Notion d'origine américaine, le *Corporate Governance* est, dans sa conception originelle, une pratique qui met en jeu trois acteurs différents convergeant vers un même but : l'optimisation de la valeur actionnariale (*shareholder value*). Les principes éthiques qui en sont issus sont véhiculés par les préoccupations de légitimité du pouvoir au sein des sociétés, par les questions de mise en place de politique de contrôle, de règles de transparence ainsi que de la délimitation des devoirs des dirigeants sociaux [3]. Le mouvement du « gouvernement d'entreprise » a pris une telle ampleur que la loi relative aux nouvelles régulations économiques (NRE) du 15 mai 2001, en a consacré plusieurs principes. Ces exigences ont trait au fonctionnement de la société cotée et à la qualité de l'information qu'elle doit fournir au marché [4].

Défini au sens large, le dirigeant d'entreprise est le cadre supérieur, notamment le président-directeur général, ainsi que l'administrateur

---

1. Sous la présidence de Marc Vienot, *Rapport AFEP-CNPF sur le conseil d'administration des sociétés cotées*, Éd. ETP, juillet 1995.
2. Recommandation de la COB destinée aux sociétés cotées et relatives au gouvernement d'entreprise, reproduite au *Juris-Classeur Sociétés*, Fasc. K-146.
3. André Tunc, « The Principles of Corporate Governance », *RDAI/IBLJ*, n° 8, 1995.
4. Nous attirons l'attention du lecteur sur une des limites de cette étude. Elle concerne prioritairement, si ce n'est exclusivement, les entreprises cotées en Bourse. Le rapport du sénateur Marini

élu par l'assemblée générale des actionnaires[1]. Le dirigeant de société est un mandataire[2] ; comme le réaffirme M. Mestre, « la société est bien encore un contrat »[3]. Le mandant est l'acte par lequel une personne donne à une autre le pouvoir de faire quelque chose pour le mandant et en son nom. Les dirigeants sont soumis au contrôle de l'actionnaire, le mandant. L'actionnaire se prévaut de la loi et de l'éthique. Quel type de valeur prend en compte l'éthique des dirigeants : l'environnement, les consommateurs, l'emploi ou tout simplement le profit élevé au rang de valeur sociale par le biais de la notion de risque ? Une éthique des dirigeants peut-elle intégrer d'autres paramètres que celui de l'intérêt social ?

La loyauté du dirigeant, un devoir incontournable

Il existe une éthique du droit des sociétés, œuvre essentiellement doctrinale et jurisprudentielle[4]. Elle consiste en une obligation d'abstention mais aussi en un devoir actif de loyauté. La loi met à la charge des dirigeants à la fois des obligations négatives et positives. En premier lieu, une obligation d'abstention, c'est-à-dire ne pas abuser des biens de la société[5] mais aussi ne pas abuser des informations privilégiées[6]. En second lieu, le dirigeant est tenu d'un devoir actif de

---

(*La Modernisation du droit des sociétés*, La Documentation française, coll. « Des rapports officiels », 1996, Proposition n° 43, p. 41) abonde en ce sens. Il en est de même pour le rapport Vienot qui propose une charte de l'administrateur. Le second rapport Vienot, rendu public en juillet 1999 persiste dans cette voie étroite puisqu'il ne fait que reprendre les propositions du premier rapport en mettant à jour certaines. Or, au regard de la démarche éthique, ignorer les entreprises non cotées ou de petite taille relève du non-sens ; en effet, elles constituent le terrain le plus favorable à une dérive monarchique (voir J.-M. Couroent, *Éthique de gestion : essai de description par les attitudes des dirigeants de petites entreprises*, thèse, université de Montpellier-I, 1998).

1. Ce qui se traduit en droit positif par une pluralité de statuts du dirigeant de société. En ce sens, voir Dean Gibirila, *Le Dirigeant de société*, Litec, Paris, 1995.
2. Cette qualification de nature contractuelle ne fait pas l'unanimité. En faveur, voir Paul Le Cannu, « Légitimité du pouvoir et efficacité du contrôle dans les sociétés par actions », *Bull. Joly Sociétés,* 1995, p. 643. *Contra* voir les écrits des tenants de la théorie institutionnelle de la société, voir Antoine Pirovano, « La boussole de la société. Intérêt commun, intérêt social, intérêt de l'entreprise », *Rec. Dalloz* 1997, I.
3. Jacques Mestre, « La société est bien encore un contrat... », *Mélanges Ch. MOULY*, Litec, Paris, 1998, t. II, p. 131.
4. Claude Champaud, « Intérêt social, abus des biens sociaux et éthique sociétaire », *Entreprise Éthique*, n° 7, octobre 1997, p. 61.
5. Cass. crim., 27 oct. 1997, *Bull. Joly* 1998, § 2, p. 11, note J.-F. Barbièri ; Cass. crim., 27 juil. 1993, *Dr. pén.* 1994, n° 89, note J.-H. Robert ; Cass. crim., 5 mai 1997, *Bull. crim.*, n° 159, p. 525 ; Cass. crim., 10 nov. 1999, *Dr. pén.* 2000, n° 58, note J.-H. Robert ; Cass. com., 4 janv. 2000, *RJDA* 2000, n° 460, p. 363.
6. Cass. com., 5 oct. 1999, *JCP* 2000, *éd. Entreprise et Affaires*, n° 1-2, p. 33, note H. Hovasse.

loyauté vis-à-vis des associés et de l'entreprise[1]. La nature contractuelle de la société étant incontestable, l'obligation de loyauté trouve sa base légale dans l'article 1134 alinéa 3 du Code civil. Il en découle que les mandataires sociaux sont loyaux envers leurs mandants et inversement dans l'exécution de leur contrat de mandat[2]. La Cour de cassation a, non seulement dégagé des textes de loi une obligation de loyauté du dirigeant envers ses actionnaires[3], elle a également étendu cette obligation à l'entreprise[4]. Cette double loyauté conduit à distinguer l'intérêt des actionnaires de celui de la société.

■ L'intérêt des actionnaires est aussi social

La notion protéiforme et multifonctionnelle d'« intérêt social » est un vecteur de réintégration de valeurs éthiques dans le fonctionnement des techniques juridiques. « C'est un impératif de conduite, une règle de déontologie qui impose de respecter un intérêt supérieur à un intérêt personnel »[5]. Le fondement des devoirs des dirigeants tel que le développe le code de bonne conduite c'est l'intérêt social. Définir l'intérêt social permet d'identifier son bénéficiaire. Il faut donc répondre à la question : qui servir, l'actionnaire ou la société ? Puis comment le servir : en maximisant les profits ? Enfin, on ne peut éluder la fameuse question morale : la fin justifie-t-elle les moyens ?

Le droit français ne définit pas l'intérêt social, il en laisse le soin à la doctrine et à la jurisprudence[6]. Il en découle un débat passionné autour de la question de savoir si le droit tient pour équivalents « intérêt social » et « intérêt des actionnaires ». En 1995, le rapport Vienot-I définissait l'intérêt social comme « l'intérêt supérieur de la personne morale elle-même, c'est-à-dire de l'entreprise considérée comme un agent économique autonome, poursuivant ses fins propres, distinctes notamment de celles de ses actionnaires, de ses salariés, de ses créanciers dont le fisc, de ses fournisseurs et de ses clients, mais qui cor-

---

1. B. Daille-Duclos, « Le devoir de loyauté du dirigeant », *JCP* 1998, *Entreprise et Affaires*, n° 39, p. 1486 et *sq.*
2. L'obligation de loyauté régit également les relations entre associés puisque le contrat de société passé entre eux doit être exécuté de bonne foi.
3. Cass. com., 27 fév. 1996, *JCP* 1996, éd. E, II, 838, note D. Schmidt et N. Dion ; Ghestin *éd. G*, n° 26, 26/06/1996, p. 283-288.
4. Cass. com., 24 fév. 1998, *JCP* 1998, éd. E, n° 17, pan. 637.
5. Comme la bonne foi ou l'intérêt de la famille, soulignent Maurice Cozian et Alain Viandier, *Droit des sociétés*, Litec, Paris, 13e éd., n° 431.
6. La notion juridique d'intérêt social est impossible à définir ; le concept est récent et ses applications diversifiées. Voir Pirovano, *op. cit.* ; J.-P. Bertel, « La position de la doctrine sur l'intérêt social », *Droit et patrimoine*, avril 1997, p. 41 ; Alain Couret, « L'intérêt social », *Cah. dr. entreprise*, 1996.4.

respondent à leur intérêt général commun, qui est d'assurer la prospérité et la continuité de l'entreprise ». L'auteur de cette définition, M. Bissara qui est par ailleurs délégué général de l'ANSA (Association nationale des sociétés anonymes), a changé d'avis depuis. En 1999, l'intérêt social se confond avec l'intérêt commun des actionnaires [1]. Entre-temps, le plaidoyer en faveur de plus de souplesse contractuelle du droit des sociétés s'intensifiait sous l'effet de la mode du *corporate governance* [2]. Un courant doctrinal, représenté par M. Schmidt, considère que « du point de vue de l'actionnaire, l'intérêt social se confond avec l'intérêt des actionnaires » [3]. L'intérêt social a pour fonction d'assurer l'enrichissement de chacun au travers de l'enrichissement collectif [4]. La jurisprudence le confirme [5]. Cette lecture juridique est également en phase avec la théorie de l'agence : en rappelant que le produit final doit revenir aux détenteurs des titres sociaux, elle résout le conflit d'intérêt entre gestionnaires et propriétaires [6]. Cette conception est très répandue, promue par tous, les fonds de pension et les associations d'actionnaires. Elle permet la mise en place d'un dispositif de règles écrites de source privée, les codes de bonne conduite. Il s'agit bien d'une pratique de la gestion sociale orientée vers la rentabilité de la détention des titres sociaux. Cette pratique élargit les moyens d'action mettant en cause la responsabilité des dirigeants sociaux [7]. La confusion n'est pourtant pas exempte de défauts.

La position de M. Schmidt, qui met l'intérêt de l'actionnaire au cœur de l'entreprise en liant intérêt commun et maximisation de la valeur actionnariale, est vivement critiquée [8]. Elle ne prend pas suffisamment en considération d'autres éléments de la vie sociale qui permettraient de parler d'un véritable droit au partage équitable. Les contre-arguments juridiques foisonnent. Parmi les plus pertinents, on relève que l'intérêt des actionnaires n'est pas unique, c'est bien une notion équivoque. Les détenteurs d'obligations convertibles en actions ne doivent pas non plus être négligés... Le contrat, chose des parties, produit néces-

---

1. Philippe Bissara, « L'intérêt social », *Rev. Sociétés* (1) janv.-mars 1999, p. 30-31.
2. Voir en ce sens l'opinion du sénateur Philippe Marini qui considère que l'on est allé trop loin dans la théorie institutionnelle en voulant préserver l'intérêt social au point où l'« on peut se demander si l'intérêt social, censé transcender les intérêts des actionnaires n'est pas devenu l'alibi d'un nouveau despotisme éclairé », *La Modernisation du droit des sociétés, rapport au Premier ministre*, La Documentation française, 1996, p. 9.
3. Dominique Schmidt, *Les Conflits d'intérêts dans la société anonyme*, Joly éditions, 1999, p. 11.
4. Th. Hassler, « L'intérêt commun », *Rev. soc.*, 1985, p. 587.
5. Cass. com. 3 juin 1986, *Rev. Soc.* 1986, p. 585, note Y. Guyon.
6. Voir les travaux de G. Charreaux.
7. En ce sens, voir Benoît Le Bars, *Les Associations de défense d'actionnaires et d'investisseurs*, thèse de doctorat en droit, Paris-I, janvier 1998.
8. Michel Bergerac, Alain Bernard, « Fantaisie à deux voix. À propos de Dominique Schmidt, *Les Conflits d'intérêts dans la société anonyme* », *Dalloz* 2000, Chron. 315.

sairement des effets sur les tiers (salariés, créanciers, fisc, etc.) : eux aussi défendent des intérêts. Or, Schmidt écrit, sans trembler, que l'intérêt de la technique sociétaire réside dans la configuration suivante : « Les actionnaires financent une activité, exercée par la personne morale qu'ils gouvernent, en vue de réaliser des projets ; s'il y a des profits, ils les partagent entre eux ; s'il y a des pertes, elles sont pour la société. »[1] Enfin, à supposer l'influence grandissante des fonds de pension étrangers sur la gestion de l'entreprise, plusieurs d'entre eux sont pétris de culture ouvrière, ce qui les rend singuliers[2]. Le plus connu est la caisse de retraite des fonctionnaires de Californie, CalPERS, le plus important fonds de pension américain qui édicte son propre code de conduite[3].

S'il est évident que l'intérêt des actionnaires fonde les droits et les obligations de leurs mandataires, il n'est pas établi que l'intérêt des

---

1. Schmidt, *op. cit.*, p. 20.
2. Une multinationale cotée en bourse s'est vue reprocher, sur Internet et lors de son assemblée générale, son comportement social jugé indigne par un de ses actionnaires. Le groupe français, Imerys (ex-Imétal), leader mondial dans la transformation des minéraux a parmi ses actionnaires un fonds de pension américain, Walden Asset Management qui entretient des liens étroits avec le syndicat américain Icem (Fédération internationale des syndicats de travailleurs de la chimie, de l'énergie, des mines et des industries diverses). Le fonds de pension en question fait de l'investissement éthique. Son représentant à l'assemblée générale d'Imerys a apostrophé les dirigeants à propos de pratiques antisyndicales aux États-Unis, il a reproché en même temps la contradiction avec son souci d'améliorer ses relations avec les syndicats en Europe. Au printemps 1999, Imerys avait acquis English China Clays PLC (ECC), une multinationale spécialisée dans la transformation de minéraux. ECC possède à Sylacauga, en Alabama, une usine de concassage de pierres, qui emploie 280 salariés non syndiqués. À proximité, Imerys est, lui, propriétaire d'un autre site de production, Georgie Marble ; 120 personnes y travaillent qui, elles, sont toutes syndiquées. Imerys regroupe les deux usines. L'opération de regroupement tourne vite au conflit entre les représentants locaux du puissant syndicat Pace (Paper, Allied-Industrial, Chemical and Energy Workers Union) affilié à l'Icem et à la direction de la nouvelle entité. Imerys considère que les deux installations constituent une unique site et que Pace ne représente plus une majorité dans la nouvelle usine. La direction américaine, forte de cet argument, refuse alors de reconnaître le syndicat Pace. Ce syndicat accuse Imerys d'avoir porté atteinte au droit des travailleurs de se syndiquer et de s'être offert les services de briseurs de syndicats. Ce que dément Imerys qui déclare avoir cherché à instaurer un mode de représentation qui respecte le droit américain... Au risque de remettre en cause des pratiques locales pas toujours démocratiques. En clair, pour obtenir un nouveau mandat syndical, les responsables de Pace ont souhaité que la direction reconnaisse le système très américain des *authorization card*. Outre-Atlantique, il est en effet de coutume qu'un syndicat puisse devenir le seul et unique représentant du personnel, pour peu qu'il obtienne une large majorité de signatures lors de la récolte des *authorization card*. « Ces mœurs syndicales sont teintées d'une certaine pression. Car les syndicats n'hésitent pas à faire du porte-à-porte chez les salariés pour obtenir des signatures. Pas vraiment démocratique », explique un salarié français d'Imerys qui commence à percevoir la complexité et les différences entre le syndicalisme à l'américaine et celui à l'européenne. Mais dans le cas d'Imerys, on voit bien que la notion d'investissement éthique est à géométrie variable. Ce qu'un fonds comme Walden Asset Management considère comme étant éthique aux États-Unis, c'est-à-dire la possibilité d'une représentation monosyndicale dans une entreprise et de surcroît sans élection, est inconcevable en Europe. Où se trouve la bonne éthique des entreprises, ici en Europe ou outre-Atlantique ? Source : *Libération*, 11 mai 2000.
3. Consultable sur son site http ://www.calpers-governance.org

actionnaires se confonde avec l'intérêt social. Une partie de la doctrine juridique (cf. Schmidt) soutenue par l'ensemble des acteurs des marchés financiers est pourtant favorable à cette confusion. Cette position idéologique fournit de précieux arguments aux promoteurs de la maximisation du profit au nom de la responsabilité fiduciaire des dirigeants envers les actionnaires.

■ Valeur actionnariale et intérêt social : peut-on concilier les deux ?

La maximisation de la valeur actionnariale que les Américains appellent *shareholder value* est une conception économique de l'équilibre social[1]. Elle oblige les dirigeants à concentrer leurs décisions de gestion vers un objectif de rentabilité maximum de l'investissement des actionnaires. La création de valeur est donc au centre de la lutte de pouvoir entre actionnaires et organes sociaux. Les sociétés, comme Air Liquide, désireuses de fidéliser leur actionnariat, sont conquises. Soucieuse de stabiliser son capital qui est très dispersé, la société Air Liquide mise sur la création de valeur dans la durée et surtout offre des prestations variées à ses actionnaires (information, gestion des comptes, transmission en bourse des ordres, etc.). Un comité de communication auprès des actionnaires, créé dès 1987, a pour mission d'améliorer la qualité des échanges entre l'entreprise et ses actionnaires individuels et institutionnels. Ce comité est composé de douze actionnaires individuels et présidé par le président d'Air Liquide[2]. La politique d'Air Liquide de dialogue avec les actionnaires lui vaut les éloges des investisseurs et des cabinets de conseil[3]. Elle est aussi justifiée par la dispersion du capital : 366 000 actionnaires individuels (chiffres de 1999) qui peut faciliter les offres publiques d'achats (OPA) agressives, à moins que l'actionnaire se sentant respecté par l'entreprise ne décide de lui rester fidèle.

D'autres sociétés veulent de la sorte apparaître sous un jour attrayant dans une période de renforcement des fonds propres. Le discours éthique qui véhicule la prescription d'un comportement correct et prévisible des dirigeants dans la gestion de l'entreprise est donc prisé. Dans une pratique d'autorégulation, la recherche de comportements « corrects » aboutit à des conceptions très variées. La place des valeurs

---

1. Sur la notion de valeur actionnariale, voir A. Rappaport, C. Noble, *Creating Shareholder Value*, 1986.
2. « Air Liquide : un vrai management de l'actionnariat individuel », *Les Échos*, 30 mai 2000, p. 52.
3. Air Liquide a obtenu les meilleures notations du cabinet de conseil Déminor pour 1999, 30 mai 2000, p. 51.

morales peut être envisagée de diverses manières : éthique et mondialisation économique, éthique et gestion financière des trésoreries bancaires et des grandes entreprises, éthique et opinion publique... L'éthique répond à un besoin de régulation, mais elle reste l'otage du secteur économique qu'elle promeut. Il est indéniable que les règles de nature déontologique, introduites dans les codes des devoirs des dirigeants envers leurs actionnaires, découlent d'une démarche de recherche de profit plutôt que d'une œuvre de promulgation de valeurs morales [1]. Accroître l'efficacité économique est positif en soi, encore faut-il l'employer au service de l'ensemble de la société. Tout intérêt sectoriel n'est pas nécessairement antinomique avec l'intérêt général. Néanmoins, un danger guette la référence à l'éthique financière : sa perception superficielle mène à une éthique financière puriste. Cela mérite une brève critique. Comparée aux réflexions passées en la matière [2], l'éthique financière contemporaine est moins pensée. L'éthique financière ne doit pas se fonder exclusivement sur une indignation morale, comme la réprobation d'un délit d'initié [3] ; il s'agit alors d'une préoccupation immédiate. De même, l'éthique financière ne devrait pas être mise en place pour la satisfaction d'obligations immédiates telles que la garantie d'une valorisation boursière exponentielle ou la satisfaction d'un client. Amartya Sen, le prix Nobel d'économie 1998, situe le problème de l'éthique financière dans la relation entre les devoirs et les conséquences. « L'évaluation soigneuse des conséquences est au centre de l'éthique financière et ne peut pas être remplacée par les attraits du « devoir » indépendants des conséquences » [4]. L'exemple de la défense de la maximisation du profit au nom de la responsabilité fiduciaire des dirigeants envers les actionnaires illustre à merveille ce piège de la déontologie « puriste ». A. Sen stigmatise cette attitude qui ne prend pas en compte ses propres conséquences sociales et économiques, comme la dégradation de l'environnement ou

> **L'éthique financière ne doit pas se fonder exclusivement sur une indignation morale, comme la réprobation d'un délit d'initié.**

---

1. Charley Hannoun, « La déontologie des activités financières : contribution aux recherches actuelles sur le néo-corporatisme », *RTD Com. Dr. éco*, 1989, p. 406 et *sq*.
2. Aristote, le Deutéronome, l'Arthasastra de Kautilya, en passant par la pensée musulmane et Adam Smith (qui était un moraliste). Sen développe ces réflexions *in* Amartya Sen, « Éthique et finance », *Rev. d'éco. fin*., n° 49, sept. 1998, notamment p. 27-34.
3. Un économiste, J. Kay, va encore plus loin. Il est opposé à l'interdiction du délit d'initié qui ne causerait de tort qu'aux seuls « professionnels du marché ». Les autres opérateurs sur les marchés, les actionnaires continuels, profiteraient du dynamisme introduit par l'initié sur le marché pour vendre ou acheter. La lutte contre le délit d'initié ne serait donc qu'un moyen de sauvegarde des intérêts des opérateurs professionnels en leur donnant une chance égale face aux initiés, détenteurs d'une information privilégiée. Voir John Kay, « Discussion », *Economic Policy*, April 1988, cité par A. Sen, *op. cit.*, p. 41 et *sq*.
4. A. Sen, *op. cit.*, p. 44.

la création d'une situation de monopole[1]. En outre, les notions d'intérêt social et d'entreprise citoyenne sont-elles incompatibles ?

Les interrogations sur la concordance de l'intérêt social avec celui des actionnaires, intérêt social lui-même servi par une éthique basée sur le profit immédiat, introduisent une question encore plus grave : l'intérêt des actionnaires est-il au-dessus des lois ? Autrement dit, le dirigeant qui enfreint la loi pour mieux servir les intérêts de son entreprise est-il loyal envers ses mandants ?

■ *La loyauté a des limites extrêmes*

En sondant la piste judiciaire apparaît le second vecteur de l'éthique sociétaire, c'est-à-dire la répression de l'abus des biens sociaux au travers d'une relecture des textes pénaux. Champaud voit une contradiction jurisprudentielle entre ces deux éthiques sociétaires : entre la jurisprudence « civile » sur l'intérêt social et des décisions pénales motivées par une éthique extra-sociétaire clairement inspirée par des considérations de nature philosophique[2]. La lutte contre l'abus de biens sociaux est le champ de divergences jurisprudentielles. L'infraction de l'abus de biens sociaux, visée en matière de société anonyme par l'art. L. 242-6 du Nouveau Code de commerce, est constituée lorsque l'usage est contraire à l'intérêt social, que l'auteur des actes incriminés agit à des fins personnelles et qu'il savait que l'acte incriminé était contraire à l'intérêt social, ce qui établit sa mauvaise foi. Si une opération n'est pas contraire à l'intérêt social, alors l'infraction d'abus de biens sociaux n'est pas constituée. Reste à savoir si la corruption d'hommes politiques en vue d'obtenir des marchés est un acte contraire à l'intérêt social. Se pose alors à nouveau la teneur de l'intérêt social, est-ce celui des actionnaires ou plus largement celui de l'entreprise voire la société humaine ? Dans une première affaire, SA Kis[3], la chambre criminelle de la Cour de cassation a envisagé l'intérêt de la société sous le seul angle économique. En l'espèce, le PDG de SA Kis avait versé 760 000 francs à M. Noir, ancien ministre du Commerce extérieur et maire de Lyon, par l'intermédiaire de son gendre P. Botton. Ce versement était la contrepartie d'une remise de pénalités résultant d'un redressement fiscal de la Société Kis d'un montant de plus de dix millions. La société

---

1. « Une justification partielle de la maximisation du profit passe par la reconnaissance du rôle que les profits jouent en tant qu'incitateurs à l'efficacité économique, mais il ne faut pas sous-estimer les pertes sociales et les injustices qu'elle peut, en de nombreuses circonstances, amener. », *op. cit.*, p. 43-44.
2. Champaud, *op. cit.*
3. Cass. crim., 6 févr. 1997, *D.* 1997, Jur. p. 334, note J.-F. Renucci ; *Dalloz Affaires* 1997, p. 780, note Matsopoulou.

obtint une remise de 5 millions de francs. La Cour de cassation a censuré la cour d'appel pour ne pas avoir pris en compte l'avantage retiré. Cette décision déclencha une polémique d'autant plus qu'elle émanait de la chambre criminelle. La lutte contre la corruption semblait faiblir. Depuis le jugement rendu dans l'affaire Lyonnaise des Eaux c/Carignon[1] a ramené plus de sérénité. Il traduit aussi une approche humaniste de l'éthique d'entreprise. Pour obtenir le monopole de la gestion des eaux de la ville de Grenoble, la SA « Lyonnaise des Eaux » a corrompu le député maire Alain Carignon avec de l'argent et divers avantages immobiliers. La société a décroché le marché. Malgré la contrepartie obtenue, les juges de la Cour de cassation ont condamné le dirigeant de la Lyonnaise des Eaux pour abus de biens sociaux. « Quel que soit l'avantage à court terme qu'elle peut retirer, l'utilisation de fonds sociaux ayant pour seul objet de commettre un délit telle la corruption est contraire à l'intérêt social en ce qu'elle expose la personne morale au risque anormal de sanctions pénales ou fiscales contre elle-même et ses dirigeants et porte nécessairement atteinte à son crédit et à sa réputation ». Dans cette espèce, l'intérêt social n'est pas appréhendé sous l'unique angle matériel. La lutte contre la corruption au nom de l'éthique de l'entreprise est assimilée à une œuvre de salubrité publique[2], mais ce faisant, les juges procèdent d'une démarche éthique personnelle et donc subjective. En outre, les positions de principe varient selon les matières et les juridictions. Par exemple, l'amoralisme du droit fiscal conduit le juge de l'impôt à accorder au contribuable le droit de déduire de ses résultats les charges qui procèdent d'un acte illicite effectué dans l'intérêt de l'entreprise[3].

Pour en revenir à l'intérêt social, boussole du dirigeant dans l'accomplissement de ses devoirs envers les actionnaires, nous adoptons, pour les besoins de la démonstration, l'hypothèse qu'il coïncide avec celui des actionnaires. Or, même s'il ne saurait se confondre avec l'intérêt de l'entreprise, l'intérêt social se trouve néanmoins confronté à l'intérêt du marché qui tend à prévaloir en ce qui concerne les sociétés cotées[4]. En

---

1. Cass. crim., 27 oct. 1997, *Bull. Joly* 1998, § 2, p. 11, note J.-F. Barbièri.
2. La lutte contre l'abus de biens sociaux est permanente, plus près de nous : Cass. crim., 10 nov. 1999, *Dr. pén.* 2000, n° 58, note J.-H. Robert ; Cass. com., 4 janv. 2000, *RJDA* 2000, n° 460, p. 363.
3. Une décision récente du Conseil d'État, 8ᵉ et 9ᵉ sous-section, 7 janvier 2000, req. n° 186 108, M. et Mme Philippe a réaffirmé une jurisprudence établie depuis 1983. « Chaque règle de droit à sa finalité. Celle du droit fiscal est de déterminer la matière imposable et les modalités de son imposition dans le respect, autant que faire se peut, du principe constitutionnel de l'égalité devant l'impôt... L'appréciation du montant du profit réalisé par un contribuable ne dépend pas du caractère illicite ou non de ce profit.... ». O. Fouquet, « L'amoralisme du droit fiscal », *Rev. administrative*, n° 313, p. 46-47.
4. Philippe Bissara, « L'intérêt social », *op. cit.*, p. 5 et *sq.*

effet, le lien entre la performance financière totale et l'accent mis sur l'éthique immédiate, comme un instrument du gouvernement d'entreprise, a été non seulement établi, mais quantifié et démontré [1]. L'emploi de la valorisation financière (ou boursière) de l'entreprise en tant que critère de sélection des devoirs des dirigeants est critiquable. Il procède d'une déconnexion voulue entre les devoirs et les conséquences de leur respect. L'éthique est manipulée et l'actionnaire avance masqué.

Actionnaires, faux actionnaires : déceler la nuance

L'actionnariat a repris de la vigueur en France depuis les années 1980 [2]. L'actionnaire a repris le pouvoir dans l'entreprise au nom de la force obligatoire de la convention de mandat, passé entre lui et le dirigeant [3]. S'agit-il des opérateurs des gestionnaires d'actifs pour compte de tiers ou bien de l'actionnaire stable, fidèle à l'entreprise et qui éprouve à son égard une véritable *affectio societatis* ? L'actionnariat dormant, fidèle et passif, laisse le champ libre aux faux actionnaires. Le caractère factice se révèle à la lumière de l'*affectio societatis* et la vocation aux bénéfices et aux pertes de la part de tous les associés. Toutefois, une des causes du déclin du critère de l'*affectio societatis* est la montée en puissance des investisseurs professionnels dans la vie des sociétés cotées.

■ L'*affectio societatis* : un critère controversé

L'*affectio societatis* est-il encore un critère pertinent dans une société anonyme au capital dilué ? La réflexion engendrée par le gouvernement d'entreprise influe directement sur l'interprétation de l'article 1833 du Code civil, siège de l'*affectio societatis* [4]. En vertu de cet article, l'intérêt commun des associés constitue l'un des principes essentiels de validité du contrat de société. L'intérêt commun était assimilé à l'*affectio societatis*. Avec le recours aux marchés boursiers,

---

1. Voir *supra*.
2. Une étude de la Sofres montre que, malgré la baisse générale des cours en 2000 et en 2001, le nombre des petits actionnaires a augmenté en France. Fin mai 2001, il y avait 6,1 millions de petits porteurs d'actions, soit 13,8 % des Français âgés de 15 ans et plus. Sondage réalisé pour Euronext et la Banque de France, consultable sur www.sofres.com. Voir *La Tribune* du 11 juillet 2001.
3. En réalité, la souveraineté recouvrée de l'actionnaire n'est pas entière, contrairement à ce que pourrait laisser croire la lecture des articles du Nouveau Code de commerce (qui reprend la loi de 1966). Elle ne s'exprime que dans l'assemblée générale ou sur le marché boursier, en tant que sanction. Mais cela est un autre débat.
4. Pour la réhabilitation de la notion d'*affectio societatis* : Nathalie Reboul, « Remarques sur une notion conceptuelle et fonctionnelle : l'*affectio societatis* », *Rev. soc.*, 2000, p. 425 ; *contra* Camille Koering, *La Règle « une action-une voix »*, thèse, Paris-I, octobre 2000. Sur la notion d'actionnaire, voir colloque Paris-I, « Qu'est-ce qu'un actionnaire ? », *Rev. soc.*, 1999, p. 513 et *sq.*

les sociétés de capitaux ont vu leur capital détenu par un actionnariat fragmenté, subséquemment la notion d'*affectio societatis* s'est trouvée déviée de son sens originaire pour venir s'identifier à la simple participation à un contrat initié par d'autres [1]. L'*affectio societatis* est aussi une définition malmenée lorsqu'elle renvoie à l'intérêt de l'actionnaire. Dans une économie mondialisée, « quand les Anglo-Saxons évoquent l'intérêt de l'actionnaire, ils visent en réalité les opérateurs, que ceux-ci soient acheteurs ou vendeurs de titres, actionnaires actuels et/ou seulement potentiels, actionnaires, durables ou éphémères ; alors que les Européens du continent privilégient implicitement l'actionnaire fidèle qui accompagne durablement l'entreprise et témoigne à son égard d'une véritable *affectio societatis* » [2]. Ainsi, le débat autour de la qualité d'actionnaire dans la perspective du mouvement du gouvernement d'entreprise n'est pas pure rhétorique. La réponse aux questions soulevées dans le cadre du débat détermine la dévolution du pouvoir et l'attribution du contrôle dans les sociétés anonymes cotées. Place aux actionnaires activistes [3].

■ La gestion financière : un métier de « pro »

L'actionnaire est au cœur du débat sur le gouvernement d'entreprise mais le « principal enjeu est bien désormais, même si tous les participants n'en ont pas clairement conscience, de définir les règles d'un jeu dans lequel les gestionnaires d'actifs collectifs deviennent peu à peu les opérateurs boursiers dominants et les principaux actionnaires des plus importantes sociétés cotées » [4]. Un regard neuf doit donc être jeté sur l'opposition classique entre les actionnaires entrepreneurs, animés par un enjeu de pouvoir, mais qui se protègent en invoquant l'intérêt social, et les actionnaires investisseurs, poursuivant un objectif de profit supposé contraire à la pérennité de la société [5].

---

1. La rédaction de l'article 1833 du Code civil, telle que modifiée depuis la loi du 4 janvier 1978, stipule que la société doit être « constituée dans l'intérêt commun des associés ». Cette expression transforme l'ancienne rédaction, en substituant « dans » à « pour » ; elle semble indiquer que l'*affectio societatis*, condition traditionnelle de validité du contrat de société, n'est plus exigée. Voir Y. Chartier, « La société dans le Code civil après la loi du 4 janvier 1978 », *JCP, G,* I, 2917.
2. Ph. Bissara, « Les véritables enjeux du débat sur le "gouvernement de l'entreprise" », *Rev. Sociétés* (1) janv.-mars 1998, p. 16.
3. « Un actionnaire est dit activiste lorsqu'il tente d'exercer concrètement sa souveraineté sur l'entreprise, telle qu'elle est établie par le droit mais confisquée par la technocratie managériale. Son combat porte sur les institutions qui lui permettent de légitimer et contrôler le pouvoir des dirigeants. Le nombre d'actionnaires activistes, promoteurs de la démocratisation du gouvernement des entreprises reste très limité, même s'ils s'avèrent souvent efficaces : quelques caisses de retraite américaines, quelques associations d'actionnaires. », Pierre-Yves Gomez, *La République des actionnaires. Le gouvernement des entreprises, entre démocratie et démagogie,* Syros, coll. « Alternatives économiques », Paris, 2001, p. 142.
4. Bissara, « Les véritables enjeux... », *op. cit.,* p. 12.
5. Pirovano, *op. cit. supra,* p. 194.

Bien que la catégorie actionnaire investisseur englobe les individuels et les institutionnels et bien qu'ils puissent s'émuler par leur activisme [1], la puissance des actionnaires individuels reste infime lorsqu'elle est comparée à l'impact des décisions prises par les différentes formes de capitalisme collectif et notamment les fonds de pension. Les organismes de placement collectifs en valeurs mobilières détiennent entre 50 et 70 % de la capitalisation boursière des actions cotées. La professionnalisation de la gestion financière [2] qui a pour champ d'action un marché financier à l'échelle de la planète et qui dispose de structures lui permettant d'analyser les informations financières, accroît l'inégalité des opérateurs sur le marché. La différence entre investisseurs est déjà prise en compte par le droit boursier français. La loi du 2 juillet 1998 a modifié la réglementation de l'appel public à l'épargne en distinguant les investisseurs qualifiés [3] des épargnants individuels investissant directement leurs capitaux. Conscient de sa faiblesse, l'actionnaire individuel peut se regrouper en association d'actionnaires, ou déléguer la gestion de son patrimoine boursier à des gestionnaires de capitaux. Dans ce dernier cas, la dissociation entre la propriété du capital et le placement des capitaux est consommée, cette séparation écarte l'actionnaire des décisions d'investissement et de désinvestissement. Ainsi, le développement du capitalisme collectif et l'interposition de gestionnaires professionnels brouille la notion même d'actionnaire comme la doctrine classique l'a élaborée [4]. Le droit des sociétés commerciales est fondé, en effet, en législation comme en jurisprudence, sur le postulat d'un actionnariat direct. Or, sur le marché, le gestionnaire adopte un comportement d'opérateur, c'est-à-dire spéculateur sur les titres selon les opportunités et le type de performance attendue, que l'actionnaire lambda ne peut avoir. Le gestionnaire n'est pas mû par une *affectio societatis*, au demeurant inexistante, puisqu'il n'est que le mandataire du détenteur de capitaux. Le gestionnaire est uniquement à l'affût de l'information qui lui per-

> ▷ **Le gestionnaire n'est pas mû par une *affectio societatis*, au demeurant inexistante, puisqu'il n'est que le mandataire du détenteur de capitaux.**

---

1. Gomez, p. 142.
2. En France, les gestionnaires d'actifs indépendants ont tendance à se regrouper sous deux bannières, celle de la Compagnie nationale des professionnels du patrimoine (1996) et celle, plus récente, de l'Association française des conseils en gestion de patrimoine certifiés. Certification et labels de qualité sont devenus les maîtres mots de ces intermédiaires qui collectent aujourd'hui près de 10 % de l'épargne financière nouvelle des particuliers. Voir *Le Monde* des 10 février 2001 et 12 mai 2001. Lire également Claude Bensoussan, Lisiane Balthazar, « Éthique, déontologie et autoréglementation d'une profession. Application au *Financial planning* (gestion de patrimoine) aux États-Unis et en France », in *Éthique financière. Actes du colloque d'Aix-en-Provence, 1er et 2 juillet 1999*, Aix-en-Provence, Coll. éthique et déontologie, Libraire de l'Université d'Aix-en-Provence Éditeur, 2000, p. 189-213.
3. M.-J. Experton, « L'investisseur qualifié », *Bull. Joly Bourse* 1999, p. 140.
4. Ph. Bissara, « L'influence de la professionnalisation de l'actionnariat des sociétés cotées sur le fonctionnement de ces dernières », *Mélanges Michel Vasseur*, Banque Éditeur, 2000, p. 13.

mettra de prendre la bonne décision de conserver ou de liquider les titres afin de réaliser son plan d'investissement.

Autre grief formulé à l'encontre du gestionnaire : en raisonnant en professionnel des opérations de marchés, il se désintéresse de l'exercice des droits politiques de l'actionnaire. L'absentéisme relatif des gestionnaires aux assemblées générales est un phénomène souvent observé. Cependant, la réalité est en train d'évoluer[1]. Les articles 58 à 66 de la loi n° 96-597 du 2 juillet 1996 de modernisation des activités financières (dite DSI) fixent des règles de bonne conduite que doivent respecter les prestataires de services d'investissement dans le cadre de leurs activités. Les petits actionnaires sont protégés contre les comportements dolosifs de personnes ne s'étant pas suffisamment impliquées dans leur mission, engendrant de ce fait des dommages pour les détenteurs de titres.

En revanche, un problème fondamental émane de la position de chasseur d'information du gestionnaire de capital. C'est l'ère des manipulateurs de symboles (données, mots, représentations orales et visuelles)[2]. Par exemple, sur les marchés dérivés, les intervenants manipulent la réalité avec les algorithmes mathématiques, ils la réduisent à des équations abstraites[3]. Ces manipulations sont productrices de richesses, néanmoins il faut conjurer les excès des manipulateurs de symboles. D'une manière générale, les marchés financiers « ...présentent à bien des égards les caractéristiques de marchés purs et parfaits sur lesquels le prix est le motif des décisions indépendamment des relations symboliques qui s'attachent d'ordinaire aux transactions. C'est incontestablement une vertu aux yeux des libéraux. »[4] C'est une calamité au regard de l'égalité des actionnaires qui est encore rompue,

---

1. Par exemple, le document « The responsabilities of institutionnal Shareholders in the U.K. », publié en 1991 par un comité d'actionnaires institutionnels parrainé par la Banque d'Angleterre. Sur ce point, voir Bissara, « Les véritables enjeux... », *op. cit.*, p. 11-13.
2. Robert Reich, économiste et ancien conseiller du président américain Bill Clinton, propose une classification autour de trois grandes catégories d'emplois émergents, qui correspondent aux trois positions compétitives différentes qu'occupent les Américains, et progressivement les autres pays. Ce sont les services de production courante, les services personnels et les services des manipulateurs de symboles. Les services de manipulation des symboles incluent toutes les activités de résolution de problèmes, d'identification de problèmes et de courtage stratégique. Voir Robert Reich, *L'Économie mondialisée*, Paris, Dunod, 1993. Traduit de l'américain : *The Work of nations*, p.159 et *sq*.
3. Ainsi, les analystes financiers et les professionnels des salles de marchés se retrouvent classés avec les chercheurs, les ingénieurs, les informaticiens, les avocats, les comptables créatifs, les conseillers financiers et fiscaux, les consultants en management, les spécialistes en organisation, ainsi que les publicitaires, les réalisateurs, les éditeurs, les journalistes, et même, toujours selon Reich, les professeurs d'université, *op. cit.*, p. 163.
4. Nicolas Bouleau, *Martingales et marchés financiers*, Odile Jacob, Paris, 1998, p. 193.

ainsi qu'un danger, dans la mesure où le comportement des gestionnaires influe sur les décisions fondamentales de l'entreprise[1].

L'acclimatation des principes du gouvernement d'entreprise en France était entamée bien avant la loi NRE du 15 mai 2001. Il s'agissait d'initiatives privées. Les entreprises ont compris tout le bénéfice qu'elles pouvaient retirer de la rédaction d'un document de référence énonçant leurs valeurs, principes et croyances aussi bien dans la gestion des ressources humaines[2] que dans la stratégie globale de l'entreprise[3]. Afin de garder les faveurs des investisseurs, acteurs principaux des marchés financiers[4], les dirigeants des sociétés cotées s'empressent de démontrer qu'ils se conforment aux règles du gouvernement d'entreprise.

LE DIRIGEANT AUX ORDRES DU MARCHÉ

À partir des témoignages recueillis auprès des entrepreneurs français le rapport Morin présenté au ministre de l'Économie, conclut que la valeur actionnariale constitue le nouvel environnement de la firme française et que les chefs d'entreprise français sont de plus en plus nombreux à observer les dix préceptes de la valeur actionnariale : « **1.** Reconnaître le professionnalisme des investisseurs institutionnels ; **2.** Répondre aux demandes des analystes de la recherche ; **3.** Comprendre l'évaluation multicritère de l'investisseur ; **4.** Rechercher la présence de l'investisseur, même si celle-ci, en général, est de courte durée ; **5.** Apprendre à communiquer périodiquement ; **6.** Apprendre surtout à être transparent ; **7.** Expliquer exhaustivement la stratégie ; **8.** Se conformer au modèle stratégique standard ; **9.** N'avoir qu'une seule préoccupation : la rentabilité des fonds confiés ; **10.** Adhérer au discours de la valeur actionnariale. »[5] Ce

---

1. Patricia Charlety, « Activisme des actionnaires : le cas particulier des fonds de pension », *Bulletin COB*, n° 354, février 2001, p. 17-35.
2. Laurence Gauthier, « L'impact des chartes d'éthique », *Revue française. de gestion*, sept.-oct. 2000, p. 77 et *sq.*
3. Samuel Mercier, « La formalisation de l'éthique, un outil stratégique pertinent pour l'entreprise », *Finance Contrôle Stratégie*, vol. 3, n° 3, sept. 2000, p. 101-123.
4. Près de 61 % des investisseurs américains et plus de 50 % des britanniques et européens continentaux avouent en effet avoir réduit leurs investissements dans les compagnies ne satisfaisant pas à leurs propres critères de gouvernement d'entreprise. Plus de la moitié des investisseurs institutionnels hésitent à investir dans les sociétés n'ayant pas un bon gouvernement d'entreprise. *Les Échos*, 28 juillet 2000.
5. François Morin, *Le Modèle français de détention et de gestion du capital. Rapport au ministre de l'Économie, des Finances et de l'Industrie*, Les Éditions de Bercy, 1998, p. 36 et *sq.*

décalogue est édifiant. Toutefois, l'ordre de présentation doit être inversé. Il faut commencer par les buts assignés : créer de la valeur actionnariale et garantir la rentabilité des sociétés afin de se conformer à l'idéologie dominante : celle du gouvernement d'entreprise anglo-saxon telle que l'exprime le marché (A). Viennent ensuite les moyens de mise en œuvre (B).

Le marché, ses exigences

En France, le marché financier est désormais reconnu comme un marché comme les autres, c'est-à-dire une source d'enrichissement légitime. Néanmoins, il n'a pas encore accédé au rang d'industrie quelconque comme au Royaume-Uni. Toujours est-il qu'en se tournant vers les marchés financiers, l'entreprise se soumet à leurs critères de valorisation, actuellement la création de valeur actionnariale. D'aucuns y voient une marchéisation des entreprises dans le sens où « l'entreprise est gouvernée de l'extérieur par le marché »[1].

■ L'intérêt du marché : comment l'identifier

Le « gouvernement d'entreprise », notion anglo-saxonne, juge l'efficacité des méthodes de gestion et d'administration de la société à l'aune de la rentabilité par action. L'intérêt du marché se substitue partiellement à celui des actionnaires. Pour les marchés financiers, la circulation de l'information est vitale. La différence entre le droit des sociétés et celui des sociétés cotées étant entérinée[2], la nature propre du droit des sociétés cotées change : « Il ne s'agit plus d'aménager la façon dont la volonté des êtres moraux s'exprime mais d'organiser la bonne circulation d'informations dans un marché qui les consomme, la société étant un nid et un émetteur de nouvelles comme d'autres »[3]. L'entreprise cotée ayant essentiellement recours au financement par le marché boursier, elle se doit d'attirer continuellement de nouveaux investisseurs afin que le cours de son action demeure haussier grâce à leurs achats. Ainsi, l'intérêt du marché réside dans la fourniture régulière d'une information financière exacte et détaillée afin que les professionnels puissent analyser la stratégie de l'entreprise et apprécier ses chances de succès ou d'échec. C'est au nom d'une meilleure visibilité

---

1. M.-A. Frison-Roche, « Le modèle du marché », *Arch. Phil. Droit*, n° 40, 1995.
2. Frison-Roche, « La distinction des sociétés cotées et des sociétés non-cotées », *Mélanges AEDBF-France*, Banque Éditeur, 1997, p. 189 et *sq.*
3. Frison-Roche, « Le droit financier entre volontés et informations », *Mélanges Jeantin*, Dalloz, Paris, 1999, p. 15

des perspectives de développement, exigée par le marché, que les entreprises se sont recentrées sur leur cœur de métier. La création de valeur[1] passe également par des programmes de rachat d'action afin de soutenir le cours boursier[2]. Cela signifie aussi que plus les dirigeants des sociétés françaises détiendront des actions et seront donc préoccupés par leur enrichissement[3] plus la création de valeur sera pour eux une grande motivation comme c'est le cas aux États-Unis.

Dans la pratique, l'intégration de l'information financière dans la stratégie de l'entreprise transforme en profondeur l'approche des problèmes. Le rapport annuel n'est plus une simple mise en conformité avec les exigences du droit comptable et du droit des sociétés cotées, il devient un vecteur essentiel de la communication financière[4]. Pour les grandes entreprises, le professionnalisme des investisseurs institutionnels, nationaux et internationaux, comme celui des analystes, induit un alignement par le haut du corps des rapports annuels. Le standard en matière de présentation des rapports annuels est américain, il s'agit du modèle 10-K américain[5]. S'y conformer augmente les chances de succès des opérations d'émission d'actions et vous fait entrer dans les grâces des hérauts de l'offre et de la demande.

■ *Les porte-voix des intérêts du marché*

En dehors des États-Unis, où les très influentes associations des juristes ont accaparé le thème[6], la réflexion sur les principes déontologiques du gouvernement de l'entreprise a été confiée à des personnalités issues du monde des affaires. Cela a peut-être permis la prise en compte de la nature interdisciplinaire de l'étude de gouvernement d'entreprise[7].

---

1. Théoriquement, on mesure la création de valeur en calculant le différentiel entre la rentabilité des capitaux investis et le coût du capital, lui-même intimement lié au niveau des taux longs.
2. En principe, la loi interdit le rachat par une société de ses propres actions. Ce principe souffrait quelques exceptions. Avec la loi n° 98-546 du 2 juillet 1998, un principe général d'autorisation s'est substitué au régime antérieur d'interdiction. L'article 41 du texte précité fixe les conditions dans lesquelles les sociétés cotées sont autorisées à racheter, dans le cadre d'un plan de rachat, jusqu'à 10 % leur capital sans être tenues d'annuler les titres rachetés.
3. Lorsqu'un gestionnaire est en même temps propriétaire d'un nombre significatif de titres, ses soucis se rapprochent des propriétaires selon la théorie de l'agence.
4. Voir Rapport COB pour 1991, p. 115.
5. C'est la forme prescrite par la *Securities and Exchange Commission* pour les rapports annuels établis conformément aux Sections 13 et 15(d) du *Securities Exchange Act* de 1934.
6. ALI, ABA, (American Law Institute et American Bar Association) ont tout de suite réagi aux scandales des années 1970-1980 en proposant des bibles de déontologie ; l'essor de la gestion collective a porté ce phénomène au-delà des frontières américaines. Sur les évènements à l'origine du mouvement de *Corporate Governance* aux États-Unis, voir Bissara, « Les véritables enjeux... », p. 6-7.
7. Le sujet a une forte composante juridique mais il fait appel à d'autres disciplines : l'analyse financière, la statistique, l'histoire industrielle, la sociologie, la psychologie, le management pour n'en citer que quelques-unes.

Au Royaume-Uni, il y a eu le Code Cadbury en 1994, puis un rapport Greenbury en 1995 dédié aux rémunérations des dirigeants, puis en 1997 un rapport Hampel qui mettait à jour le code de 1994. Le rapport Cardon en Belgique, le rapport Olivencia en Espagne... [1] En France, de nombreux rapports sur le gouvernement d'entreprise ont été produits : le rapport Péberot (1995), le rapport Marini (1996), le rapport Peyrelevade (1998). Les plus marquants sont les rapports Vienot. En 1995, sous l'égide du Conseil national du patronat français (le Mouvement des entreprises de France, MEDEF, lui a succédé en 1998) et de l'Association française des entreprises privées un premier rapport se faisait l'écho des standards internationaux exigés par les investisseurs étrangers en matière de gestion des entreprises et plus encore en matière d'organisation et de fonctionnement des conseils d'administration. C'est le rapport Vienot-I qui formulait les premières recommandations sur le « conseil d'administration des sociétés cotées ». La notion d'administrateur indépendant apparaissait pour la première fois et le rapport incitait à la création de comités spécialisés : comité d'audit, comité des rémunérations, comité des nominations. En 1999, un second rapport public Vienot formule de nouvelles recommandations sur la mise en pratique des comités spécialisés. Ces initiatives et les suites qui leur sont données sont sous la surveillance des fonds de pension internationaux [2], elles n'échappent pas non plus à la vigilance des actionnaires minoritaires [3].

■ *Capitaliser, diffuser l'information : le rôle du juridique*

Grâce aux codes de bonne conduite, promus par le canal du *corporate governance*, le marché renforce son emprise sur le contrôle interne de la gestion de la société. Le marché soutient le mouvement du *corporate governance*, lorsqu'il en appelle à la mise en œuvre de ses principes éthiques, il est relayé par les pouvoirs publics. La loi NRE, votée en mai 2001, a pour but, en matière de droit des sociétés commerciales, la recherche de la « transparence, de l'équilibre des pouvoirs et de la souplesse, en un mot de la modernisation du droit des sociétés ». Certaines de ses dispositions vont dans le sens des pratiques du gouvernement d'entreprise. En effet, dans une acceptation très large, l'on observe que le législateur remodèle l'organisation et le rôle du Conseil d'administration, limite le nombre de membres du conseil d'adminis-

---

1. K.J. Hopt *et al.*, *Comparative corporate governance*, Oxford University Press, 1998.
2. Pour CalPERS, qui possède son propre code rédigé à l'attention des entreprises françaises, le rapport Vienot-I est la référence minimale, *La Tribune*, 28 mars 1997.
3. La loi NRE du 15 mai 2001 a réduit le seuil de détention pour l'exercice de certains droits des actionnaires de 10 à 5 % (Nouveau C. com. Art L. 225-230, 231, 232, 233 et L. 225-103 ; L. 237-14).

tration ou du conseil de surveillance d'une société anonyme, modifie l'organisation de la direction générale, facilite la révocation des membres du directoire, limite le cumul des mandats, renforce la transparence des rémunérations et avantages des dirigeants, réaffirme le droit des minoritaires... Quel foisonnement ! Par rapport à notre étude, nous attachons aux actes des dirigeants à travers les normes publiques, la loi et le règlement, et les normes privées, *id est* les codes et chartes d'entreprise [1 et 2].

> **L'exigence de la transparence s'impose. L'information est la clé de l'efficience du marché.**

L'exigence de la transparence s'impose. L'information est la clé de l'efficience du marché. La société émet aussi bien des titres que des informations, en conséquence, le marché est donc plus exigeant sur la qualité de l'information. La loi impose des informations obligatoires auxquelles se superpose ce que l'on désigne sous le terme de « communication financière », c'est-à-dire l'ensemble des compléments d'information et des modes de communication permettant à la société émettrice de faire sa propre promotion auprès de la communauté financière [3]. L'information exigée par les marchés concerne sa situation actuelle, ses perspectives, sa stratégie et le fonctionnement de ses organes sociaux. En sus, la diffusion de l'information réalise la transparence. La transparence des marchés vise tout à la fois le contenu de l'information et les modalités de sa communication. Le principe juridique d'égalité des compétiteurs sur le marché boursier ordonne que l'information soit diffusée dans le public sans discrimination, rapidement et régulièrement par exemple, tous les trimestres. La valeur de l'information élaborée stimule la demande sur le marché ; la dissémination des informations sur le marché impose de garantir leur sérieux.

---

1. D'emblée, il convient de relever que peu de chartes (ou codes de bonne conduite) sont propres à la catégorie des dirigeants et des administrateurs. Pour des entreprises multinationales, comme Nestlé et Shell, les codes de bonne conduite sont des textes courts de considérations générales à l'intention de tous les salariés. Quant à leur contenu, l'élaboration du code de bonne conduite n'a pas souvent pour objectif d'améliorer les devoirs eux-mêmes mais plutôt de perfectionner davantage le respect et l'expression des devoirs des dirigeants. Cette démarche doit aussi s'accompagner d'une hiérarchisation des devoirs selon leur ordre de gravité. Voir Isabelle Grossi, *Les Devoirs des dirigeants sociaux (Bilan et perspectives)*, Préface de J. Mestre, PUAM, 2000.
2. Aborder les codes de bonne conduite, c'est se situer à la marge du droit. Le droit français évite d'officialiser les sources privées comme par exemple les codes de bonne conduite, bien que ces derniers soient, bel et bien, un nouveau mode de production du droit. En ce sens, voir Gérard Farjat, « Nouvelles réflexions sur les codes de conduite privés » in *Les Transformations de la régulation juridique*, LGDJ, coll. « Droit et Société », 1998, p. 153. Voir également Filali Osman, « Avis, directives, codes de bonne conduite, recommandations, déontologie, éthique, etc. : réflexion sur la dégradation des sources privées du droit », *RTD civ.* (3), juill.-sept. 1995, p. 509-531.
3. Claude Bensoussan, Salim Chahine, « Décision managériale et communication financière » in *La Décision managériale aujourd'hui. Mélanges en l'honneur de Jacques Lebraty*, IAE de Nice, 2000, p. 300.

L'information doit aussi être adaptée aux besoins des principaux intéressés, c'est-à-dire les investisseurs. Les organismes internationaux boursiers (OICV) et comptables (IASC), le législateur national, les autorités de marché et le marché abondent aussi en ce sens. Les grandes sociétés cotées sont au cœur de cette évolution. Dans la course aux capitaux, elles se soumettent à des contraintes sans cesse croissantes, destinées à satisfaire l'appétit de connaissances qui étreint le marché des capitaux et l'innovation dans la communication passe de plus en plus par l'utilisation des nouvelles technologies [1]. Les sociétés cotées devancent même les attentes des investisseurs, elles n'hésitent plus à déborder largement les prescriptions textuelles, issues des dispositions légales et réglementaires, ou des recommandations appuyées des autorités de marché [2].

Cependant, l'amélioration de l'information financière et comptable passe par sa comparabilité et sa pertinence. Une telle qualité exige un effort de définition et l'élaboration de règles de bonne conduite, comme le souligne la COB dès 1994 [3]. Après plusieurs rapports, le législateur est également intervenu. Pour la publication du rapport annuel portant sur l'exercice ouvert à compter du 1er janvier 2001, l'article L. 225-102-1 nouveau intègre au rapport de gestion présenté à l'assemblée générale ordinaire le montant de la rémunération totale et des avantages de toute nature versés, durant l'exercice, à chaque mandataire social. Le rapport de gestion indique également le montant des rémunérations et des avantages de toute nature que chacun de ces mandataires a reçu durant l'exercice de la part des sociétés contrôlées au sens de l'article L. 233-16 relatif aux comptes consolidés. Est ainsi visé l'ensemble des rémunérations (y compris les jetons de présence) et des avantages en nature versés aux présidents directeurs généraux ainsi qu'aux directeurs généraux délégués et aux administrateurs. Le rapport de gestion comprend également la liste de l'ensemble des mandats et fonctions exercés dans toute société par chacun de ces manda-

---

1. Le site Internet est devenu un outil quasi unanimement utilisé pour la communication financière, d'après l'étude *La Tribune* et Taylor Nelson/Sofres, qui ont réalisé une étude sur les comportements de communication financière des sociétés cotées européennes, *La Tribune (Desfossés)*, 4 avril 2001, p. 5. On peut même avancer que dans les prochaines années, la relation entre l'actionnaire et l'entreprise passera à travers des portails en ligne, créés et gérés par des entreprises cotées. Avec ces portails, on s'achemine doucement vers le *shareholder relationship management*. Le taux d'équipement informatique rend l'évolution probable. Le seul obstacle est d'ordre légal : en droit des sociétés, un communiqué n'est réputé public que lorsqu'il est paru dans les journaux papiers. Pour le moment, les entreprises cotées n'offrent pas encore de services personnalisés à leurs investisseurs. Mais elles commencent à mettre en place des portails pour gérer la relation avec leurs actionnaires.
2. Rapport COB pour 1993, p. 123.
3. Rapport COB pour 1993, p. 140-141.

taires pendant l'exercice. En matière de rémunérations des dirigeants des sociétés cotées, la loi française rejoint ainsi les prescriptions légales américaines et l'usage britannique. Toutefois, l'obligation de publier le rapport de gestion concerne uniquement les sociétés anonymes et les sociétés en commandite par actions. L'objectif d'un fonctionnement plus transparent est aussi réalisé par le contrôle des conventions réglementées. En effet, la prévention des conflits d'intérêts commande certaines précautions, a aussi étendu le régime d'autorisation des conventions entre les sociétés et leurs dirigeants[1].

S'il est indéniable que la satisfaction du besoin d'information est un souci constant en droit français, du moins depuis la création de la COB[2], certaines dérives sont à craindre tant la demande est exacerbée. La privatisation des Bourses[3], qu'il faut désormais appeler « entreprises de marché », leur mise en concurrence à l'échelle mondiale, leur cotation sur leur propre Bourse (les actions de la Bourse sont cotées sur son propre marché !) crée un besoin accru d'informations. Une soif insatiable de profit génère un impératif de rentabilité de la société de Bourse qui passe par l'augmentation des opérations sur sa place. Parce qu'il refuse de publier des rapports trimestriels d'activité, le constructeur automobile Porsche a été exclu pour violation des règles de transparence du M-DAX, l'indice des valeurs moyennes de Deutsche Börse[4].

---

1. Art. 111 de la loi NRE modifiant plusieurs articles du Code de commerce et article 112 insérant un article L. 612-5 au Code de commerce. Les conventions intervenant directement ou par personne interposée entre la société et son directeur général, l'un de ses directeurs généraux délégués, l'un de ses administrateurs sont soumises à l'autorisation préalable du conseil d'administration. Il en est de même des conventions auxquelles un dirigeant ou actionnaire visé ci-dessus est indirectement intéressé. La même extension du champ d'application des conventions réglementées est instaurée pour les sociétés à directoire et l'article L. 225-86 du Code de commerce est modifié en conséquence ; il en est de même pour les sociétés en commandite par actions (C. com. art. L. 226-10 modifié). Rappelons que les personnes intéressées par une convention réglementée ne peuvent prendre part au vote du conseil d'administration sur l'autorisation préalable. De même, lorsque la procédure d'autorisation préalable n'a pas été suivie et qu'il est demandé à l'assemblée de statuer sur ces conventions au vu du rapport spécial des commissaires aux comptes, l'actionnaire intéressé détenant plus de 5 % des droits de vote ne pourra voter.
2. Auparavant, les milieux d'affaires français cultivaient le secret à outrance. La COB est née de la prise en compte du lien entre marché et structure du pouvoir. Cette relation doit être entendue « dans les deux sens entre la question des pouvoirs dans l'entreprise et de leur contrôle et, d'autre part, la qualité d'un bon marché des capitaux. Les qualités attendues de ce dernier sont la transparence, la sécurité, la protection et l'information des actionnaires », Couret, « Le gouvernement d'entreprise », *Dalloz* 1995, Chron., p. 163.
3. À l'origine, les Bourses étaient des mutuelles tenues par des banques et des courtiers de la place financière locale.
4. Décision prise en septembre 2001. Le constructeur automobile ne voulait pas entrer dans les considérations à court terme qui orientent les objectifs trimestriels. Voir *La Tribune* des 5 juin et 9 août 2001.

Les conseils d'administration ont des devoirs envers les actionnaires (et le marché). Le conseil d'administration doit exercer ses fonctions avec diligence, impartialité et loyauté. Il incombe aux administrateurs de contrôler l'action des dirigeants exécutifs en s'assurant qu'ils œuvrent dans le sens des intérêts des actionnaires et non de leurs intérêts personnels. Les règles du *corporate governance* vont dans ce sens : par le recrutement d'administrateurs indépendants [1], par la création de comités spécialisés au sein du conseil, sans oublier les devoirs des conseils d'administration envers les actionnaires [2]. Dans ses recommandations, l'Association française de la gestion financière (AFG-ASFFI) indique que le bon fonctionnement du conseil d'administration implique, entre autres : l'indépendance du conseil de la direction de l'entreprise (présence de deux administrateurs libres d'intérêt, suppression progressive des participations croisées, absence des administrateurs « croisés » des comités de sélection et de performance) ; une évaluation du travail du conseil ; l'existence d'une charte fixant les droits et devoirs des administrateurs.

Mais avant de détailler les solutions du gouvernement d'entreprise, qu'il soit permis de rappeler l'effet salutaire de la peur du juge. C'est à la tâche, c'est-à-dire à l'exercice au contrôle que se distingue le bon administrateur ou le bon membre du conseil de surveillance, la menace de poursuites judiciaires incite naturellement les administrateurs à plus de diligence. La responsabilité qui pèse sur la tête des membres d'un conseil d'administration ou d'un conseil de surveillance est renforcée depuis que leur nombre maximum est passé respectivement de 24 à 18 et de 30 à 24 [3]. La loi NRE [4] les rend encore plus disponibles grâce à la réduction du cumul des mandats des dirigeants de sociétés anonymes de 8 à 5 et ajoute un plafond global tous mandats confondus [5].

---

1. Dans le sens où il apporte « un rationalisme non affecté par les batailles de pouvoir pouvant éclater entre les dirigeants en place », Philippe Devesa, « Les administrateurs indépendants », *Revue de droit des affaires internationales*, n° 5, 1994, p. 543. Pour mener à bien sa tâche, l'administrateur doit également posséder de solides connaissances en matière de gestion. Ce qui fait dire à un auteur que l'« image de l'administrateur indépendant est alors esquissée à coups de pinceaux psychologiques ». P. Le Cannu, « Légitimité du pouvoir et efficacité du contrôle dans les sociétés par actions », *Bulletin Joly Sociétés*, 1995, n° 227, p. 637, n° 15.
2. Voir le rapport Vienot-I de 1995 ; et les « Principles of Corporate governance » de l'American Law Institute, 1994.
3. Art. 104 de la loi NRE du 15 mai 2001 modifiant les articles L.225-17, 69 et 95 du Code de commerce. Les dispositions étant d'application immédiate pour les nouvelles nominations.
4. C. com. Art. L. 225-21.
5. Aux termes de l'art. L. 225-94-1 C. com, une personne physique ne peut cumuler plus de cinq mandats de directeur général, membre du directoire, directeur général unique, administrateur ou membre du conseil de surveillance.

Cette initiative législative rallie les préoccupations du gouvernement d'entreprise ; le droit et l'éthique se sont rejoints [1].

■ Le gouvernement d'entreprise : solutions proposées

Le mouvement du « gouvernement d'entreprise » incite à formaliser les règles de comportement que doivent respecter tous les membres du conseil d'administration pour exercer leurs fonctions de façon satisfaisante. Afin d'organiser les modalités pratiques des diligences des administrateurs, la réglementation interne à la société peut endosser la forme du code de bonne conduite ou d'une charte. Les actionnaires peuvent s'inspirer aussi bien de la charte de l'administrateur proposée par le rapport Vienot-I que de sources américaines telles que le *Corporate Director's Guidebook* [2]. Ce guide, très détaillé, rappelle les principes fondamentaux de bonne foi, de loyauté et d'éthique.

Nous les reprenons sommairement, conscients que les investisseurs étrangers [3] sont familiers avec cette référence. En premier lieu, le code de bonne conduite ou la charte permet à l'administrateur, actuel ou futur, de prendre connaissance des obligations générales de sa charge. Il lui est rappelé qu'il doit toujours être personnellement actionnaire de façon significative [4]. La charte rappelle aussi certaines règles de comportement : l'administrateur doit être le représentant de tous les actionnaires et de l'intérêt social, il doit déclarer au conseil toute situation de conflit d'intérêts qu'il aurait identifié, consacrer le temps et l'attention nécessaires à la fonction, être assidu, respecter l'obligation de s'informer avant la tenue du conseil, s'obliger à un secret professionnel pour les informations non publiques, s'abstenir de toute opération d'initié et participer aux assemblées générales [5]. La loi NRE a

---

1. Toutefois, la relativité culturelle du concept de gouvernement d'entreprise doit être prise en compte. Nous n'assistons pas à une internationalisation d'une norme, mais avant tout à une nationalisation, dans le sens de réception, d'une norme propre à un système juridique. Il y a donc autant de gouvernements d'entreprise qu'il y a de capitalismes nationaux. Le capitalisme français ne peut être compris sans étudier les participations croisées, les mécanismes de limitation des droits de vote, la protection des actionnaires minoritaires... sans oublier le mode de recrutement des dirigeants. La France souffre d'endogamie : la désignation des PDG des grands groupes est fondée sur l'appartenance aux grands corps de l'État et sur la cooptation au sein de réseaux. Pour les Anglo-Saxons, où la proportion de PDG, issus de la promotion interne est plus forte, de l'ordre de 50 %, cette consanguinité est un signe d'un capitalisme de connivence.
2. American Bar Association, *Corporate Director's Guidebook*, Paperback 2nd edition (june 1994). La première édition remonte à 1978.
3. Selon une enquête du journal *Le Monde*, publiée le 14 juin 2001, les non-résidents possèdent une part croissante du capital des grandes sociétés européennes, approchant 45 %.
4. Cela permet à l'*affectio societatis* de s'épanouir mais c'est à l'encontre de l'administrateur indépendant.
5. Le guide détaille la responsabilité de surveillance et de vigilance des administrateurs (*oversight responsibility*), en soulignant que l'administrateur doit privilégier les objectifs à long terme ; la transparence de la documentation (*disclosure*) et le respect des lois (*compliance with the law*). *Corporate Director's Guidebook*, 1994.

introduit dans le Code de commerce l'article L. 225-37 al. 5 relatif au devoir de discrétion pesant sur les administrateurs aux termes duquel : « Les administrateurs, ainsi que toute personne appelée à assister aux réunions du conseil d'administration, sont tenus à la discrétion à l'égard des informations présentant un caractère confidentiel et données comme telles par le président du conseil d'administration. » L'influence de principes du *corporate governance* est patente.

De son côté, le conseil d'administration doit tout mettre en œuvre pour que ces règles de comportement soient respectées par le plus grand nombre. Une revalorisation substantielle des sommes allouées en jetons de présence est nécessaire car le temps consacré à la fonction doit l'être aussi et des jetons supplémentaires doivent êtres attribués pour la participation aux différents comités. Les partipations aux réunions du conseil doivent faire l'objet d'une publicité, notamment lors des assemblées générales. Le conseil d'administration doit aussi disposer de pouvoirs de sanctions comme la mise en place d'un système de démission d'office pour les administrateurs négligents[1]. L'adhésion des cadres et dirigeants concernés doit être recueillie car les règles de déontologie ne peuvent pas être imposées autoritairement. À présent, vérifions si les codes de bonne conduite de grandes entreprises françaises prévoient les règles ci-dessus énumérées.

La charte d'éthique du groupe Suez-Lyonnaise des Eaux n'identifie pas les dirigeants comme une cible particulière, elle rappelle simplement dans un passage intitulé « Le groupe et ses actionnaires » que « le groupe Suez-Lyonnaise des Eaux respecte les principes du gouvernement d'entreprise avec notamment pour objectif d'assurer aux actionnaires la croissance et la rémunération optimales du capital investi ». Il est précisé que, au-delà du nécessaire respect des règles définies par les autorités de contrôle des marchés financiers, le groupe veille au respect de l'égalité de ses actionnaires ». Enfin, le groupe « est particulièrement attentif à donner une information financière exacte et pertinente ». D'autres sociétés cotées posent des règles propres aux dirigeants. Le Crédit local de France a rédigé, pour ses administrateurs, une charte qui prévoit notamment que ces derniers participent activement aux travaux du conseil et des comités dont ils sont membres. Le groupe Rhône-Poulenc fournit un *Guide des dirigeants et administrateurs des filiales du groupe Rhône-Poulenc*. Il y est clairement indiqué que les règles prescrites sont inspirées par les études

---

1. L'ouvrage précité détaille également des principes de fonctionnement du conseil d'administration relatifs : à la structure du conseil (taille, fréquence des réunions, présidence, temps consacré par les administrateurs à leurs fonctions, jetons de présence) ; aux droits des administrateurs et à la composition des comités.

récentes sur le gouvernement d'entreprise et qu'elles « ont pour objectif de donner aux filiales des lignes de conduite pour tirer le meilleur avantage de leur conseil d'administration et aux administrateurs de bien jouer leur rôle ». S'ensuit un chapitre sur le rôle et la composition des conseils avec des règles distinctes selon que la filiale est détenue à 100 % ou non. Dans ce dernier cas, notamment si la filiale majoritaire est cotée, la présence d'administrateurs indépendants au conseil d'administration est souhaitable afin d'assurer « la protection des minoritaires en veillant à la qualité des informations données et au respect du formalisme légal ». Un second chapitre est consacré aux droits et obligations des administrateurs. À titre liminaire, l'administrateur est averti que, avant d'accepter ses fonctions dans une filiale du groupe, [...] [il] doit s'informer des droits et risques inhérents à sa mission ». Dans l'exercice de sa mission, l'administrateur doit, entre autres obligations, « faire en sorte de ne pas détenir trop de mandats d'administrateur, afin d'être assidu aux séances du conseil d'administration et consacrer le temps nécessaire ».

Enfin, la Commission des opérations de Bourse qui a pour mission de veiller à la protection de l'épargne, à l'information des investisseurs ainsi qu'au bon fonctionnement des marchés financiers s'acquitte de sa tâche en rappelant régulièrement les textes légaux à respecter [1]. Éclairés sur leurs devoirs et obligations, les dirigeants n'ont qu'à bien se tenir.

LES RÉACTIONS DES DIRIGEANTS : OBLIGATIONS DE RÉSULTATS

Mandaté par les actionnaires, le dirigeant désire connaître l'ampleur de ses devoirs envers eux. Le devoir de loyauté à l'égard des propriétaires commande la livraison d'une information exacte, transparente et rapide, il lui dicte également une attitude irréprochable lorsque pointe un risque de conflits d'intérêts. Le devoir de diligence implique qu'il mette tout en œuvre pour maximiser les succès de l'entreprise et créer de la valeur pour l'actionnaire tant par la croissance du cours boursier que par celle des dividendes annuels. Pouvoir disposer d'une référence

---

1. COB, *Vade-mecum à l'attention des dirigeants des sociétés cotées sur les obligations personnelles auxquelles ils sont soumis à l'égard des titres de leur société*, mai 2001. Le guide récapitule l'ensemble des obligations légales et réglementaires des dirigeants de sociétés cotées relatives aux titres de la société : obligations personnelles concernant l'acquisition, la détention ou la cession de titres, obligations en matière d'information du public et de respect du bon fonctionnement du marché.

▷ **Mandaté par les actionnaires, le dirigeant désire connaître l'ampleur de ses devoirs envers eux.**

très détaillée, comme le *Principles of Corporate Governance*, qui prescrit la pratique adéquate et permet d'éviter le comportement négligent ou fautif, est une garantie contre la mise en cause de la responsabilité des dirigeants. Ces derniers ne peuvent qu'accueillir favorablement les codes de bonne conduite.

En même temps, les réponses des dirigeants sont conditionnées : montrer patte blanche en observant à la lettre les standards internationaux en matière de gouvernement d'entreprise [1]. Selon une étude réalisée en 2001 par Korn/Ferry International à partir des rapports annuels des sociétés du CAC 40, il s'avère, cinq ans après le premier rapport Viénot : que 90 % de ces sociétés ont adopté la pratique des comités ; 85 % des conseils d'administration ont un comité d'audit et un comité de rémunération (qui ne s'occupe que de rémunération ou de rémunération et de sélection) ; enfin 52 % ont un comité de sélection. S'agissant des évolutions de comportements, le conseil d'administration de ces sociétés rend maintenant compte aux actionnaires du travail qu'il effectue (cinq réunions du conseil en moyenne). L'information devient aussi plus précise sur les conditions de travail des comités et sur leur composition : pour la première fois, toutes les sociétés dévoilent le nom des membres des comités, alors qu'en 1998, quatre sociétés s'y étaient refuséees. Malgré les progrès, la concentration des mandats restait, à l'époque, très forte : 1 % des administrateurs détient 5 % des mandats ; 2 % en détient 12 % ; 8 % en détient 30 % et 15 % en détient 44 %. Aujourd'hui, la loi NRE du 15 mai 2001 prévaut avec application immédiate et mise en conformité dans les 18 mois de l'entrée en vigueur de la loi, donc au plus tard le 16 novembre 2002.

---

1. Par exemple, lors de l'assemblée générale mixte du Crédit commercial de France du 12 avril 2000, le président tenait les propos suivants : « Conformément aux recommandations du rapport Vienot, j'aimerais vous rappeler les principales actions menées par notre conseil d'administration en 1999 en matière de gouvernement d'entreprise. Notre conseil d'administration a tenu 8 séances dans l'année 1999. Les sujets abordés portaient sur :
L'examen des comptes annuels semestriels et trimestriels du groupe.
L'approbation d'un plan à trois ans de création de valeur.
Le renforcement de la place des administrateurs indépendants au sein du conseil.
Suppression du Comité consultatif international suite à la nomination au conseil d'administration de représentants des mêmes institutions actionnaires. Il s'est appuyé sur les travaux de ses comités spécialisés :
Comité de sélection et des rémunérations : il s'est réuni trois fois au cours de l'exercice 1999 pour délibérer sur la nomination d'administrateurs, sur les conditions de rémunération des mandataires sociaux et sur l'attribution d'une nouvelle tranche d'options.
Comité d'audit : en 1999, le Comité d'audit s'est réuni à trois reprises pour examiner les comptes annuels et semestriels et pour examiner les dispositifs de contrôle interne et externes du CCF. Il a donné au Conseil son avis sur le renouvellement du mandat des commissaires aux comptes. » http://www.ccf.com/fr/cibles/actionnaires/assemblee/points-forts.html consulté le 23 juillet 2000. Depuis, le CCF a été acquis par HSBC (Hong Kong and Shanghai Bank Corporation) en 2000. Ce conglomérat bancaire anglo-saxon est acquis au discours de la *corporate governance*.

Le dirigeant doit également tenir un langage financier aux actionnaires et investisseurs actuels et potentiels. Sur ce dernier point, le contrat entre le dirigeant et les actionnaires se fonde de plus en plus sur des objectifs de rentabilité affichés[1]. Désormais, ce sont des obligations de résultat et non plus de moyens. Les obligations mises à la charge du dirigeant aboutissent à la modification de la mission du chef d'entreprise ; il n'a plus à justifier l'entreprise devant ses actionnaires, mais doit, dorénavant, « faire valoir » les intérêts des actionnaires dans l'entreprise[2]. Dans les faits, les dirigeants sociaux prennent, de plus en plus souvent, l'initiative de soumettre leur gestion à l'appréciation du marché en lui fournissant directement des informations sur les principaux instruments de mesure de la performance économique, financière et boursière de l'entreprise, à travers les différents indicateurs de gestion ou encore le résultat par action (*price earning ratio* ou PER). La financiarisation, telle qu'elle se matérialise par la recherche de la rentabilité du capital, semble avoir définitivement converti les dirigeants au modèle de performance à l'américaine.

Le recours aux principes éthiques du *corporate governance* traduit le passage vers un capitalisme collectif dans lequel le lien entre propriété et décision se relâche. Les règles déontologiques du *corporate governance*, qu'elles soient compilées par l'American Law Institute ou qu'elles découlent de chartes, ont pour but de fixer les devoirs des dirigeants de sociétés cotées, et ceux des gestionnaires d'actifs pour compte de tiers. Ainsi, les valeurs éthiques sont plus au service du marché qu'à celui de l'actionnaire puisqu'il a été démontré que les prescripteurs de valeurs sont de « faux actionnaires ». Dans ce contexte, il devient difficile de soutenir l'hypothèse de l'émergence d'une véritable exigence générale d'éthique, fût-elle idéologiquement supportée par la mode du gouvernement d'entreprise et partiellement consacrée par la loi sur les nouvelles régulations économiques. L'éthique ne peut pas répondre à toutes les interrogations suscitées sur le fonctionnement des sociétés cotées par la professionnalisation de l'investissement. Il faut toujours garder présent à l'esprit que le *corporate governance* est l'expression d'un capitalisme orienté vers les

---

1. Certes, la rentabilité n'est pas toujours l'unique cause du contrat ; le respect d'une éthique générale, sociétale peut constituer un des éléments du contrat, comme c'est le cas des fonds de placement éthiques.
2. Auteurs d'une étude, les associés de Deloitte & Touche caricaturent à peine en écrivant que les dirigeants sont apostrophés : « Qui t'a fait roi ? ». Il est indéniable que « l'impératif de performance imposé par les actionnaires « libérés » révolutionne la distribution des pouvoirs au sein de l'entreprise » et que les actionnaires assument leur responsabilité « dont la première n'est autre que le choix des dirigeants », « Sous l'œil de l'actionnaire », *L'Expansion Management Review*, mars 2000, p. 48.

marchés[1]. En outre, non seulement cette idéologie classe les sociétés cotées, mais elle note les droits nationaux qui les encadrent. Or, contre l'effet de mode, il est salutaire de s'interroger sur l'avenir du gouvernement d'entreprise de type anglo-saxon dans le système français[2].

L'éthique ne concerne pas uniquement les entrepreneurs, les dirigeants, les actionnaires, voire les cadres de l'entreprise, même si leur action est déterminante pour mettre en place ses cadres et ses pratiques. L'ensemble des acteurs est concerné, dès lors qu'il peut exister un décalage entre les procédés employés dans l'entreprise et les codes, règles et principes qui sont susceptibles de l'inspirer pour se conformer à l'éthique de la société. La gestion des ressources humaines, la gestion financière et naturellement les pratiques commerciales sont les domaines privilégiés des conflits éthiques qui sont susceptibles de parcourir l'entreprise.

---

1. Qui est différent des capitalismes français, allemand et japonais organisés sur des systèmes orientés réseaux. Voir Didier Danet, « Crony capitalism et gouvernement d'entreprise », *Rev. Int. Dr. Eco.* 2000, n° 2, 249 et 251 et *sq.*
2. Danet, *op. cit.*, p. 266.

Troisième partie

La politique éthique dans l'entreprise

Les conceptions éthiques des entrepreneurs, des dirigeants et des actionnaires se traduisent par une politique concrète au niveau de la GRH, de la politique marketing et notamment de la politique de vente, ainsi que des actions stratégiques des entreprises dans le cadre de la mondialisation. Ces trois volets de la politique éthique de l'entreprise sont examinés dans les quatre chapitres qui suivent.

5

Peut-on concilier éthique et management des ressources humaines ?

Cécile DEJOUX

Dans les années 1990, sous la pression de l'opinion publique, des médias et des investisseurs, les questions liées à l'éthique sont devenues un objet de préoccupation pour les professionnels de la gestion et un objet de recherche pour les universitaires. En rassemblant plusieurs pistes de réflexion, il s'agit d'analyser l'impact de l'éthique sur le management des ressources humaines. Quels sont tout d'abord les différents niveaux d'intégration d'une position éthique dans l'entreprise ? Quels sont les éléments caractéristiques d'un « management par l'éthique » ? Peux-t-on aller jusqu'à juger les collaborateurs sur leurs comportements éthiques ? Sur ces bases, il est possible de mettre en place des outils ressources humaines du « management par l'éthique ». Ces derniers sont directement liés au développement de la gestion des compétences dans les organisations.

ÉTHIQUE ET MANAGEMENT DES RH : QUELLE COMPATIBILITÉ ? QUELS OUTILS ?

La mondialisation des marchés et des firmes suscite des questions éthiques sur des sujets comme la définition des limites commerciales en fonction des pratiques locales, comme les pratiques de corruption ou de « paiements sensibles ». Les scandales alimentaires ou ceux qui sont liés à l'environnement ont également obligé les multinationales à prendre des positions éthiques face à des règles à respecter par toutes les filiales afin d'éviter des répercussions sur l'image ou sur la valorisation financière de la firme. La firme Monsanto a ainsi élaboré une charte dans laquelle l'entreprise prône la transparence de l'information et le transfert de technologies vers les pays du tiers monde. Des exemples de non-respect des ententes contractuelles, de fraude ou de discrimination s'ajoutent à la liste des catalyseurs de l'émergence de la question éthique.

De multiples pratiques liées aux questions de l'éthique se sont développées. Les plus répandues restent jusqu'à aujourd'hui les codes déontologiques et les chartes d'éthiques, excellents outils de communication interne et externe. Néanmoins certaines entreprises, comme General Electric, Otis, Auchan, BP, Shell, Deutsche Bank, Ford, tentent d'aller plus loin et déclinent aussi bien à un niveau stratégique qu'opérationnel un « management par l'éthique » ou « management socialement responsable ».

> ▷ **Avoir une position éthique, pour une entreprise, n'est plus un acte original.**

Avoir une position éthique, pour une entreprise, n'est plus un acte original. Au contraire, un certain nombre d'éléments favorisent l'émergence de discours centrés autour d'une volonté d'agir conformément à des valeurs et des principes éthiques. Les organisations se sentent obligées de prendre position sur le sujet. Différents niveaux d'intégration des principes et des outils liés à l'éthique peuvent être observés. Certaines organisations s'arrêtent à l'élaboration de codes déontologiques et de chartes d'éthiques, d'autres mettent en place des outils stratégiques, enfin il existe des entreprises qui déclinent leurs principes éthiques dans leur processus de management des ressources humaines.

L'éthique peut-elle gérer le changement et la crise ?

Les démarches éthiques des entreprises quelles qu'elles soient (qu'il s'agisse de discours ou d'outils) s'inscrivent dans une logique de changement qui vient de l'extérieur, comme la pression des consommateurs et des actionnaires ou de l'intérieur de l'organisation, comme l'arrivée d'un nouveau dirigeant ou une situation de crise. Dans tous les cas, elles constituent une réponse à un besoin et s'inscrivent dans une logique d'adaptation et de changement. L'origine de la mise en œuvre d'un outil lié à une question d'éthique est un événement déclencheur et, dans la plupart des cas, provenant de l'environnement externe de la société. Les Canadiens D. Giard et M. Provost montrent par exemple que « l'implantation d'un code d'éthique n'est pas le fruit du hasard »[1]. Les démarches sont presque toujours précédées de facteurs tels qu'un scandale, une nouvelle législation, le changement de statut de l'entreprise, etc. Dans de tels contextes, les actions ont tendance à êtres réalisés dans l'urgence, par mimétisme sur des outils déjà existants dans d'autres entreprises. Les pratiques éthiques sont pensées et mises en œuvre comme des réponses incontournables et sécurisantes à un moment précis dans un contexte de crise.

L'éthique : une exigence de tous les acteurs

Parler d'éthique dans une entreprise n'est pas seulement une question de tendance ou de mode managériale, mais un des moyens qui s'offrent à elle pour préserver et développer les relations de confiance nécessaires à sa crédibilité et à sa pérennité. La thématique de la confiance semble devenir un précepte managérial. Dans un contexte de mondialisation, de changements technologiques et de quête de création de valeur, de plus en plus d'entreprises sont en quête de stabilité autour de nouveaux repères, comme l'établissement de relations de confiance avec les consommateurs, les actionnaires et les collaborateurs.

Confrontés à un certain nombre d'événements, les *stakeholders* (opinion publique, consommateurs, salariés, État) et les *shareholders* (investisseurs, actionnaires) réclament des garanties de la part des entreprises sur leurs engagements vis-à-vis de la qualité, des délais et des principes éthiques pour pouvoir leur faire confiance. Un nouvel ordre éthique se met en place, qui résulte des pressions de l'opinion publique, des investisseurs et des salariés.

■ La pression de l'opinion publique

L'opinion publique, et plus particulièrement les médias et les consommateurs exigent plus de transparence sur les conditions de fabrication et ne souhaitent pas être complices des entreprises qui font des entorses aux droits de l'Homme[2] ou qui licencient des milliers de salariés en réalisant en même temps des profits. Citons l'exemple de Michelin qui en 1999 a annoncé des licenciements et des profits en même temps.

---

1. D. Giard, M. Prouvost, « La gestion des risques éthiques dans les entreprises au Québec : le rôle du conseil d'administration », *Le Management aujourd'hui : une perspective nord-américaine*, coordonné par M. Côté et T. Hafsi, Economica, Paris, 2000, p. 418.
2. On garde en mémoire l'exemple de Nike, accusé de faire travailler des enfants à l'étranger et qui, depuis cet incident, a créé avec les magasins Gap et la Banque mondiale, « Global Alliance », une organisation non gouvernementale qui réalise des audits dans ses usines.

Cette entreprise est à l'origine d'un amendement à son nom. Celui-ci prévoit que pour avoir le droit de lancer un plan social, il faudra « avoir conclu ou engagé sérieusement et loyalement des négociations tendant à la conclusion d'un accord sur les 35 heures ».

■ *La pression des investisseurs*

Les investisseurs ne veulent pas de mauvaises surprises, ils souhaitent que les entreprises soient de plus en plus transparentes. Aussi, lorsqu'une société affiche des principes éthiques, ils l'interprètent comme un gage de pérennité dans le temps si parallèlement son « business model » est analysé comme performant. Pour les actionnaires, l'éthique est rentable, ainsi il existe de plus en plus de sociétés de gestion qui placent les fonds de particuliers, d'entreprises ou d'institutionnels dans des sociétés non cotées, qui se sont dotées d'un code de déontologie (*cf.* : *Les Enjeux*, juillet-août, 2001). Élaboré par l'Association française des investisseurs en capital (Afic), il permet de codifier certaines pratiques et de les rendre plus transparentes. Citons le fond Domini Social Investment Equity Fund, l'un des plus en vue de Wall Street, créé par Amy Domini[1], Bostonienne de 49 ans, qui bat régulièrement l'indice des S&P des 500 principales valeurs d'outre-Atlantique. Il représente « un panier de titres de sociétés adeptes de l'égalité des chances, attachées à des normes écologiques et sociales exigeantes, refusant le travail des enfants (dans des pays où cette pratique demeure légale), ignorant les secteurs du tabac, de la drogue, de l'alcool ou des armes... Les plus grands fonds de retraite du monde investissent dans cet esprit. »[2]

Il existe également en France une agence de notation de la responsabilité sociale, l'Arese, qui a pour mission de noter les entreprises sur des critères sociaux et environnementaux. Filiale de la Caisse d'Épargne et de la Caisse des dépôts, elle a été créée en 1997 et évalue les 120 premières entreprises cotées à Paris et 300 sociétés de la zone euro. Les analyses sont confidentielles mais vendues aux investisseurs et communiquées à l'entreprise. Cette agence est connue pour avoir montré du doigt Total-Fina-Elf dans le drame de l'Erika. Enfin, signalons le Dow Jones Sustainability Group Indexes, créé en 1999, indice européen de valeurs éthiques.

---

1. Amy L. Domini, *Socially Responsible Investing: Making a Difference and Making Money*, Dearborn Trade, 2001, p. 268.
Peter D. Kinder, Steven D. Lydenberg, Amy L. Domini, *Investing for Good: Making Money While Being Socially Responsible*, 1999.
2. *Les Enjeux*, juillet-août 2000, p. 44.

■ *La pression des salariés*

Les devoirs des salariés en matière d'éthique existent et doivent être érigés par l'entreprise en fonction de son niveau d'intégration de l'éthique dans le management.

Les salariés sont informés sur leurs droits dans l'entreprise en matière d'éthique. En France, la récente loi sur le harcèlement en milieu professionnel a été perçue comme une reconnaissance des droits des collaborateurs en matière d'éthique. Les devoirs des salariés en matière d'éthique existent et doivent être érigés par l'entreprise en fonction de son niveau d'intégration de l'éthique dans le management. Ainsi, compte tenu des éléments cités ci-dessus, les entreprises se doivent de prendre position en matière d'éthique et d'élaborer une réponse plus ou moins intégrée à leur processus de management.

L'éthique : pivot du triptyque « Vision, Valeurs, Principes » de l'entreprise

Dans la définition de sa politique générale, l'entreprise élabore un cadre stratégique autour d'une vision [1] (expression du cœur de la philosophie de l'entreprise et de ses perspectives), de valeurs et de principes. Lorsque les dirigeants décident d'adopter une position éthique, ils commencent par mettre en phase les principes éthiques qu'ils ont sélectionnés avec le cadre stratégique qui sous-tend leur politique générale. De façon générale, avoir une position éthique, c'est adhérer à un certain nombre de valeurs liées à des comportements qui doivent être respectés par tous. Ces principes éthiques sont directement reliés à la vision et aux valeurs de l'entreprise de l'entreprise. Par exemple, chez Auchan pour l'an 2000, la vision de C. Dubrule, président du directoire (« Au nom du client ») est reliée conjointement aux valeurs (l'esprit de service, la confiance, la responsabilité) et aux principes éthiques qui guident l'activité de l'entreprise et qui sont les suivants :

- « **La création de richesse** : la performance et la création de richesse sont l'une des raisons d'être de l'entreprise et le garant de sa pérennité. L'un des objectifs essentiels d'Auchan est bien de créer de la richesse et de la partager. Auchan se doit donc d'être aussi performant que possible. Le projet économique est ainsi renforcé d'un projet éthique ».
- « **L'affaire de tous** : les "principes éthiques" donnent des orientations et fournissent des repères. Ils vont au-delà d'une déclaration d'intention car ils engagent l'entreprise dans une volonté concrète

---

1. « *Avoir une vision pour son entreprise, c'est être en mesure de définir ce qu'elle aspire à devenir* », N. Thornberry, « L'art d'être visionnaire », *L'Expansion Management Review*, juin 1997, p. 16.

de les mettre en œuvre. Il faut, pour cela, qu'ils soient connus, acceptés et appropriés par le maximum possible d'acteurs et de partenaires de l'entreprise. Le projet éthique, comme le projet économique, doit être la préoccupation et l'affaire de tous. »

— « **Un sens à la vie Auchan** : les "principes éthiques" expriment une ambition et, comme tels, ils se situent à la fois au-delà et au cœur des pratiques. Au-delà des pratiques car l'éthique reste inachevée ; des progrès et améliorations sont et seront toujours nécessaires. Les "principes éthiques" appellent réflexion, mobilisation, discernement de chacun. »

Une position éthique regroupe des « savoir être » et des « savoir-faire » standard, considérés également comme des repères, à adopter dans des situations précises. Ce code de bonne conduite collective permet d'harmoniser les différences culturelles, d'anticiper les dérives individuelles et de donner confiance aux partenaires (clients, fournisseurs, actionnaires, etc.), selon la figure suivante.

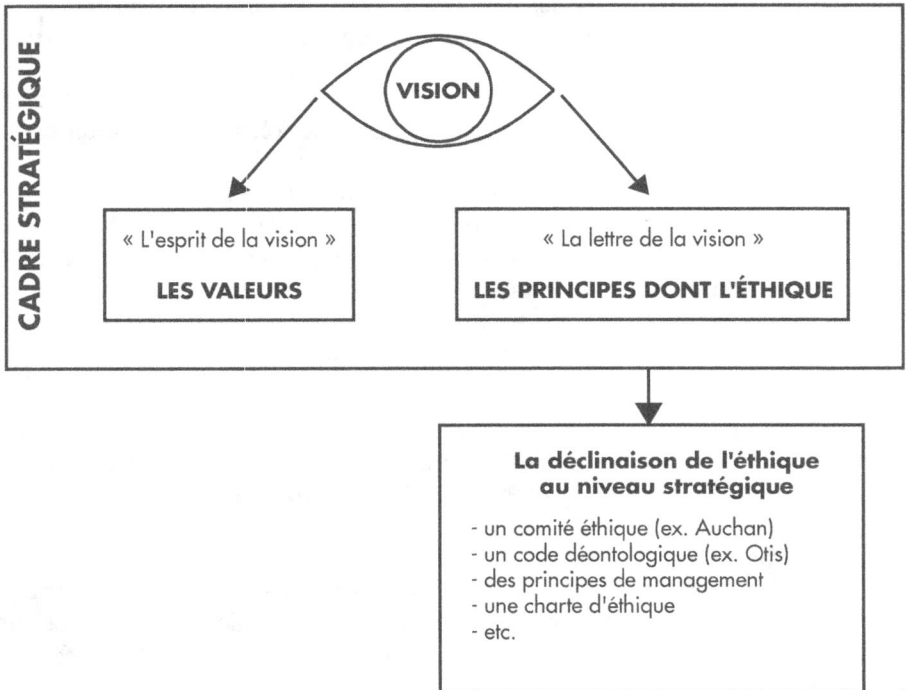

Figure 1. La position de l'éthique dans le cadre stratégique de l'entreprise

OUTILS ÉTHIQUES, LES OBJECTIFS DE L'ENTREPRISE COMME FIL CONDUCTEUR

L'observation des pratiques éthiques montre que le niveau de leur intégration dans l'entreprise est très hétérogène et qu'il peut être imaginé comme un continuum dont une des extrémités présenterait les entreprises qui intègrent l'éthique seulement dans leurs discours stratégiques et managériaux et, à l'opposé, les entreprises qui quantifient, évaluent et reconnaissent les collaborateurs qui possèdent et transmettent un comportement éthique. Nous les définissons plus loin comme le « management socialement responsable ». Entre les deux extrêmes du continuum, doté d'une échelle virtuelle, toutes les pratiques éthiques peuvent être situées (voir tableau ci-dessous). Le dénominateur commun entre ces pratiques est la volonté de l'organisation de gagner ou de développer la confiance de son auditoire interne et/ou externe. L'éthique s'inscrit dans le « management de la confiance » (Dejoux, 2001).

Niveau d'intégration	Pratiques éthiques dans les entreprises	Objectif visé : LA CONFIANCE
faible 1	Principes éthiques énoncés dans les discours	Communication
2	Comité éthique	↓
3	Chartes éthiques	
4	Codes déontologiques	Appropriation
5	Formation pour les collaborateurs sur les questions éthiques	
6	Éthique intégrée au management des ressources humaines	↓ Mise en œuvre
7	Définition de la compétence éthique de l'entreprise	
élevé 8	Le « management par l'éthique » ou le « management socialement responsable »	↓ Constitution d'avantage concurrentiel dans le temps

Tableau 1. Le continuum des principales pratiques éthiques en fonction des objectifs visés par l'entreprise

Dans les années quatre-vingt-dix, la pratique de l'éthique dans les entreprises semblait se limiter principalement à la formulation de codes éthiques ou déontologiques ; la *Harvard Business Review* rapportait, en octobre 1996, que parmi les entreprises recensées dans la revue *Fortune*, 90 % avaient un code de conduite et 70 % d'entre elles avaient énoncé leur système de valeurs. Voici quelques exemples de rubriques de « code déontologique » ou « charte éthique » (voir Manesme, 1995 ; Guiraud, 1990, etc.) :

- interdiction d'avoir des conflits d'intérêt ou des risques de conflits d'intérêt avec des entreprises partenaires, des clients, des fournisseurs, des concurrents ;
- interdiction de parler des affaires en public ;
- s'il existe un doute lié à la moralité d'un collaborateur, d'un client ou d'un fournisseur, l'obligation de le dénoncer à sa hiérarchie.

La situation actuelle a évolué et, bien que le code déontologique soit l'expression la plus courante de la déclinaison de l'éthique dans l'entreprise, de nouveaux exemples d'intégration plus engagés sont apparus. Les trois quarts des entreprises américaines ont des codes d'éthique et la plupart d'entre elles proposent à leurs employés des séminaires sur les questions liées à l'éthique. Mais, comme le dénonce le professeur américain T. Donaldson, (1996), l'existence d'un code n'est pas une manifestation suffisante pour conclure que l'entreprise porte un intérêt certain aux questions liées à l'éthique. Cet auteur pose une question essentielle : à quoi servent les codes qui restent des déclarations formelles s'il n'y a pas de fondements, d'engagement et de reconnaissance des comportements éthiques des collaborateurs ?

À la question : « Pourquoi adopte-t-on un code éthique ? », les Canadiens D. Girard et M. Prouvost (2000) répondent « qu'il semble que ce soit pour préserver la réputation de l'entreprise, favoriser l'intégrité des salariés et des dirigeants, assurer un comportement honnête de la part de l'entreprise vis-à-vis de ses clients et des fournisseurs, augmenter la confiance du public envers l'entreprise et en améliorer l'image ». On observera qu'aucun lien entre l'éthique et la rentabilité ou la compétitivité n'a été soulevé.

> **Un autre mode d'articulation de l'éthique dans l'entreprise consiste à reconnaître les comportements éthiques et à punir les comportements qui enfreignent les principes éthiques.**

Un autre mode d'articulation de l'éthique dans l'entreprise consiste à reconnaître les comportements éthiques et à punir les comportements qui enfreignent les principes éthiques (c'est-à-dire aller jusqu'au blâme et au licenciement). Selon le magasine *Fortune*, 95 % des entreprises forment leurs salariés à avoir des comportements éthiques. Pourtant, il existe peu d'articles qui démontrent l'existence de relations entre le management des ressources humaines et les questions liées à l'éthique dans les organisations.

Le choix de l'outil doit être en phase avec l'objectif ciblé. Si l'objectif de l'entreprise consiste à rassurer et à communiquer, une charte de qualité constitue un moyen tout à fait adapté. Si l'objectif de l'entreprise consiste à minimiser les risques de comportements non-éthiques qui peuvent être préjudiciables à son image, elle doit intégrer les principes éthiques qui l'animent à son système de management des ressources humaines.

L'éthique est également un excellent vecteur de communication externe. Par exemple, certains sites spécialisés comme www.transnationale.org ont pour vocation de mettre en lumière les résultats financiers des grands groupes mondiaux (5 198 entreprises sont passées au crible), leur éthique et leur politique sociale. Pour d'autres entreprises, l'éthique n'est plus seulement une affaire d'image, elle est devenue stratégique [1] : pour réussir, une entreprise doit pouvoir répondre aux exigences et compter sur l'adhésion et la fidélité des consommateurs, des salariés et des actionnaires. Or, un projet éthique consiste à satisfaire ces trois cibles.

Enfin certains comme C. Riveline, professeur à l'École de mines de Paris, s'opposent au mouvement actuel qui met de la morale dans l'organisation (cf. : *Les Enjeux des Échos*, sept. 2001, p. 117) et préfèrent considérer l'entreprise comme un objet de science. Nous pensons, pour notre part, que l'éthique est une réalité incontournable pour les organisations. La question pour l'entreprise n'est plus de savoir si elle est pour ou contre la mise en place de principes éthiques mais quel est le véritable niveau d'intégration et d'appropriation de ses principes par les collaborateurs. Ainsi se pose la question du niveau d'intégration et du déploiement de l'éthique dans le management des ressources humaines. Quels moyens les entreprises se donnent-elles pour intégrer l'éthique dans le comportement des employés ? Comment ces comportements sont-ils valorisés et reconnus ?

Trois niveaux d'intégration pour adopter une position éthique

Il existe différents niveaux de mise en œuvre d'une position éthique dans l'entreprise. Parmi les entreprises qui accordent de l'importance à cette thématique, de grandes disparités demeurent. Nous distinguons trois niveaux d'application qui vont du déclaratif au synergique.

■ Le niveau déclaratif

Ces entreprises intègrent la notion d'éthique dans leurs discours institutionnels (en interne ou en externe) mais ne sont pas encore engagées dans un niveau opérationnel. Par exemple, les dirigeants déclareront leurs intentions en matière de leadership et d'éthique en interne et en externe.

---

1. Les élèves d'HEC suivent des cours d'éthique et entreprise.

■ *Le niveau adaptatif*

Ce segment regroupe les firmes qui ont mis en place des « plans éthiques » dès lors qu'elles ont dû gérer un problème grave ponctuel qui mettait en avant la défaillance d'un comportement individuel ou collectif en termes de prise de décision (les marées noires, les détournements de fonds, etc.). Dans ce cas, l'entreprise fera état d'un référentiel (dans la plupart des cas sous forme d'un code de déontologie) et l'intégrera dans un « système de management » qui comprend des audits, des contrôles, des étapes de valorisation et de sanction en fonction des valeurs éthiques du référentiel.

■ *Le niveau synergique du « management par l'éthique »*

Un certain nombre d'entreprises (Lafarge, Lyonnaise des Eaux, Otis, Procter & Gamble, etc.), fondent leur management sur des principes éthiques écrits et déclinés en procédures obligatoires. Ces firmes sont engagées dans un « management par l'éthique » que nous avons souhaité nommer « management socialement responsable », qui sera détaillé par la suite. Ce niveau est dit « synergique » car les principes éthiques concernent toutes les fonctions de l'entreprise et les différentes étapes du système de management. Dans ce cas, il sera nécessaire d'évaluer la performance du système ainsi que sa contribution à l'amélioration de la performance de l'entreprise. Par exemple, un évaluateur externe ponctuel ou dans le cadre d'un audit qualité peut s'intéresser aux impacts de l'éthique au niveau commercial, financier et qualité.

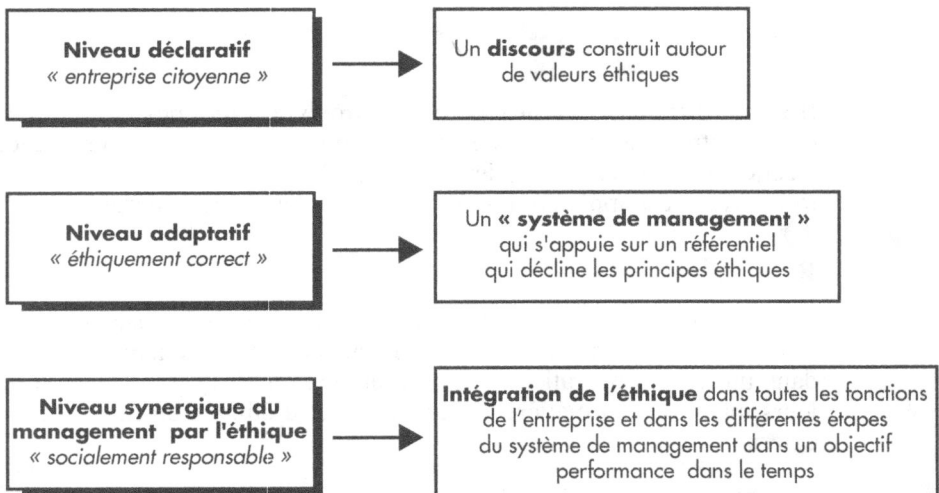

Figure 2. Les 3 niveaux d'intégration de l'éthique dans l'entreprise

Le « management socialement responsable » s'approprie l'éthique

Le « management socialement responsable » concerne les sociétés qui souhaitent développer une position éthique afin de consolider la confiance des partenaires internes et externes. Aussi, elles affichent automatiquement dans leurs discours institutionnels, dans leurs rapports d'activité, dans leurs différents outils de communication leur ambition d'être respectueuses de principes, liés à l'honnêteté, par exemple. Elles vont jusqu'à former, évaluer et reconnaître les collaborateurs sur leurs « compétences éthiques » et possèdent également au niveau organisationnel une « compétence éthique ».

La terminologie du « management responsable » (BP, Shell, Deutsche Bank, Ford) a été utilisée par le cabinet de conseil londonien Corporate Citizenship Company, spécialisé dans la mise en œuvre de politique de « management responsable » dans de grandes entreprises (*cf. : Courrier des Cadres*, n° 1402, juin 2001, p. 34). Cette expression nous semble ambiguë car elle sous-entend qu'avant la prise en compte de l'éthique dans les organisations, les systèmes de management n'étaient pas responsables. Aussi nous lui préférons l'expression « management socialement responsable », évocatrice de deux idées simultanées :

– l'impact des principes éthiques sur le management des ressources humaines ;
– l'engagement de l'entreprise vis-à-vis de la société d'un point de vue social.

Dans la plupart des multinationales dont l'actionnariat est composé principalement de fonds de pension américain, on observe que l'éthique (symbole de la responsabilité sociale de l'entreprise par rapport à son environnement économique et écologique) est un levier de la stratégie. En effet, l'actionnariat doit être rassuré sur deux thèmes majeurs : la politique d'environnement d'hygiène et de sécurité dont les risques doivent être pris en compte dans la comptabilité américaine et les principes éthiques de l'entreprise et ses déclinaisons.

Le « management socialement responsable », étape la plus intégrée dans le système de management de l'entreprise, se décline jusqu'aux outils RH. Un des points clé du « management socialement responsable » est la volonté de l'organisation d'acquérir une « compétence éthique » qui pourra devenir une source d'avantage compétitif dans le temps.

> Un des points clés du « management socialement responsable » est la volonté de l'organisation d'acquérir une compétence éthique » qui pourra devenir une source d'avantage compétitif dans le temps.

Dans le cadre de la théorie des ressources [1], les professeurs américains Paul F. Buller et Glenn M. McEvoy (1999) expliquent comment une multinationale peut développer dans le temps « une compétence éthique » en synergie avec des démarches d'optimisation de leadership, d'apprentissage organisationnel et de management des ressources humaines. Leur recherche s'appuie sur une prise en compte des différences culturelles et éthiques des filiales d'une multinationale. Les auteurs définissent la compétence éthique d'une entreprise [2] comme « la capacité d'une organisation à identifier et à répondre efficacement à des questions éthiques dans un contexte global » [3]. Celle-ci se caractérise par les aspects suivants.

1. L'existence au sein de l'organisation de procédures et de compétences individuelles permettant d'avoir des réponses efficaces sur des questions éthiques dans un contexte multiculturel.
2. L'existence, d'un système de management fondé sur le leadership, le travail d'équipe et une culture organisationnelle qui permettent un dialogue et un apprentissage continu sur les questions d'éthique en général.
3. L'existence d'un système de ressources humaines et de pratiques organisationnelles qui développe et pérennise cette compétence éthique. Cette compétence éthique est décrite par le schéma suivant.

Source : D'après Paul F. Buller et Glenn M. McEvoy, 1999, p. 333.

Figure 3. Créer et pérenniser la « compétence éthique d'une entreprise »

---

1. La théorie des ressources représente une approche stratégique qui définit la firme comme un portefeuille unique de ressources qu'elle contrôle. Les ressources sont dites stratégiques si elles sont rares, inimitables, ont de la valeur et si le fait de les exploiter procure à l'entreprise un avantage concurrentiel durable. Les concurrents se différencient car ils possèdent des ressources différentes. Le fait de posséder des ressources différentes explique les différences de performance des firmes.
2. Dans le cadre d'une approche globale et intégrée des compétences dans l'entreprise (C. Dejoux, 2001), la compétence éthique de l'organisation peut être considérée comme une compétence organisationnelle, les compétences éthiques des collaborateurs comme des compétences individuelles.
3. Paul F. Buller, Glenn M. McEvoy, 1999, p 327.

Selon les auteurs cités, le système de management des ressources humaines des multinationales constitue un pilier de la création et du développement dans le temps de « la compétence éthique de l'entreprise ». Leur approche repose sur l'interrelation de trois champs : un système de gestion du leadership évolutif, une démarche d'apprentissage organisationnel dynamique et la mise en place de pratiques de ressources humaines liées à l'appropriation et au développement de comportements éthiques chez les collaborateurs. Un tel schéma permet au management des ressources humaines de jouer un rôle clé, d'être catalyseur du développement dans le temps de « la compétence éthique de l'entreprise » (Ulrich ; Lake, 1990). Pour le professeur américain R. Litz (1996), la responsabilité sociale et la compétence éthique d'une entreprise sont potentiellement des sources d'avantage compétitif. Selon lui, la compétence éthique d'une entreprise est la combinaison de trois ressources : le fait de penser avec une orientation éthique, percevoir l'interdépendance des problèmes éthiques dans des cultures différentes, avoir une réponse éthique adaptée.

Le tableau ci-dessous énumère quelques caractéristiques d'un « management socialement responsable ».

Dans l'entreprise, une personne peut être contactée pour discuter d'un point éthique [1].
La firme affiche dans ses principaux supports de communication institutionnels son engagement éthique et les applications qu'elle a entrepris dans ce sens.
La firme s'est dotée d'une « compétence éthique ».
L'ensemble du personnel est concerné et l'objectif consiste à obtenir des comportements irréprochables.
Il existe un système de sanction pour un non-respect des principes éthiques.
Des formations sur l'application des principes éthiques sont dispensées.
Au niveau de la DRH, le processus de gestion des compétences intègre l'évaluation, le transfert et la reconnaissance des compétences éthiques.
L'entreprise accepte des contrôles extérieurs (notation, audits, bilans sociaux etc...) sur la mise en œuvre des outils liés à l'éthique.

Tableau 2. Les caractéristiques d'un management éthique

---

1. Certaines entreprises (cf. Otis) sont allées jusqu'à créer des spécialistes des questions éthiques, définis comme des médiateurs hors relation hiérarchique, les « ombudsman », qui peuvent êtres contactés à tout moment par tous les collaborateurs sur des questionnements liés à la conformité des comportements des clients, des fournisseurs, des collègues, au référentiel éthique de l'entreprise ainsi qu'à l'interprétation du code de déontologie.

Le « management socialement responsable » s'approprie les outils

Les entreprises qui intègrent l'éthique uniquement au niveau stratégique se positionnent dans une stratégie de communication, alors que les organisations qui intègrent l'éthique au niveau opérationnel par l'intermédiaire de leur système de management des ressources humaines insufflent et développent auprès de chaque collaborateur une véritable « compétence éthique » qui se matérialise par l'expression de comportements honnêtes, cherchant à intégrer les questions liées aux disparités culturelles.

La *Human Ressource Management Review*[1] a consacré un numéro spécial sur les ressources humaines dans le management de l'éthique. Il en résulte que de nombreuses entreprises possèdent maintenant des formations de développement de comportements éthiques bien que l'impact des ressources humaines dans le management de l'éthique reste problématique dans la pratique. La plupart des entreprises américaines possèdent officiellement des principes et des règles éthiques. La plupart d'entre elles ont recruté un *ethic officer*, responsable des questions éthiques, qui peut être consulté par tous les collaborateurs quelles que soient leurs interrogations. Les recherches sur l'efficacité des programmes éthiques ont également montré que l'intégrité de l'évaluation des employés représente un facteur positif sur l'efficacité de ces programmes. Les recherches sur les attitudes non éthiques mettent en avant trois types de causes récurrentes :

– la mauvaise description d'attitudes non éthiques favorise des comportements déviants ;
– l'existence de réelles opportunités pour les collaborateurs de commettre des comportements non éthiques ;
– la présence de pressions réelles ou simplement perçues peut pousser un collaborateur à faire valoir un comportement non éthique.

D'autres variables contribuent à l'explication de comportements non éthiques :

– l'existence de normes floues dans les processus de recrutement, de systèmes de valorisation et de compensation, des décisions de *downsizing*, etc.

Les comportements limites sont d'autant plus fréquents que le manager et l'employé n'ont pas précisément conscience de ce qui est éthique

---

1. Numéro 11, 2001.

ou de ce qui ne l'est pas. Les auteurs analysent les conséquences de problèmes éthiques sur le management des ressources humaines en trois axes :

- les comportements au niveau individuel : démotivation, désengagement, non-respect des règles, violence, agressivité, diffusion de rumeurs, harcèlement, etc. ;
- les réponses des groupes et les effets sur les équipes : sacrifice des intérêts du groupe au profit d'intérêts individuels ;
- les impacts sur les différents niveaux de l'organisation : si l'entreprise choisit des collaborateurs avec des points de vue éthiques identiques, il peut en résulter une diminution de la diversité culturelle.

Les auteurs concluent sur l'importance de la prise en compte des ressources humaines dans le management de l'éthique et plus particulièrement dans les systèmes d'évaluation de la performance, dans les formations au management et dans les processus disciplinaires.

PROCESSUS DES RESSOURCES HUMAINES ET ÉTHIQUE : L'IMPACT

Nous nous sommes interrogés sur l'impact d'une position éthique sur les étapes principales d'un processus RH (voir tableau ci-dessous). Nous cherchons à repérer les questions principales qui doivent faire l'objet d'un approfondissement pour organiser la gestion des ressources humaines en relation avec l'éthique :

Principales étapes d'un processus RH	Questions liées à l'impact de l'éthique sur le processus RH
Évaluation du collaborateur ou candidat en vue d'un recrutement, d'une promotion ou d'un licenciement	Existe-t-il une cohérence potentielle entre les valeurs individuelles de la personne et l'éthique de l'entreprise ? L'éthique du candidat peut-elle être considérée comme un critère de recrutement ? Quels sont les liens avec l'extérieur qui peuvent créer des conflits éthiques ? Jusqu'où va la liberté individuelle ?
Formation	Dans quelle mesure l'éthique de la firme est-elle est un moyen de communiquer les valeurs et d'initier un sentiment d'appropriation de ces valeurs ?
Gestion du personnel	Comment repérer s'il existe des conflits d'intérêt entre des personnes en interne et/ou en externe ?
Communication	Dans quelle mesure l'éthique peut-elle être un excellent axe de communication ?

Tableau 3. Management éthique et étapes de la gestion des ressources humaines

L'éthique, facteur de succès des collaborateurs

Chez General Electric, Jack Welch a développé une culture fondée sur des valeurs et des principes éthiques comme l'intégrité, le fonctionnement sans barrière, l'ouverture au changement. Cette société, qui cherche le résultat, a lancé l'image du *GE Man*, collaborateur qui possède à la fois les résultats et les valeurs de l'entreprise. Si l'on n'a pas les valeurs, même avec les résultats, on sera mis dehors. Tous les collaborateurs connaissent la règle et l'acceptent par définition. Au niveau de la politique stratégique, l'outil qui a été imaginé correspond à une matrice qui définit l'attitude à prendre par la firme en fonction de ses principes éthiques et de ses contraintes de résultats économiques.

Fait ses résultats	Doit partir	Évolue
Ne fait pas ses résultats	Doit partir	2ᵉ chance
	Ne respecte pas les valeurs éthiques	Respecte les valeurs éthiques

Figure 4. Matrice liée au comportement éthique d'un collaborateur chez General Electric

▷ **Dans le cadre d'une recherche d'emploi, il est désormais conseillé d'expliciter ses valeurs personnelles en les rattachant à des illustrations.**

Cette matrice affiche clairement le comportement que l'entreprise doit adopter face à chaque collaborateur. La possibilité d'une deuxième chance donnée à un collaborateur alors qu'il ne réalise pas les résultats mais agit conformément aux valeurs éthiques est intéressante car il souligne que le comportement prime sur le financier. Aussi, en théorie, dans une telle firme, les contre-exemples ne peuvent exister, mais quelle entreprise peut se prévaloir de suivre ce modèle avec zéro contre-exemple ? Dans le cadre d'une recherche d'emploi, il est désormais conseillé d'expliciter ses valeurs personnelles en les rattachant à des illustrations. Cette démarche est ressentie comme un approfondissement de sa présentation.

Les salariés comme levier de l'éthique

Dans le cas de ST Micro-Electronics, un groupe de semi-conducteurs franco-italien, voici l'exemple d'un management de l'éthique intégré aux ressources humaines.

– Chaque salarié possède un livret intitulé « Valeurs partagées ».
– La société réduit sa consommation d'énergie, de papier, d'eau et de produits chimiques dangereux.
– Elle rembourse 80 % du billet à ceux qui choisissent le train.
– En période de diminution de l'activité, les employés ne sont pas licenciés mais formés.

ÉTHIQUEMENT CORRECT
Niveau stratégique

MANAGEMENT PAR L'ÉTHIQUE
Niveau opérationnel

VISION

« L'esprit de la vision »

LES VALEURS

■ logique de changement
■ honnêteté
■ transparence des relations avec les *stakeholders* et les *shareholders*

« La lettre de la vision »

LES PRINCIPES ÉTHIQUES

LES OUTILS

La déclinaison « communicationnelle » de l'éthique ou « éthique et stratégie »

1. « niveau déclaratif »
- un comité éthique
- une charte éthique
- comportement éthique des dirigeants

2. « niveau adaptatif »
- un code déontologique
- des principes de management éthiques

La déclinaison « sociale » de l'éthique ou « éthique et GRH »

- compétences éthiques des collaborateurs

Évaluation

audit sociétal
bilan social
cartographie des compétences

Reconnaissance

licenciement
rémunération

Formation

séminaires
éthiques

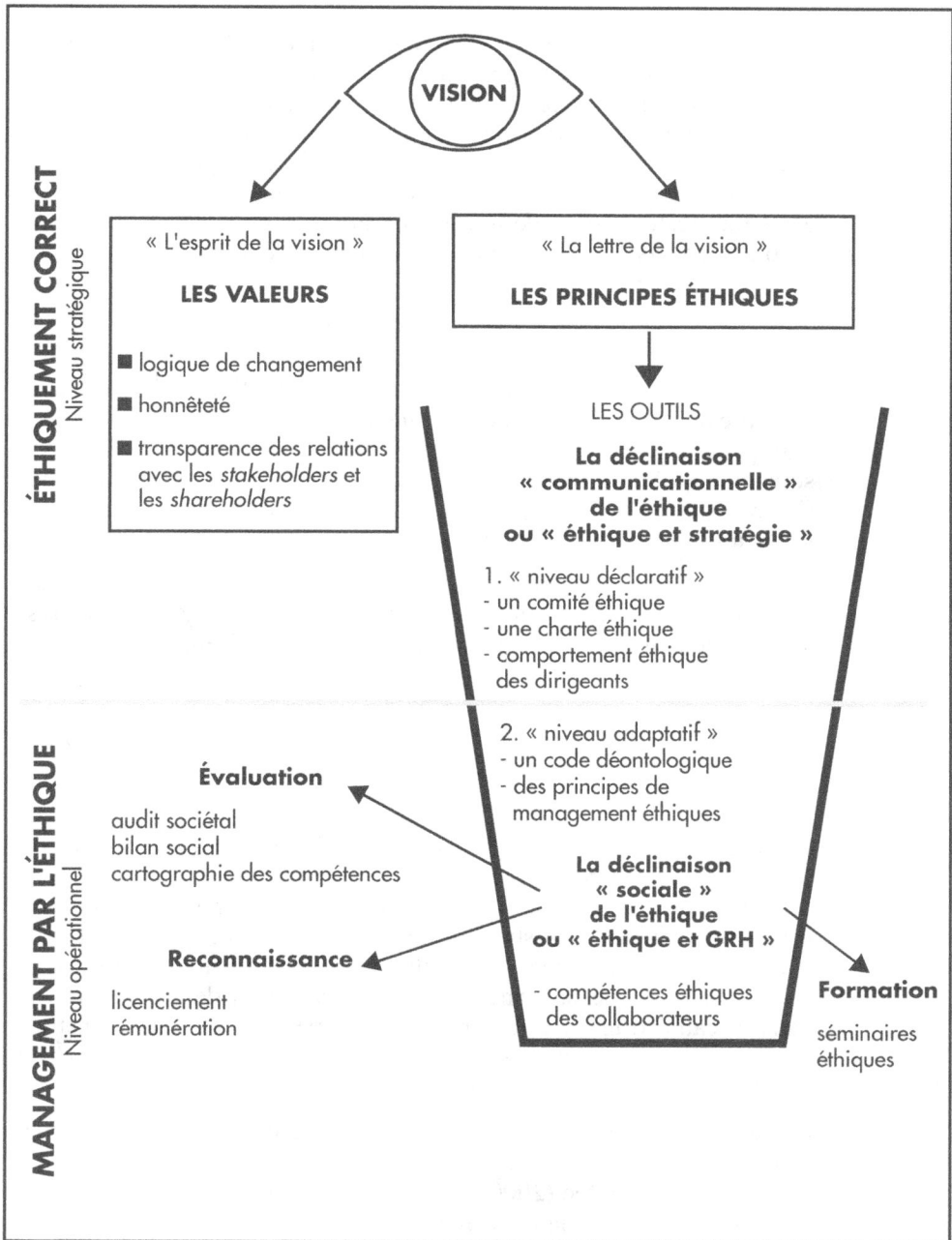

Figure 5. **Le cadre stratégique de la politique générale et les différents niveaux d'intégration de l'éthique**

Audits sociaux : l'éthique au programme

L'audit social enrichit son contenu en intégrant de plus en plus souvent des manifestations de comportements éthiques. Les cabinets de conseil proposent des nouveaux produits liés à la fois à l'audit social et aux questions d'éthique. Très en pointe sur le sujet, « le collectif de l'éthique sur l'étiquette », qui regroupe 56 associations et syndicats partisans d'un commerce éthique, propose la création d'un label social européen. Mais tout reste à faire : définir les mécanismes de vérification, mettre en place un système d'accréditation d'auditeurs compétents.

Le bilan sociétal

Cet outil de diagnostic social est apparu en 1995. Il s'agit d'un nouvel outil d'évaluation de la responsabilité sociale et environnementale des entreprises : « le bilan sociétal » est expérimenté en 1998 dans une soixantaine d'entreprises européennes et fait le point sur 9 domaines (les ressources humaines, les relations clients, l'environnement, etc.), grâce à l'analyse de 400 questions.

Pour synthétiser notre propos, la figure page 111 récapitule les différents niveaux d'intégration de l'éthique dans la management des ressources humaines à partir du cadre stratégique de l'entreprise.

L'APPROCHE ÉTHIQUE EN QUESTIONS

Selon la situation de l'entreprise et les multiples évolutions qu'elle vit, restructuration, rachat, fusion, des questions nouvelles se posent dès lors que l'on introduit le facteur éthique dans la stratégie de l'entreprise. En matière de restructuration, si l'on admet que l'entreprise existe pour dégager une rentabilité pour l'actionnaire, quelle est la position éthique de la firme lorsqu'elle procède à des licenciements dans le cadre d'une restructuration ? De même, lors d'un rachat ou d'une fusion, comment harmoniser des éthiques différentes dans le cadre d'un rachat ou d'une fusion ?

La gestion de la multiculturalité pose également un problème éthique. Dans leur article de référence, les professeurs américains T. Donaldson et Thomas W. Dunfee (2000) montrent que les normes éthiques appliquées dans les négociations fluctuent d'un pays à un autre. Aussi, il est difficile pour une multinationale d'avoir une position éthique unique au risque de perdre des marchés locaux par non-compréhension des règles officieuses en vigueur. Une des questions majeures qui se pose est comment une entreprise « doit se comporter lorsque les normes dans le pays d'accueil sont inférieures à celles qui prévalent dans le pays d'origine ».

Ces entreprises doivent faire preuve de « créativité » en matière éthique pour éviter de se retrouver face à un choix qui serait, dans les deux cas, néfastes : « se conformer aux coutumes locales ou exporter ses valeurs domestiques ». T. Donaldson a proposé une solution dans le livre *Ethics International Business*, autour de l'élaboration de la « théorie des contrats sociaux » qui se décline autour d'un outil d'analyse et d'un guide et qu'il a appliqué aux problèmes de la corruption. Il pense que, face aux questions de différence éthiques, il faudrait une « sorte de comptabilité morale » au minimum. Il convient donc de mettre en place le cadre d'analyse nécessaire aux relations entre l'engagement éthique de l'entreprise et les ressources humaines qui la composent.

Il existe différents niveaux d'intégration éthiques dans le système plus général du management et la question posée s'est construite autour des impacts des valeurs éthiques sur les étapes d'un processus de relations humaines... Au-delà des pratiques, l'éthique en ressources humaines est fortement liée à la problématique de la confiance. Une entreprise qui inspire confiance et fait confiance à ses employés ne possède-t-elle pas implicitement ou explicitement une système de management qui intègre l'éthique ? La même notion de confiance peut-elle s'appliquer à la pratique du marketing ?

L'éthique au service du mix-marketing ?

Virginie DE BARNIER, Philippe MOUILLOT

La loyauté du consommateur vis-à-vis de l'entreprise, et réciproquement le respect du client par l'entreprise, est sans doute une composante fondamentale de la stratégie d'entreprise. L'utilisation de ce concept de loyauté peut être soit purement éthique, au nom des principes de confiance qui fondent une société, ou au contraire se transformer en outil de gestion de façon à valoriser l'image de l'entreprise. La question qui se pose est donc de savoir quel rôle joue l'éthique dans la politique marketing de l'entreprise, et pour être plus précis dans les décisions commerciales qu'elle prend.

LE MIX-MARKETING INTÈGRE L'ÉTHIQUE DANS SES MÉTHODES

Pour l'entreprise, l'élaboration du mix-marketing à travers les variables de produit, de prix, de distribution et de communication, est un moyen de vérifier la cohérence d'une proposition commerciale. Celle-ci confère à l'entreprise un positionnement, c'est-à-dire un ensemble de repères tangibles qui permettent au consommateur d'identifier l'entreprise par rapport à ses concurrents, de porter un jugement sur ses propositions commerciales, pour finalement s'en forger une image globale que l'on qualifie d'« image de marque ». Ce concept est essentiel dans la mesure où il assure la double fonction d'augmenter la valeur de l'entreprise et de rassurer le consommateur.

Dans le cadre de la mondialisation de l'économie et de la concurrence intense qui en résulte, la communauté économique internationale impose de respecter des règles commerciales normalisées. L'adoption de ces règles semble être, pour les acteurs économiques, le meilleur moyen de démontrer qu'ils ont le sens de leurs obligations, face notamment à la libéralisation accrue des marchés. On est en droit de se poser la question de la finalité inhérente au respect de ces règles : leur cadre d'acception a-t-il un fondement foncièrement éthique ou bien essentiellement stratégique ? L'utilisation des quatre variables du *mix-marketing*, le produit, le prix, la distribution et la communication, traditionnelle comme *corporate*, est révélatrice de la manière dont elle intègre l'éthique dans sa stratégie.

L'entreprise essaie, dans la mesure du possible, de contrôler son image, tant auprès de ses concurrents que de ses consommateurs directs et potentiels, c'est-à-dire auprès de l'opinion publique. Ce contrôle n'est jamais total, du fait de variables macroéconomiques, comme la législation ou les facteurs politiques, mais aussi du fait de variables microéconomiques, comme les rumeurs ou le rôle des prescripteurs. La crise de la vache folle apparue en 2000, est une conséquence de ces deux types de variables : l'État gère la crise au niveau européen et la viande de bœuf a été interdite dans la plupart des cantines scolaires. Aussi, même avec le meilleur *mix-marketing*, l'entreprise n'est jamais à l'abri de perceptions dissonantes de la part du consommateur et a donc l'obligation de gérer avec la même performance sa communication produit et sa communication entreprise.

Le seul moyen dont le consommateur dispose pour évaluer une entreprise semble être l'appréciation des éléments du *mix-marketing*. Des références telles, par exemple, que « élu produit de l'année » le rassure quant à la fiabilité du produit ; de même « satisfait ou remboursé » le rassure quant à l'aspect économique de la transaction, ou « publicité réalisée sans trucage » le rassure quant à l'honnêteté du message, enfin « distributeur agréé » le rassure quant à la compétence de son interlocuteur. Le *mix-marketing* s'avère être un élément de référence propre aux deux entités que sont l'entreprise et le consommateur, un lien à la fois explicite et tacite qui permet à l'entreprise de tenter d'imposer le positionnement qu'elle souhaite, et qui permet au consommateur de juger de la loyauté de ce positionnement ainsi que des propositions commerciales qui en découlent. Bien souvent, le consommateur est prêt à jouer le jeu de la loyauté : il accepte de payer plus cher un produit recyclable ou protégeant l'environnement afin de justifier son achat, voire se déculpabiliser de participer activement à la société de consommation. Comment les entreprises ont-elles ou non un comportement éthique face aux attentes des consommateurs ?

« Éthique » du produit

En ce qui concerne la première variable du *mix-marketing*, le « produit », la notion d'argument commercial semble de moins en moins liée aux techniques marketing traditionnelles de négociation et de conviction dans la mesure où l'interface consommateur/ vendeur apparaît de plus en plus rarement. En effet, avec l'avènement des grandes surfaces et la puissance des médias modernes, des éléments marketing comme le packaging ont aujourd'hui des fonctions très importantes : on parle à ce sujet de « vendeur silencieux ». En ce sens, les processus de conviction sont de plus en plus fondés sur des manipulations sensorielles essentiellement issues de la célèbre école allemande de perception Gestalt-Theorie, dont le principal représentant français fut, sans nul doute, Paul Guillaume. Cette école a notamment mis en exergue certaines lois de perception qui, lorsqu'elles sont respectées, forcent l'individu à ne voir, par exemple, que des lignes là où il est également possible de voir des colonnes.

Appliquée au marketing, cette « théorie de la forme » ou, plus précisément, « théorie de la structure », peut, par exemple, amener un consommateur à imaginer un conditionnement d'une taille supérieure à sa taille réelle par l'apposition de cercles concentriques sur l'un des angles de l'emballage. Ce qu'il est intéressant à souligner, c'est que le consommateur a toujours le choix de lutter face à ces manipulations sensorielles avec une approche analytique de la proposition commerciale. Si deux paquets de lessive présentés côte à côte et ayant le même poids et le même volume ne semblent pas de taille équivalente parce que l'un des deux emballages a été optimisé selon les lois gestaltistes, rien n'empêche le consommateur de comparer les étiquettes sur la base du prix au kilo, par exemple, afin d'opérer un choix rationnel et non pas instinctif.

Pourtant, ce consommateur se laisse volontiers séduire ; il est même prêt à payer un surcoût pour acquérir un emballage plus attractif ou éviter une recherche trop fastidieuse et ainsi accélérer son processus de choix. Le sociologue Gilles Brougère [1] affirme d'ailleurs : « [les consommateurs] acceptent de se laisser manipuler parce qu'ils y trou-

---

1. « Dès que l'enfant sait dire : "je veux", les parents achètent », *L'Expansion*, n° 635, du 21 décembre 2000 au 3 janvier 2001, p. 58-59.

vent du plaisir : acheter une veste ou un gadget électronique procure un bonheur plus facile que tomber amoureux. » Les entreprises l'ont bien compris et adaptent leur stratégie en fonction du type de consommateurs auxquels elles s'adressent. Face à un individu analytique, elles vont rendre les critères de choix plus confus ; par exemple, elles modifient la matière produit afin de rendre impossible toute comparaison : comment comparer le prix d'une lessive en poudre à celui d'une lessive en dose ou liquide ?

Face à un individu moins rationnel, les entreprises ne cessent d'innover et proposent des emballages adaptés à différents « moments de vie » : les eaux minérales, par exemple, se vendent en fontaines de 5 litres (Volvic), en bouteilles familiales d'un litre et demi, en petites bouteilles avec bouchon sport (e.g. Vittel) ou même, plus récemment, en forme de gourde avec un anneau (Évian Nomade). Le consommateur, conscient du surcoût des emballages plus fonctionnels ou plus esthétiques, n'opère pourtant pas un choix économique.

La revue *Marketing Magazine* précise : « Associer au travail de la forme, celui de la matière est devenu indispensable pour assurer la plénitude d'un consommateur en quête de bien-être absolu. »[1] Il existe pourtant un risque que ce consommateur n'ait pas conscience de l'ensemble des éléments qui le manipulent : beaucoup de crèmes cosmétiques se vendent dans des « suremballages » en carton comportant un fonds laissant supposer un volume plus grand que le pot intérieur ; certains tubes de dentifrice présentent une ouverture au diamètre plus large afin que le consommateur utilise plus de produit sans qu'il ne s'en aperçoive... Entre autres exemples de « manipulations » destinées à provoquer l'achat, nous pourrions citer la pratique qui consiste à faire acheter un produit de base par le biais d'un prix d'appel, c'est-à-dire relativement attrayant, afin d'inciter le consommateur à acheter des produits complémentaires de la même marque, vendus à fortes marges. C'est le cas de la plupart des appareils photo pour lesquels le boîtier et les objectifs ne sont pas aux mêmes prix, des rasoirs Wilkinson dont les lames sont proportionnellement bien plus chères que le rasoir (inconsommables), ou bien encore des lunettes Afflelou pour lesquelles la monture est souvent très bon marché là où les verres sont hors de prix.

Pour terminer avec cet aspect du *mix-marketing*, l'école de perception de la Gestalt-Theorie est également exploitée par le biais de la technique du *facing* qui consiste à accroître la surface visible d'un embal-

---

1. « Ergonomie des emballages », *Marketing Magazine*, n° 53, octobre 2000, p. 12.

lage afin de faire croire à une contenance plus importante, comme l'exemple des crèmes précité.

« Éthique » du prix

La seconde variable du *mix-marketing*, le « prix », est sans doute la plus facile à manipuler. Depuis longtemps les enseignes pratiquent des « prix psychologiques », c'est-à-dire fondés sur le principe psychologique de « l'heuristique de représentativité » , qui signifie que l'individu a tendance à procéder à des rapprochements cognitifs lui simplifiant l'information qu'il reçoit. Par exemple, un objet vendu 299 euros est automatiquement perçu comme moins onéreux qu'un article affiché à 300 euros, parce que le consommateur accordera naturellement plus d'importance au premier chiffre, c'est-à-dire à la première information sensitive, en l'occurrence visuelle, qu'il recevra. Une autre expérience[1] montre que les individus préfèrent acheter du bœuf haché 75 % maigre parce que l'argument est présenté sous forme positive en termes de gain, à du bœuf haché 25 % gras parce que l'argument est alors présenté sous forme négative en termes de perte.

> Les marques utilisent les ressorts de la promotion pour faire croire au consommateur qu'il va réaliser une bonne affaire.

Dans d'autres cas, les marques utilisent les ressorts de la promotion pour faire croire au consommateur qu'il va réaliser une bonne affaire. Par exemple, l'étiquette du produit est assortie d'un label « Plus 20 % » , laissant supposer que ce supplément est gratuit, alors que le prix peut être proportionnellement majoré. Dans le cadre de la promotion toujours, les consommateurs achètent souvent des produits vendus par lots. Cette technique dissimule plusieurs éléments. Tout d'abord, elle permet à la marque de vendre des volumes plus importants. Ensuite, elle permet parfois d'accroître, outre la notoriété du produit, sa fréquence d'utilisation du fait de choix de consommation souvent plus impulsifs. Enfin, elle laisse croire à un avantage de prix dans la mesure où l'on suppose volontiers que le prix unitaire d'un produit acheté par lots est inférieur au prix unitaire du même produit acheté individuellement ; or, ce n'est pas systématiquement le cas.

Enfin, les magasins proposant un crédit pour pousser le consommateur à acheter un produit parfois au-dessus de ses moyens actuels manipulent les prix. Le principe consiste alors à fonder l'argument commercial sur le faible montant mensuel à payer, sans insister sur la durée du paiement. L'enseigne « Crazy George » a couvert les murs de ses affi-

---

1. I.P. Levin et G.J. Gaeth, « How Consumers are Affected by the Framing of Attribute Information Before and After Consuming the Product », *Journal of Consumer Research*, vol. 15, 3, 1988, p. 374-378.

ches clamant que l'on pouvait s'offrir un téléviseur pour 5 francs au moment des faits, soit environ 80 centimes d'euro. Un petit astérisque stipulait en bas des annonces la durée et la fréquence de mensualités subversives : en effet, non seulement les versements devaient être quotidiens, ce qui en soi représentait déjà une relative révolution (à ce jour, le consommateur n'était habitué qu'à la notion de mensualité ou d'annuité) ; le prix du produit était, de ce fait, multiplié par 3 ou 4 une fois le crédit terminé. Le piège était fondé sur l'incapacité de la cible, séduite par un élément unique : un prix d'appel atypique pour des biens durables, et qui n'a pu anticiper l'aspect exponentiel du coût.

« Éthique » de la distribution

La troisième variable du *mix-marketing*, la « distribution », offre également de nombreux exemples de techniques. Véritables leurres, elles provoquent l'achat sans que la cible soit réellement en mesure de s'y opposer, indépendamment d'efforts analytiques complexes, longs et fastidieux. Par conséquent, ce type d'effort est totalement incompatible avec la tendance affirmée des consommateurs d'essayer de réaliser leurs achats rapidement. Les grandes surfaces, par exemple, regorgent de techniques plus insidieuses les unes que les autres et leurs dirigeants sont passés maîtres dans l'art de déclencher ce que les professionnels du marketing appellent les « achats d'impulsion ».

Les aménagements des grandes surfaces incitent systématiquement, voire mécaniquement, à l'achat. Les prix les plus élevés sont toujours situés à hauteur des yeux de façon à ce que nous ayons tendance à les choisir directement plutôt que de faire l'effort de se baisser ou de chercher plus haut quelque chose de plus adapté. De nombreux magasins ont des sols inclinés vers l'intérieur de la surface d'exposition de façon à faciliter le cheminement du consommateur vers les produits d'appel ; une fois le caddie rempli, il devient alors sensiblement plus difficile de le pousser vers la sortie et les consommateurs passent alors plus de temps devant des rayons pour lesquels ils n'ont pas *a priori* un intérêt direct. C'est en outre ce que recherchent les stratèges de grandes enseignes qui changent régulièrement les dispositions de leurs produits afin que le consommateur, n'ayant pas la possibilité de conserver des repères, se rende uniquement vers les produits qu'il consomme habituellement. Il peut, de ce fait, être attiré par un produit dont l'achat n'était pas prémédité.

D'autres grandes surfaces disposent leur entrée à une extrémité, souvent la droite car nous avons tendance à commencer par aller vers la gauche lorsque nous entrons dans un magasin ou un salon. Cette stratégie force le client à apercevoir l'ensemble des produits proposés et tente ainsi de provoquer le fameux achat d'impulsion. Les sens sont fortement sollicités : des parfums de synthèse sont diffusés continuellement, notamment par les boulangeries, stimulant les désirs, et de la musique est diffusée à des rythmes plus ou moins rapides pour inciter le consommateur à passer plus de temps sur place ou, au contraire, pour provoquer une rotation de clientèle plus soutenue. Les éclairages sont toujours flatteurs ; ils sont tamisés à certains endroits lorsque cela s'avère nécessaire, par exemple aux rayons TV et vidéo, moyen de mieux présenter les écrans des appareils concernés.

Les enfants représentent également une cible privilégiée des annonceurs. Il est rare, en effet, que les parents leur refusent quelque chose ; tout est mis à leur disposition pour « imiter Maman ». L'émergence de petits caddies destinés aux enfants en témoigne, lesquels n'auront d'ailleurs aucune difficulté à « faire leurs courses » en les remplissant de bonbons et de biscuits divers, autant de produits directement accessibles à leurs petites mains puisque intelligemment disposés à moins d'un mètre du sol. Quant aux caddies réservés aux adultes, leur fond incliné vers le bas ne permet pas de se rendre compte qu'il se remplit plus que prévu : en effet, du fait que nous en ayons une vision verticale de son contenu, cet aspect est relativement difficile à évaluer.

En définitive, les grandes surfaces regorgent de techniques, toutes plus performantes les unes que les autres, mais d'autres structures n'ont rien à leur envier. De nombreuses boutiques, à l'instar des casinos, n'ont aucune fenêtre, aucune horloge, d'importants spots lumineux, bref autant de moyens qui annihilent chez le consommateur toute capacité à gérer son temps ou en perdre la notion, augmentant ainsi la durée pendant laquelle il risque de céder aux achats d'impulsion. Quant à la célèbre enseigne McDonald's, ses restaurants américains n'hésitent pas à proposer à leurs clients des sièges dont les dossiers ont des degrés d'inclinaison différents de ceux des sièges traditionnels. Le consommateur est ainsi forcé à prendre son repas dans une position très inconfortable, et, du coup, dans des délais records ; ce qui, pour un « fast-food », peut sembler légitime...

« Éthique » de la communication

La quatrième et dernière variable du *mix-marketing*, la « communication », est sans doute celle qui offre le plus d'exemples en matière de détournement d'attention et de subversion dans le domaine des comportements d'achat. Ici, l'éthique est très largement bafouée et l'on constate malheureusement une propension à la manifestation d'abus sous prétexte de se soumettre au règne de la part de marché.

Les logos sont travaillés, les images sont modifiées, les photos sont transformées, ce qu'avouent tous les photographes de mode ; tout est organisé de façon à tromper le consommateur afin d'accentuer les processus de conviction. Qui aura remarqué les subtilités qui nous entourent : le logo de Carrefour n'est rien d'autre qu'un « C » blanc situé au sein d'un losange bicolore rouge et bleu ; celui de Darty utilise la même structure chromatique que le svastika nazi car cette association de couleurs est une des plus marquantes. Les montagnes qui composaient l'ancien logo du Conseil général des Alpes-Maritimes étaient à l'effigie des initiales de Monsieur Jacques Médecin ; la publicité pour le cognac Rémy-Martin dissimule son logo dans les volutes de fumée du cigare que tient le mannequin représenté sur la photo ; et l'œil de la cible suit le « chemin lumineux » permettant, grâce à un subtil jeu d'éclairages, de ne s'attarder que sur des points précis d'une image : amusez-vous à faire le test en parcourant les délicieuses « Leçons » de la marque Aubade et vous en serez certainement convaincus.

Certains voient dans le logo de Marlboro les initiales du Ku-Klux-Klan ainsi que le symbole d'un pendu face à son bourreau ; d'autres voient un sphinx et le Manneken Pis dans le chameau illustrant les paquets de cigarettes Camel. La marque de bière américaine Red Dog a lancé une campagne de communication importante en diffusant des tee-shirts sur lesquels le logo de la marque était inversé, invitant ainsi le consommateur à y déceler des subtilités érotiques ; la marque Vittel n'hésite pas à citer son nom plusieurs fois dans ses slogans, par exemple « Vittel, on vit tellement mieux avec... » (comprenez : « on VITTELement mieux avec »).

La marque Always a recours à la technique publicitaire du prescripteur inconnu afin de placer le terme « sexe » dans son slogan : « Avec Always, je me sens nettement plus au sec, c'est sûr, oui ». Prononcé, ce slogan fait apparaître le terme « sexe » lorsque l'on aborde « ...Au sec, c'est sûr... ». La compagnie Microsoft aurait nommé ses systèmes d'exploitation Windows 95 et Windows 98 parce qu'il s'agissait des deux valeurs numériques auxquelles nous étions le plus habitués du fait des stations-service qui proposent de l'essence sans plomb 95 et 98. Le célèbre film de Stanley Kubrick, « 2001, L'Odyssée de l'Espace », est également concerné car le nom de l'ordinateur qui apparaît dans le film est HAL, ce qui nous donne IBM si l'on prend dans l'alphabet chaque lettre qui suit celles qui composent justement ce prénom. La marque Wanadoo n'est rien d'autre qu'un néologisme tiré de l'anglais « *want to do* » (*i.e.* vouloir faire) et prononcé de la sorte (iwanna do) ; la marque Itinéris nous donne un délicieux « siréniti », bien proche du terme « sérénité », lorsque l'on se donne la peine de l'inverser.

La campagne 2001 de communication de la SNCF est fondée sur l'idée de prendre le temps d'aller vite, paradoxe que l'on retrouve dans le nouveau logo du TGV qui, s'il est observé la tête en bas, représente incontestablement un escargot. La marque de vodka Absolut dissimule systématiquement l'image d'une bouteille dans ses publicités ou encore crée des mots sur la base du principe de persistance rétinienne (Absolut Hirst permet de noter l'apparition de « *thirst* » (soif) dans le slogan : Absolu tHirst). Quant à la célèbre émission *Télé Foot* diffusée le dimanche sur TF1, son plateau a longtemps été affublé d'une horloge qui était située derrière les animateurs et dont les aiguilles n'ont jamais montré qu'une seule et même heure, en l'occurrence 13 h 10, soit la représentation du logo de la marque Nike...

Il convient donc de conserver une grande prudence lorsque de tels exemples sont mis en exergue, et ce, pour deux raisons majeures. La première concerne ce que Jean-Noël Kapferer a nommé « le procès d'intention » ; en effet, de nombreuses marques sont souvent accusées de détournements d'attention ou de manipulations, c'est-à-dire de comportements non éthiques, alors qu'elles n'en sont absolument pas à l'origine : à titre d'exemple, la SNCF se défend d'avoir voulu représenter l'escargot dont nous parlions plus haut... L'imagination des consommateurs est souvent responsable de nombreuses interprétations malicieuses. Quant à la seconde, elle concerne les entreprises elles-mêmes. En effet, quiconque remarquera le fameux « C » dans le logo de Carrefour risquera très facilement de tirer des conclusions inadaptées ; lorsque ce logo fut créé, les dirigeants de Carrefour n'ont jamais cherché à dissimuler quoi que ce soit et ont, de ce fait, toujours eu l'intime conviction que sa signification serait une évidence pour tous...

Cette quatrième variable du *mix-marketing* recèle encore de nombreuses richesses. Les entreprises s'intéressent particulièrement aux enfants, dans la mesure où cette cible des Français âgés de 8 à 15 ans représente un pouvoir d'achat de 12 à 15 milliards de francs, soit 1,8 à 2,3 milliards d'euros [1]. Ils sont souvent des téléspectateurs assidus, se trouvent donc exposés à l'ensemble des créations publicitaires, et présentent la particularité d'être relativement influençables. Que penser alors des spots qui leur sont directement destinés et qui se fondent sur des valeurs sexistes dépassées ? Les poupées « Barbie » proclament à

> **Les entreprises s'intéressent particulièrement aux enfants, dans la mesure où cette cible des Français âgés de 8 à 15 ans représente un pouvoir d'achat de 12 à 15 milliards de francs, soit 1,8 à 2,3 milliards d'euros.**

---

1. « L'enfant roi », *L'Expansion*, n° 635, du 21 décembre 2000 au 3 janvier 2001, p. 37-59.

la fin de chaque spot publicitaire : « C'est tellement mieux d'être une fille ! » tandis que les jouets « Action Man » montrent un surhomme harnaché d'armes de toutes sortes afin de vaincre et de tuer l'ennemi. Le monde dépeint par la publicité destinée aux enfants, qui véhicule des valeurs de séduction pour les filles et des valeurs guerrières pour les garçons, peut-il être considéré comme éthique ? Les campagnes lancées par Microsoft (X Box) et Sony (Play Station 2) sur le marché des consoles de jeux sont tout à fait représentatives de cette violence : choquez les parents et vous séduirez les enfants...

Face à ces questions, certains pays ont décidé de protéger le « consommateur enfant » par l'intermédiaire d'une législation stricte. En Belgique, la publicité pour enfant est interdite cinq minutes avant et après les programmes qui leur sont destinés. En Suède, la publicité pour les moins de 12 ans est interdite sur le petit écran. En France, avec le Conseil national de la consommation et le Bureau de vérification de la publicité (BVP), de nouvelles règles ont été édictées, rappelant notamment que la publicité ne doit pas abuser de l'inexpérience enfantine. Le code de bonne conduite élaboré précise : « Une publicité ne doit pas inciter directement les enfants et les adolescents à persuader les parents de leur acheter le produit faisant l'objet de cette publicité ». Par ailleurs, le Conseil supérieur de l'audiovisuel a élaboré un code éthique de la publicité destiné aux annonceurs, agences de publicité et médias. Ce code, composé de 15 articles, spécifie dans le troisième : « La publicité doit être conçue de manière à ne pas abuser de la confiance et à ne pas exploiter le manque d'expérience des consommateurs. »

À l'heure de la télévision par satellite et de la mondialisation de ce médium, il est légitime de se demander dans quelle mesure cette protection n'est pas un leurre. Il reste que ces tentatives de régulation des pratiques publicitaires des entreprises montrent une prise de conscience de l'impact que la communication peut avoir sur le consommateur, impact dont il n'est, la plupart du temps, pas conscient. En effet, les déboires rencontrés par la Ligue contre le cancer, suite aux démêlés avec la justice de Jacques Crozemarie, ceux de la marque Festina et des problèmes de dopage lors du tour de France 2000, sont autant d'exemples qui prouvent la puissance des médias. Les marques qui utilisent le sponsoring ou le mécénat pour véhiculer une image positive d'elles-mêmes n'hésitent pas à se désengager financièrement dès qu'un élément conjoncturel peut les ternir, sans avoir alors la moindre considération éthique quant aux répercussions que leur désengagement peut engendrer.

Le domaine de communication le plus controversé et le plus exposé au thème de l'éthique semble être celui de la suggestion subliminale. Issu du latin *sub-limen*, signifiant « sous le seuil », ce terme qualifie les suggestions émises sous les seuils de perceptions conscientes. Cette pratique est interdite en France depuis que François Mitterrand l'a utilisée en 1988 lorsqu'il était opposé à Jacques Chirac lors du second tour de l'élection présidentielle. Son profil était inséré dans le logo de la chaîne Antenne 2 de l'époque et fut, de ce fait, régulièrement diffusé. Mais si cette pratique est aujourd'hui interdite dans l'hexagone à des fins publicitaires (la chaîne M6 a récemment été épinglée par le CSA concernant l'apparition d'un flash Kodak au cours de l'émission Popstars), elle est couramment utilisée aux États-Unis et en Asie. Les plus récents exemples concernent sans doute l'élection présidentielle américaine opposant G.W. Bush et A. Gore, au cours de laquelle des messages subliminaux sont venus entacher les procédures. Le message « rats » ou « traîtres » était régulièrement diffusé par les médias de manière subliminale à la demande des candidats contre le camp adverse. L'insertion de messages subliminaux à caractère érotique ou commercial dans des dessins animés est aussi pratiquée (les œuvres de Walt Disney sont souvent concernées et une canette de bière de la marque Budweiser a récemment été insérée dans des dessins animés japonais). Il reste à porter un regard plus distancié vis-à-vis de ces pratiques, pour relier la stratégie de l'entreprise dans le domaine commercial et les préoccupations éthiques qui traversent la société.

LA LOYAUTÉ, CONCEPT ÉTHIQUE, OUTIL STRATÉGIQUE

Sans douter du fait que certaines entreprises ont une réelle volonté éthique, ni du fait que les structures de marché sont dotées d'éléments tangibles qui visent à protéger le consommateur (associations, magazines, législation, etc.), la loyauté n'en reste pas moins une composante fondamentale du *mix-marketing*, souvent exploitée pour optimiser la vente afin d'assurer la pérennité de l'entreprise. Dès lors que cette stratégie permet de sauvegarder des emplois, d'assurer la survie de l'entreprise et de participer à l'économie de marché, elle revêt une forme de légitimité tacite qui lui permet d'exister dans un cadre éthique de complaisance auquel entrepreneurs et consommateurs adhèrent.

De ce point de vue, loyauté et éthique d'entreprise semblent donc être rationalisables à l'état d'outil stratégique. En effet, les divers exemples qui ont illustré notre propos montrent incontestablement la tendance des entreprises à vouloir exploiter chaque subtilité inhérente aux variables qui composent le *mix-marketing* dans le dessein d'optimiser leurs ventes. De ce point de vue, que la technique soit directe ou à caractère plus suggestif, voire subliminal, il semble que les acteurs du commerce contemporain n'ont pas de scrupules quant à la mise en œuvre de moyens relativement non éthiques pour parvenir à leurs objectifs de performance. Il est courant de constater que de telles pratiques sont justifiées par un argument de choc, à savoir que tous les moyens sont bons pour assurer la pérennité de l'activité et ainsi sauvegarder de nombreux emplois, nous l'avons vu.

Pourtant, les compagnies, et ce, quel que soit leur secteur d'activité, n'en demeurent pas moins conscientes des priorités éthiques. La question n'est pas de savoir si les entreprises sont conscientes de ces priorités dans un réel souci de les appliquer, mais bien de déterminer leur volonté de les exploiter afin de constituer de nouveaux avantages concurrentiels. Il paraît clair que de nombreuses entreprises assument leurs responsabilités éthiques, ce que l'on constate notamment dans les secteurs agroalimentaire ou pharmaceutique : régulièrement des produits sont rappelés afin de protéger le consommateur d'offres délétères ; listériose, encéphalite spongiforme bovine, les exemples ne manquent pas.

Il n'en demeure pas moins que les volontés éthiques restent des composantes essentielles de l'image de marque que les entreprises souhaitent véhiculer, volontés qui connaissent de sévères mutations depuis un état de protection du consommateur et des employés à un état d'outil stratégique de communication d'entreprise. Car le véritable comportement éthique n'est-il pas celui que l'on cache ? À partir du moment où l'information éthique est utilisée à travers le *mix* de communication, elle devient un outil pilote en matière de gestion du positionnement de l'entreprise. Sinon, comment expliquer l'implication d'entreprises clés dans les domaines de la communication d'entreprise, comme le Crédit Lyonnais et ses efforts pour tenter de se racheter une conscience (« Nous vous devons des comptes ») ? Ou encore comment comprendre l'action de Rhône Poulenc et sa volonté affirmée, pourtant dichotomique, d'associer son image à des éléments totalement opposés à son industrie (« Ushuaia ; bienvenue dans un monde meilleur avec Rhône Poulenc ») ? Ou celle de Leclerc qui, après avoir montré un sac en plastique de la marque abandonné sur une plage, avait très subtilement communiqué en s'indignant de telles situations (« Il y a des publicités dont on se passerait volontiers »).

Ces multiples exemples conduisent à intégrer les concepts éthiques, tel celui de la loyauté, dans le cadre des préoccupations stratégiques de l'entreprise, plutôt que dans un souci de « moraliser » l'activité marketing. Le problème des relations entre l'éthique et les activités commerciales est particulièrement aigu dans le cadre de l'activité de la vente. Cette dernière n'est-elle pas une tentative permanente de forcer la décision du consommateur en faveur de l'achat, sans véritable respect pour sa volonté propre ?

Chapitre 7

Le mythe d'Hermès ou les contradictions éthiques de la vente

Isabelle BARTH [1]

Associer l'éthique à la vente est un pari difficile tant ces deux termes paraissent antinomiques depuis des siècles de civilisation judéo-chrétienne. Pour paraphraser le titre d'un ouvrage provocateur, nous pourrions oser mettre en exergue de cet article l'injonction fameuse : « Ne dites pas à ma mère que je suis vendeur, elle me croit pianiste dans un bordel » comme le déclarait le publicitaire Seguéla en 1979. C'est tout dire.

Les médias, miroirs et écrans des représentations de la société, nous renvoient une image dégradée de la vente comme des vendeurs. Le déficit éthique dont on accuse la vente semble y être pour beaucoup, même si ce n'est certainement pas la seule variable explicative. Se cantonner à ce seul constat n'est guère éclairant. Se limiter à l'analyse de l'acte de vente ou du management de la force de vente en mettant en regard l'éthique ne nous paraît pas plus suffisant. Nous proposons donc une analyse de l'antagonisme fondamental qui oppose vente et éthique à partir d'une relecture du mythe d'Hermès, dieu des marchands (et des voleurs !).

---
1. Nous remercions Jacques-Henri Coste pour les discussions fructueuses que nous avons eues ensemble et les propositions éclairantes qui en ont résulté. Nous remercions également Béatrice Lallé, Jean-Marc Perrouty et François Ecoto pour leur lecture attentive et critique des premières versions.

Ce mythe qui se perpétue tout au long des siècles (en prenant des formes et des noms divers) est aussi comme tous les récits, la clé interprétative d'une activité humaine fondatrice de notre civilisation : en l'occurrence la vente comme l'observe l'anthropologue Lévi-Strauss dès 1962. Nous voyons dans le déficit éthique qui affecte la vente le symptôme de son incapacité à dépasser le statut d'un savoir pratique, d'une *metis*. Tant que la vente préservera son aspect conjoncturel et stochastique, elle restera en rupture avec l'éthique, ce qui se traduit, au niveau des pratiques professionnelles, par une exposition du vendeur à des contradictions éthiques. Deux alternatives s'offrent à notre réflexion.

> ▶ **Faut-il donc travailler à une meilleure articulation des sphères vente et éthique ou faut-il réfléchir à une évolution de la fonction vente de manière à la rendre compatible avec l'éthique ?**

Faut-il donc travailler à une meilleure articulation des sphères vente et éthique ou faut-il réfléchir à une évolution de la fonction vente de manière à la rendre compatible avec l'éthique ? Ces interrogations constituent le fil rouge de notre analyse. Pour que notre réflexion soit véritablement motrice, nous l'avons voulue tout à la fois ancrée dans la pratique et source de débats et de réflexions. Dans ce chapitre, nous allons observer la place et la perception de la vente dans les représentations sociétales, analyser les « dissonances » éthiques auxquelles sont exposés les vendeurs dans l'exercice de leur métier, réfléchir au sens de la « vente éthique » à laquelle recourent beaucoup d'entreprises, comprendre pourquoi vente et éthique s'opposent absolument en retrouvant le mythe d'Hermès, et enfin proposer quelques pistes pour combler ce déficit éthique qu'accuse la vente et qui l'accuse à son tour.

Ce travail interprétatif s'appuie sur des observations menées sur le terrain sans prétention quantitative et une lecture plus métaphorique de textes littéraires ; elle reste interprétative et prospective et prétend plutôt interroger les pratiques et les comportements qu'apporter des prescriptions facilitant une cohabitation réussie entre éthique et vente.

LA VENTE ET L'ÉTHIQUE : JE T'AIME, MOI NON PLUS

Une étude du passé nous fait découvrir une longue histoire de désamour entre éthique (ou morale) et acte marchand ou commerce. Après une définition des concepts centraux à notre propos, c'est par une analyse historique, puis par la redécouverte du mythe du dieu Hermès que nous allons chercher à mieux décrire et mieux comprendre cette quasi-antinomie.

Sachant qu'une vision historique nous fera sortir du champ des sciences de gestion pour entrer dans celui de la sphère sociale et religieuse, il nous paraît important au préalable de définir les concepts essentiels.

Si nous admettons qu'il est impossible de distinguer éthique et morale par l'étymologie, nous adopterons donc les définitions suivantes.

- *La morale* commande, elle désigne les normes propres à une société et renvoie à des règles de conduite universelles et atemporelles.

- *L'éthique* recommande, c'est un chemin, un processus par lequel on traite tous les possibles d'une situation. Elle est finalisée et centrée sur la situation, non sur la règle. Elle est plus contextuelle ou plus individuelle.

- *La déontologie* (mot inventé par Bentlam en 1834) est un ensemble de règles propres à un groupe professionnel précis même si au départ elle se présente comme la science de ce qu'il faut faire. La déontologie désigne couramment la morale professionnelle.

Une vision historique du monde et de l'acte marchand

Dans l'Antiquité, le travail était indigne, au Moyen Âge, le commerce déconsidéré et, plus récemment, au XXIe siècle, l'argent reste sale.

La morale a longtemps été perçue comme opposée à l'efficacité. Cette opposition n'a pas lieu d'être car la morale *encadre* l'activité dont le but premier *est* l'efficacité. La religion catholique a joué un grand rôle en restant hostile à l'argent. En rejetant le profit, l'Église a longtemps stigmatisé l'usurier et même parfois l'entreprise source de ce même profit. Distinguons cependant, avec Aristote, économique et chrématistique, la chrématistique étant l'acquisition artificielle ou l'enrichissement déconnecté de la production des biens réels. Saint Thomas reprendra ce refus de l'argent que produit l'argent.

Le catholicisme refuse donc une trop grande accumulation de richesses et poursuit un idéal de pauvreté, la méfiance envers l'argent corrupteur est constante. Le protestantisme, à l'inverse, a levé cet interdit mis sur l'argent, le travail et les biens terrestres. L'image la plus connue est l'alliance du sens de la responsabilité et du sens des affaires. Avec la Réforme, le travail devient le lieu où s'accomplissent les devoirs religieux. Restons tout de même nuancé dans cette analyse car les marchands vénitiens au XVe siècle étaient tout aussi riches et industrieux bien que catholiques.

Le travail devient une activité légitime qui prend peu à peu la première place dans nos sociétés alors que, depuis l'Antiquité jusqu'au Moyen Âge, seules les classes inférieures travaillaient. Cette relation difficile entre religion et activité économique a profondément et, pour longtemps, marqué les convictions individuelles et sociétales quant à la relation marchande. Déjà, nous retrouvons cette même méfiance chez Platon quand il pointait le caractère « corrupteur » de l'activité marchande et affirmait à propos des marchands : « Quand il leur est loisible de faire un gain mesuré, ils choisissent de gagner plus insatiablement. »

Nous devons admettre que la vente est longtemps restée liée à la recherche du profit et, qu'à ce titre, elle heurte la morale traditionnelle de nos sociétés depuis l'Antiquité. Cette explication nous semble satisfaisante mais réductrice. Des signes confirments que la vente et le vendeur ne sont pas simplement montrés du doigt pour cette seule relation au profit. Platon nous met sur la voie quand il compare le vendeur qui peut vendre n'importe quel produit au sophiste qui, lui, peut défendre n'importe quelle thèse. Ce détachement du vendeur par rapport au produit (ou service) qu'il vend, comme le détachement de soi qu'il exerce pendant la négociation (pour mieux maîtriser sa relation à l'autre, il doit rester observateur de son action, dérangent. Cette perception d'une instabilité fondamentale est antinomique avec la disposition à agir de façon constante, qui est le fondement même de l'éthique (*ethos*).

On retrouve une définition de la vente comme « une intelligence de l'action, un art du lien ». La vente ne serait-elle qu'une métis, une ruse ? Une ruse peut-elle être éthique ? C'est ce que nous allons chercher à mieux cerner en interrogeant le mythe du dieu Hermès.

La rémanence du mythe d'Hermès

Tout d'abord, qu'est ce qu'un mythe ? Selon le dictionnaire philosophique de Lalande : « Le mythe est un récit fabuleux qui tend à expliquer les caractères de ce qui est actuellement donné. Des agents impersonnels, le plus souvent des forces de la nature, y sont représentés sous forme d'êtres personnels dont les actions ou les aventures ont un sens symbolique. » Nous allons chercher à mieux comprendre cette relation entre notre société et la vente comme activité constitutive de cette société en ayant recours au mythe d'Hermès. Pourquoi avoir recours à ce mythe ? Le mythe explique, c'est le récit d'une création, il rapporte comment quelque chose a commencé. Le mythe révèle, c'est un message de nulle part et grâce à la littérature qui le propage et le transmet, il vit au cours des siècles. C'est bien le cas du mythe d'Hermès.

Hermès, ou Mercure, a dans la mythologie et ensuite tout au long des siècles dans la littérature occidentale, une fonction médiatrice qui est bien celle occupée par le marchand et également attribuée au vendeur. Hermès, dieu des marchands et des voleurs, est caractérisé par une extrême mobilité. Il est profondément « plastique ». L'origine du nom proviendrait du grec *hermaïon*, « fruit tombé, aubaine ». Or « profiter des aubaines n'exclut point qu'on donne un coup de pouce au destin grâce à des ruses, à des subterfuges ». Hermès vient peut-être aussi d'*hermeneus*, interprète, ce qui permet à Platon de dire : « les caractères d'interprète, de messager, d'adroit voleur, de trompeur en paroles et d'habile marchand, c'est au pouvoir du discours que se rattache cette activité ». La question serait-elle de passer de « l'agir dramaturgique » à « l'agir communicationnel » ?

L'analyse du mythe d'Hermès au travers de la littérature permet de lui attribuer trois grandes qualités ou caractéristiques : la *mobilité* qui en fait un médiateur et un guide, la *maîtrise du discours* et de *l'interprétation* qui s'apparente à l'herméneutique, la *plasticité* (sous la forme d'Hermès Trismégiste) qui le conduit à subir de nombreuses transformations, « d'un côté, on le condamne ou on le tourne en ridicule, on en fait un diable, de l'autre, on reconnaît en lui un bienfaiteur, un porteur de valeurs humaines, de vertus chrétiennes », selon Brunel (1998).

Ces trois traits dominants semblent expliquer la perception mitigée de la vente et sa profonde antinomie avec l'éthique. Cette grille de lecture permet d'affirmer que ce qui constitue profondément la vente s'oppose formellement à l'éthique. Ce qui va constituer les qualités d'un vendeur ou les critères d'une vente réussie est en porte-à-faux avec les principes de l'éthique, et même avec les principes moraux que porte chaque individu hors du champ professionnel. Le tableau ci-dessous résume ces propositions.

HERMÈS			
Caractéristiques d'Hermès	Médiation	Interprétation	Plasticité
Applications	Entre l'entreprise et le client	De ce que veut le client	Adapter la proposition à ce que veut le client
Implication chez le vendeur	Mobilité	Écoute	Conviction
Symbole	Lien	Signe	Régénération
Risque	Éloignement du projet de l'organisation Perte de contrôle	Recherche du profit Manipulation Déficit de compréhension Mauvaise utilisation de l'information	Tromperie Abus de pouvoir ? Compensation
Implications managériales	Management renforçant les liens entre vendeurs et organisation	Dialogue vente/marketing Rôle stratégique de la vente et des vendeurs dans le système d'information	Formation Dialogue avec le marketing

Tableau 1. Mise en relation des caractéristiques du dieu Hermès dans la littérature avec les fondements de la vente

Une fois mises en évidence les tensions existant entre vente et éthique dans notre société judéo-chrétienne, observons le vendeur en action. Notre hypothèse est que cet antagonisme historique entre vente et éthique se traduit aujourd'hui par des conflits, des dilemmes chez le vendeur en situation de vente. Tentons, dans un premier temps, de définir ce que peut être une vente éthique pour ensuite observer *in situ* les tensions auxquelles sont soumis les vendeurs.

L'IMPOSSIBLE ÉTHIQUE DU VENDEUR

La vente éthique est-elle, en définitive, impossible ? Ou vaut-il mieux examiner les conditions dans lesquelles s'accomplit l'acte de vente plutôt que de chercher à porter un jugement définitif dans un sens ou dans l'autre ?

La vente éthique : un oxymore ?

Il existe un rapport direct entre la vente et le pouvoir, à partir duquel il est possible de rechercher un paradigme pour la vente. Sur cette base, il sera possible de préciser les rapports entre une vente réussie et une vente éthique, ainsi que les conditions dans lesquelles la vente devient criminogène.

■ *La vente et le paradigme politique du pouvoir*

La vente s'inscrit souvent dans un paradigme dominé par le pouvoir : *pouvoir* de motiver les vendeurs et *pouvoir* de convaincre le client. Schématiquement, le vendeur est un levier pour atteindre le client externe. Un regard porté sur la littérature de « vulgarisation » montre que les ouvrages abondent sur les techniques et les méthodes. Il faut rendre les vendeurs plus performants et plus convaincants vis-à-vis de leur client. Tout tourne autour de la motivation, la conviction, la persuasion, toutes relations s'exprimant sur un mode purement interindividuel. La vente est faite par des individus et s'adresse à des individus. Dans ce cas, n'est-ce pas se priver de toute réflexion d'ordre scientifique pour ne revendiquer uniquement la contingence de l'action efficace ?

Dans ce contexte, une « vente réussie » est souvent dans le sens commun, une vente où il y a eu transfert de propriété. On observe, immanquablement, une utilisation du pouvoir. Il s'agit de savoir à quel moment commence l'*abus* de pouvoir, ce qui peut conduire à des actes non éthiques, comme vendre plus cher que le prix prévu, vendre un produit dont personne ne veut, vendre une quantité supérieure à celle désirée, vendre du matériel dégradé, etc.

L'exercice de conviction qui, dans le cas du marketing, laisse au consommateur potentiel son libre arbitre (devant la publicité, le linéaire, le catalogue, etc.) ne s'exerce dans la vente qu'en installant le client dans une relation de pouvoir. Cette vision classique de la vente (telle qu'elle est enseignée en classe ou dans les écoles de vente) ne laisse, il faut bien l'admettre, que peu de place à l'éthique. On peut admettre, en première instance, que la vente éthique est une vente « qui met le client au centre de la relation » ; à l'instar du marketing, la proximité d'analyse nous paraît légitime. On peut se référer aussi aux recherches sur la négociation et proposer le concept d'un jeu gagnant-gagnant ou reprendre le concept d'échange à valeur ajoutée comme le proposait le Pr Micallef en 1984.

Il semble difficile de proposer une définition de la « vente éthique » sans revenir sur les relations de la vente avec le marketing. De façon étonnante, le marketing semble installé et légitimé par le paradigme éthique : il met le consommateur au centre de son activité et permet ainsi à l'entreprise d'être au plus près des attentes des dits consommateurs. Mais, rappelons-le, la vente est associée au pouvoir que le vendeur exerce sur le consommateur. La vente a été éloignée du centre de l'organisation, de la conception, de la production, elle n'est plus détentrice que de l'action, tandis que le marketing s'est attribué le concept et s'est placé sous le signe de l'éthique. Il n'est pas tout-puissant même si des auteurs comme le professeur américain Levitt estime qu'un marketing efficace et bien compris peut, à terme, supprimer la fonction vente, devenue dès lors inutile.

Pourtant, dans les faits, les approximations, les erreurs, les ajustements du marketing sont compensés par l'acte de vente qui a pour fonction de convaincre le client de l'achat d'un produit ou d'un service qui ne rencontre peut-être pas complètement son besoin. Cette fonction d'ajustement entre l'entreprise « offreuse » et le client ne peut se faire efficacement que grâce à un levier de persuasion qui, nous allons le voir, se conjugue difficilement avec l'éthique. Peut-on alors dire que la vente fait « le sale boulot » ?

■ *Vente éthique : quel paradigme ?*

D'un point de vue théorique, on peut explorer cinq paradigmes, représentés dans le tableau ci-après.

La *théorie de la justice* qui prône la notion d'égalité et d'inégalité qui renvoient à une vente équitable.
Le *relativisme* : il n'y a pas de règles éthiques universelles mais chacun a les siennes en fonction de sa culture par exemple.
La *déontologie* qui suggère que chaque individu a le devoir de satisfaire les besoins des autres, l'idée conductrice est « conduis-toi avec autrui comme tu voudrais qu'il se conduise avec toi ».
La *théorie utilitariste* postule la capacité à placer l'intérêt général au-dessus de l'intérêt personnel. Il s'agit de poursuivre le plus grand bonheur du plus grand nombre, de maximiser le bien être collectif entendu comme la somme des niveaux de bien être ou d'utilité des individus qui composent la collectivité considérée.
L'égoïsme enfin affirme que les actes qui servent l'intérêt des individus sur le long terme sont éthiques.

Tableau 2. Les différentes paradigmes possibles de la vente

Parmi les paradigmes cités, l'utilitariste paraît le plus pertinent pour penser une vente éthique tout en respectant les contraintes de l'organisation. Si on essaie de décrire cette *vente éthique,* on fait appel aux « ingrédients » suivants : le respect du client, l'objectivité et la transparence de l'information, la satisfaction de l'intérêt du client, le respect des engagements, l'adhésion au projet et aux objectifs de l'organisation. La question se pose de savoir si le respect de ces cinq points est compatible avec une vente réussie que l'on propose de définir comme « la maximisation des gains pour le vendeur et pour l'organisation » même si, *en plus*, on souhaite la maximisation des gains pour le client.

■ *Vente éthique et vente « réussie »*

Si nous reprenons nos définitions de vente éthique et de vente réussie, nous constatons immédiatement la présence de zones de « conflits » pour le vendeur en situation. C'est ce que nous illustrons par le schéma ci-dessous.

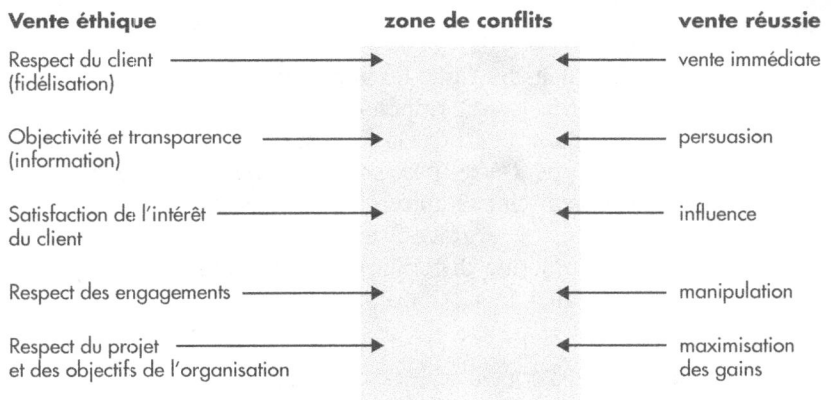

Figure 1. Identification des zones possibles de conflits entre vente éthique et vente réussie

Le vendeur se trouve soumis à des conflits éthiques, que nous allons nommer « dissonances éthiques » selon le chercheur Jean-Jacques Nillès (1998), qui nuisent à la performance globale de la vente. Ces tensions peuvent se décliner entre la vente immédiate *versus* fidélisation, l'information objective *versus* la persuasion, le respect de la personne versus l'influence sur sa décision, la responsabilisation du client *versus* la manipulation, le respect des objectifs de l'organisation *versus* la maximisation des gains du vendeur. Ce sont ces situations de tension ou de dilemmes que nous allons désormais examiner.

■ La vente est « criminogène »

▶ **Les qualités d'un bon vendeur sont d'être persuasif et fin négociateur, ce qui peut très vite se transformer en manipulation du client.**

Les mêmes glissements s'opèrent quand on s'intéresse aux qualités du vendeur. En définitive, les qualités d'un bon vendeur sont d'être persuasif et fin négociateur, ce qui peut très vite se transformer en manipulation du client ; d'être autonome, ce qui pose le problème du contrôle, et ouvre le champ à des comportements très éloignés de ceux qui sont attendus ; d'avoir le goût du challenge, du risque, du gain, ce qui peut amener à des rationalisations excessives du style : « tous les moyens sont bons ». C'est en ayant bien présentes à l'esprit ces grilles de lecture que nous allons scruter les situations de vente *in vivo*.

Tensions et dilemmes éthiques du vendeur dans l'acte de vente

Il est nécessaire de se centrer, non seulement sur le vendeur dans sa relation avec le client, mais de s'intéresser également à la relation qu'il entretient avec son organisation et la concurrence. Il ne s'agit pas de rechercher les variables descriptives des situations éthiques de la vente, qui sont d'ordre individuel (âge, sexe, formation) ou d'ordre organisationnel (l'organisation de la vente, le recrutement et les évolutions de carrière, les revenus, le système de motivation, de récompense, les codes de déontologie, la culture d'entreprise).

L'observation des situations où le vendeur est confronté à un dilemme est préférable. Nous retenons la relation asymétrique de pouvoir avec le client et la gestion de cette asymétrie (qui n'est pas forcément toujours en faveur du vendeur), la répartition du portefeuille clients entre vendeurs, les relations entre offreurs, l'utilisation du temps de travail du vendeur. Nous ne retenons ici que des situations qui n'excluent pas l'éthique *a priori* mais où la ligne jaune peut être facilement franchie. Nous ne pencherons pas sur des situations manifestement en dehors de l'éthique comme la corruption du client ou l'offre de contrefaçon ou encore « l'arnaque » (vente d'un produit inexistant ou largement en dessous de la promesse faite par exemple).

■ *Se répartir le portefeuille clients ou l'éthique entre pairs*

Une équipe de vendeurs est composée d'individus qui travaillent ensemble mais avec des objectifs souvent dictés par des gains non mutualisés. Il devient alors tentant et quelquefois facile, grâce au hasard ou à des opportunités, de faire une vente sur le territoire d'un collègue. Le challenge entretenu entre vendeurs souvent toute l'année fait que les tentations sont grandes de considérer que le « gâteau » des clients ou des prospects est plus facile à partager qu'à faire fructifier. Ces pratiques posent problème au niveau des individus car elles créent des tensions extrêmes et nuisent à l'efficacité d'ensemble de l'équipe. En général, une règle du jeu s'impose et permet de limiter ces tentations en laissant le gain lié à une vente au vendeur officiellement détenteur du territoire où la vente a eu lieu. Ce n'est pas toujours le cas, certaines entreprises voient d'un bon œil une concurrence effrénée entre leurs vendeurs et bien souvent, le « territoire » n'est que virtuel, ce qui rend les choses beaucoup plus compliquées (cas du magasin où les clients sont mobiles et appartiennent, *a priori*, à tout le monde... ou à personne).

Prenons le cas, pour illustrer notre propos, d'une entreprise, traiteur haut de gamme. Les commerciaux avaient pour tâche de vendre des « réceptions », offres complexes où le produit et le service sont des composants à part égale. Une organisation un peu « floue » de la répartition de la clientèle et des prospects autorisait des « vols » de clientèle entre commerciaux sous le prétexte d'efficacité pour l'entreprise. Le système de rémunération encourageait ce genre de comportement. Un vendeur se trouvait couramment devant un dilemme : réaliser une vente, certes bénéfique à l'entreprise, mais au détriment d'un ou d'une collègue.

■ *Relation de l'entreprise avec ses vendeurs*

Le comportement de l'entreprise (ou de son système de pilotage) vis-à-vis de ses vendeurs mérite réflexion. L'éthique de la vente se doit d'être évaluée (et défendue) du point de vue du vendeur. Les managers savent-ils comprendre sa personnalité, son histoire, son savoir-faire ? Mettent-ils en place des systèmes de contrôle respectueux de ces hommes et de ces femmes ? On constate souvent que les systèmes mis en place, pour lutter contre la prise d'autonomie potentielle dont on a déjà discuté, sont souvent oppressants, que les rythmes de travail imposés sont souvent compliqués à gérer, que la pression peut mener à des situations difficiles à vivre.

■ Relations entre offreurs

À rebours, l'entente entre vendeurs contre le client est une autre pratique non éthique de la vente. Bien des professions ont ainsi une concertation à tous les niveaux pour ne pas perturber le jeu d'une concurrence sous surveillance. Il ne s'agit, bien sûr, pas forcément d'ententes illicites, mais de contraindre tout de même le client à un achat peu optimisé.

Soulignons que de nombreuses pratiques marketing reposent sur cette fausse concurrence. Multiplier les marques au sein d'une classe de produits pour donner l'illusion d'un marché concurrentiel est une pratique courante chez les lessiviers mais aussi de beaucoup d'offreurs de la grande distribution. Ce peut être le cas du propriétaire de plusieurs boutiques au sein d'une galerie marchande : l'illusion concurrentielle attire la demande et la soumet en fait à une offre réduite. Comme pour l'exemple précédent, le dilemme est bien réel. Vaut-il mieux recourir à une entente tacite qui permet de garder une activité saine et sereine ou à une guerre sauvage entre fournisseurs, laquelle risque de se transformer en jeu perdant, même pour le client, qui verrait des fournisseurs disparaître ou se voir proposer une offre de moindre qualité ?

■ Temps de travail du vendeur, une question de confiance

Les cas sont nombreux où le commercial est suffisamment éloigné de l'entreprise (en distance) pour qu'il soit extrêmement difficile de contrôler l'utilisation de son temps de travail. Obtient-il des rendez vous ? remet-il les offres ? ou même, travaille-t-il ? On peut citer l'exemple classique des jours de « pont » qui ne sont jamais demandés par les commerciaux qui, pourtant, ont la pratique de se mettre en *stand by* ces jours-là. Qui viendra vérifier ? De telles attitudes nuisent à l'efficacité commerciale et à celle de l'entreprise tout entière. Là encore, il s'agit rarement de prise de position bien claire mais plutôt de petits glissements successifs qui conduisent à ce type de situations. La gestion de l'efficacité est mise au service de l'individu plus qu'au service de l'entreprise.

■ *Asymétrie du pouvoir dans les relations avec le client*

L'acte de vente est un acte de conviction, de persuasion, de transformation du client : le but pour le vendeur est de vendre, ou mieux, de « faire acheter » le produit ou le service. D'autant plus que le vendeur intervient en règle générale une fois que le *mix-marketing* est stabilisé et que l'organisation part du principe que la solution proposée répond à un besoin latent ou faiblement exprimé (ce qui nous renvoie aux principes de base du marketing à tel point que certains grands théoriciens du marketing prédisent que, dans une organisation totalement orientée marché, la vente n'a plus de raison d'être).

Dans la réalité quotidienne, le vendeur se retrouve souvent face à un client qui a besoin d'être convaincu pour franchir le pas que représente l'acte d'achat. Il a besoin d'être rassuré (théorie du risque perçu). Il n'a pas compris tous les bénéfices que pouvait lui apporter le produit ou le service. Il n'a pas complètement pris conscience de son besoin. Il se trouve face à une alternative concurrentielle... De cette capacité à informer, expliquer, répondre aux objections, on perçoit combien il est simple, par paliers successifs de passer de la persuasion à la manipulation. Les choses peuvent se faire de façon volontaire ou pas, mais il n'est pas simple d'évaluer à quel moment la ligne jaune est franchie. Si nous nous référons au critère simple de la satisfaction du client, on comprend aisément la difficulté d'évaluation. Ce critère de la satisfaction du client nous amène aussi à distinguer la vente réussie (la vente est faite et les objectifs de l'entreprise sont en cohérence avec ceux du vendeur) de la vente éthique (doit-elle, en prime, recueillir la satisfaction du client ?).

Prenons un exemple simple. Une femme entre dans une boutique pour l'achat d'une robe, elle hésite entre plusieurs modèles après les avoir essayés, mais elle a une préférence pour une robe qui, objectivement, lui va moins bien et dont le prix est beaucoup plus élevé. La vendeuse est alors face au dilemme suivant : aller dans le sens de la cliente ; elle y trouvera également son avantage puisque la vente sera plus intéressante (on peut imaginer qu'elle touche une commission sur les articles vendus), la cliente repartira satisfaite puisque, visiblement, cette robe lui plaisait davantage.

Après quelques critiques émises par son entourage, on peut imaginer qu'elle regrette son achat et, du coup, se retrouve déçue, insatisfaite. Dans le court terme, la vente est réussie, à long terme, moins (tout cela reste très hypothétique : n'ayant pas les moyens d'évaluer l'attitude de la vendeuse et de l'acheteuse dans le magasin, il n'est pas sûr que quelqu'un mette en cause cet achat...). La vente éthique aurait-elle consisté à conseiller à la cliente une autre robe plus seyante (mais qui lui plaisait moins) et moins chère ? Avec de bons arguments (faciles à trouver), la vente aurait certainement évolué dans ce sens. La cliente n'aurait-elle pas eu le regret de ce choix « raisonnable » mais moins sympathique, moins mode, moins risqué à ses yeux ?

L'éthique de la vente qui consiste à ne pas vouloir user de sa persuasion pour laisser son libre choix au client ou à l'utiliser pour le « bien » de la cliente est un art difficile en soi. Il l'est encore plus quand il interfère avec les modes de management de la force de vente. Le plus souvent, les revenus du vendeur, et donc de sa famille, dépendent des ventes réalisées (en lien avec le CA, la marge, la diversité des produits, etc.). En raison de cet arbitrage implicite, la menace même faible pour le niveau de vie de sa famille, peut-elle être mise en balance avec une éthique de la vente ?

> **Il est tellement simple, souvent, en abusant du pouvoir que l'on exerce sur le client, de pousser à la consommation, de vendre plus cher que le « juste prix ».**

Il est tellement simple, souvent, en abusant du pouvoir que l'on exerce sur le client, de pousser à la consommation, de vendre plus cher que le « juste prix », d'écouler une marchandise défectueuse, de faire accepter des délais à rallonge. On est souvent très éloigné de la vente « gagnant-gagnant » dont tous les ouvrages détaillent les techniques et les tactiques. On en revient à la définition de la demande, question originelle du marketing que le vendeur doit gérer en temps réel (*on line* pourrait-on dire) et quand on sait que le débat est toujours ouvert dans cette discipline après des milliers d'articles sur ce thème, la question risque d'être encore pendante durant de nombreuses années.

Soulignons l'importance de l'asymétrie du pouvoir en faveur du client, qui peut avoir à son tour un comportement non éthique avec le vendeur. Demandes hors des heures de travail, rendez-vous annulés ou déplacés à la dernière minute, sont autant de manifestations du pouvoir du client qui, par son acte d'achat, donnent au vendeur sa rémunération et sa considération dans l'entreprise. Nous résumerons l'ensemble de notre analyse par le schéma suivant des relations, porteuses ou pas, d'éthique :

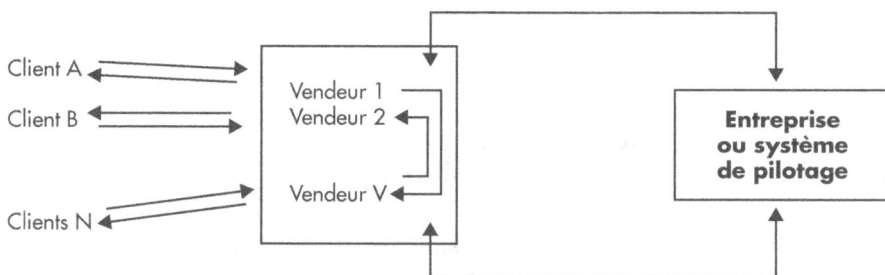

Figure 2. Les relations impliquées dans l'éthique de la vente

Les dilemmes évoqués ne sont pas simples à résoudre, mais prouvent *du moins* que l'éthique est donc au centre de la vente. On assiste, par ailleurs, à un retour de l'éthique dans les entreprises. Ce phénomène doit être étudié pour savoir s'il résout la quadrature du cercle et permet un rapprochement entre la vente et l'éthique.

ÉTHIQUE ET VENTE : UNE ALCHIMIE À TROUVER ENTRE SPHÈRES CONCURRENTES

Nombre d'entreprises s'affichent comme éthiques et nombre de chercheurs se sont penchés sur l'éthique et la vente. Qu'en est-il ?

L'instrumentation de l'éthique : une impasse ?

La tendance actuelle est à une instrumentation de l'éthique par les entreprises, car « l'éthique est supposée faire vendre », ce qui nous éloigne de la vision du commerce éthique, selon Platon. Comment en est-on arrivé là ? La première question consiste à savoir si l'on doit séparer éthique et morale, comme le proposent certains auteurs. Selon eux, la morale est la science du bien et du mal alors que l'éthique est un art des fins. La morale recherche la conformité à la norme. L'éthique est plus orientée vers la recherche du bonheur. Pour d'autres : morale et éthique se confondent même si la morale est plus volontiers attribuée à l'individu et l'éthique à la collectivité.

La morale s'arrête alors aux portes de l'univers professionnel où l'éthique prend le relais, surtout dans des corps constitués. On assiste à une relativisation grandissante de la morale dans nos sociétés qui, souvent, n'est plus qu'un questionnement éthique. Pire : la morale est remise en cause au nom de la liberté individuelle que l'on confond souvent avec « licence ». Autant la morale est actuellement désaffectée, autant l'éthique apparaît comme légitime en entreprise. Elle est alors codifiée et prend la forme de « codes de conduite », « codes de déontologie », « chartes éthiques ». L'idée maîtresse est que, sur le long terme, l'éthique est payante : en diminuant le sentiment de risque chez le consommateur (composante forte du processus d'achat), elle permet de consolider le lien avec le client et donc d'augmenter CA et profit.

L'éthique fait fonction d'image de marque. Elle devient même un argument de communication : être éthique se conjugue alors à toutes les personnes du singulier et du pluriel. L'entreprise peut décider de sa responsabilité sociale. L'utilisation de l'éthique à des fins professionnelles responsabilise les salariés, les conduit à la pratique d'un autocontrôle des comportements, attitudes qui sont autant de gains en termes de management, de temps, d'énergie...). L'entreprise crée ainsi souvent ses propres valeurs et élargit l'espace professionnel qui lui est traditionnellement dévolu. Certains s'interrogent sur sa capacité à fournir une sorte de modèle pour l'ensemble de la société. Cette instrumentation de l'éthique nous paraît être une impasse pour un possible rapprochement de la vente et l'éthique.

La vente comme processus

Il nous semble urgent de penser à la vente comme un processus temporel organisant une relation partenariale avec son marché. Construire l'interaction permettra d'éviter le cynisme.

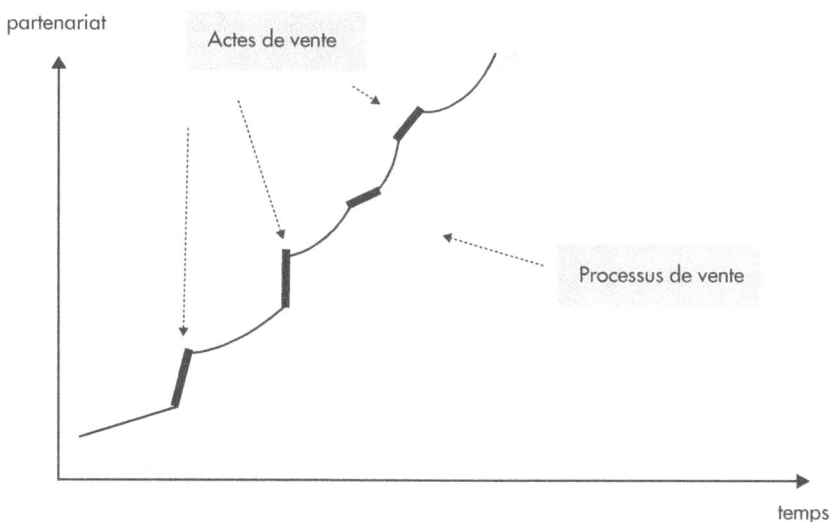

Figure 3. La dialectique vente processus et vente actes

Dans cette vision des choses, la vente éthique n'a d'intérêt que si elle se confond avec la vente « réussie », laquelle permettra au consommateur de garder une relation avec l'offreur par le renouvellement de l'acte d'achat. Nous sommes à la fois dans un contexte de maturité toujours plus grande des consommateurs, de montée de l'exigence tant en recherche d'informations que sur la qualité des produits, le pouvoir de l'acheteur que l'on connaît bien dans les milieux BtoB (Business to Business) grandit et va permettre un ajustement des rapports de force qui existent souvent dans des relations de vente. La vente est de plus en plus une gestion de l'asymétrie, une articulation entre une éthique de la conviction et une éthique de la responsabilité.

Vendre trop et trop cher, des produits inadaptés... sont certes des ventes « non éthiques », mais il n'est pas sûr qu'elle évoquent des ventes ratées au sens où la satisfaction du client n'est pas atteinte. Le dilemme du vendeur doit-il être tranché en faveur de l'éthique ou des codes qu'il aura intégrés ou en faveur de la satisfaction de son ou ses clients, au détriment éventuellement de l'éthique ? Il semblerait que la réponse soit déjà trouvée dans de nombreux cas : la vente s'approprie l'éthique pour en faire un argument supplémentaire.

Une autre réponse est dans le mode de management du vendeur : quels objectifs a-t-il, sur quoi portent-ils ? Quelle marge de manœuvre peut avoir le vendeur par rapport aux variables du *mix* ? Il est en effet majeur que le vendeur ait une marge de négociation (sur le prix, les délais, des modifications mineures de l'objet) pour ne pas tomber dans des stratégies de compensation qui porteront justement sur des actes de persuasion, voire de manipulation et d'humiliation.

Des pistes managériales

Notre propos n'est pas de préconiser des solutions mais de suggérer quelques pistes de réflexion pour réduire les dissonances éthiques que vivent les vendeurs dans l'exercice de leur activité professionnelle. Les causes racines que nous avons identifiées grâce à l'observation et la relecture du mythe d'Hermès sont, rappelons-le : la *mobilité* couplée à la distance de l'organisation, dans l'espace (le vendeur se doit d'être chez le client plus qu'à son bureau, par exemple) et par rapport au cœur stratégique de l'organisation : quand le vendeur intervient, le *mix* commercial est déjà bouclé et la tâche qui lui incombe est bien souvent de compenser les erreurs ou imperfections de cette stratégie commerciale. La deuxième cause racine est la fonction *herméneutique* qui consiste à comprendre et interpréter ce que veut le client et qui, lié à un management stimulant la recherche de gain peut conduire à des conduites de mauvaise interprétation, de vol de clientèle, de rétention d'informations. Enfin la troisième cause racine de cette antinomie vente et éthique est la très grande *plasticité* du vendeur, sa capacité d'adaptation, qui peuvent conduire à des pratiques de manipulation, de tromperie, d'abus de pouvoir sur le client.

> L'essence même de la vente expose tous les jours le vendeur à des manquements éthiques.

L'essence même de la vente expose tous les jours le vendeur à des manquements éthiques. Pourtant, nous l'avons vu, il y a des phénomènes amplifiants qui sont avant tout des stratégies de management où nous verrons autant de propositions (voir tableau ci-dessous).

Instrumenter le vendeur et ne pas l'impliquer dans la stratégie de l'entreprise le pousse à des comportements tels que ceux décrits et dont le plus patent est de « jouer pour soi » et non pour le projet de l'organisation.
Mettre en place des systèmes de motivation privilégiant les gains et le quantitatif conduit à des stratégies de ventes « à tout prix », bien souvent au détriment du client.
Un déficit de contrôle de la force de vente, si elle est disséminée, peut favoriser des dérives dans l'efficacité du travail fourni. Un excès de contrôle peut traduire un déficit éthique de l'entreprise vis-à-vis de son salarié.
Une autre recommandation consiste à mieux former les vendeurs et les amener à maîtriser des compétences pas toujours codifiables, mais qui en feront des stratèges de la vente, capables d'anticiper et d'avoir une vision panoramique de leur environnement.
Améliorer le *pilotage*, la *synchronisation* et le *système d'informations* (trois fondements du management de l'organisation dans la théorie socio-économique des organisations, Savall, Zardet, 1995) de la fonction vente constitue une première piste d'équilibre entre fonctions.

Tableau 3. Stratégies de management de la vente

La figure ci-dessous synthétise notre propos. Il permet une réflexion dynamique joignant préoccupations éthiques et recherche de performance commerciale, en s'affranchissant des secteurs d'activités traditionnellement retenus.

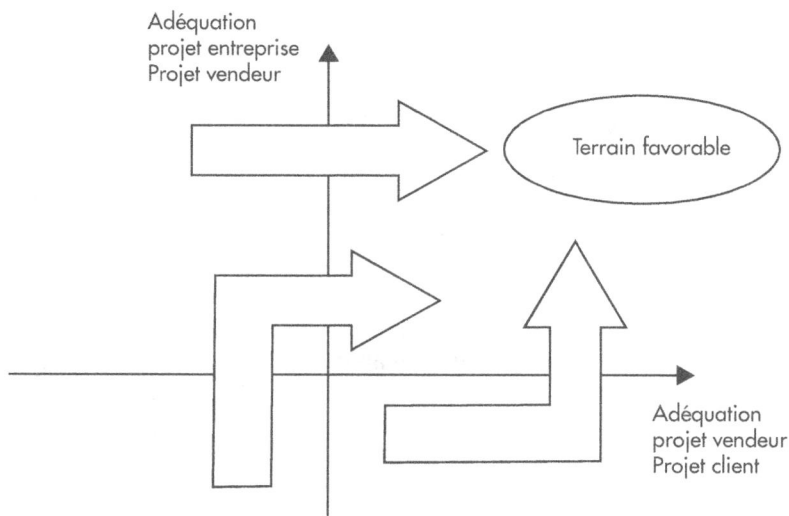

Figure 4. Vision managériale de l'éthique de la vente

Une analyse plus macro

Cette recherche d'articulation proposée dans le schéma ci-dessus permet de prolonger notre réflexion d'abord sur la fonction du vendeur qui n'est plus seulement partenariale mais managériale. On demande de plus en plus au vendeur d'être capable d'avoir une intelligence de son environnement pertinente et de conduire des équipes à géométrie variable en fonction des demandes de clients. Ce vendeur manager est alors chargé d'informations et doté d'un rôle stratégique. C'est ce réinvestissement de la stratégie par la fonction vente qui doit guider notre réflexion. C'est également à cette condition que la vente pourra prétendre à devenir une discipline de recherche légitime au sein des sciences de gestion.

L'enjeu est à l'aune de la difficulté : sortir la vente d'une définition réduite à une pratique, une métis, une ruse profondément incompatible avec l'éthique et par la réduction de ce déficit reconquérir une image malmenée par l'opinion publique. Le vendeur manager est au centre de cette évolution.

LA VENTE ET SON IMAGE DANS L'OPINION : UNE ÉTHIQUE ÉTIQUE

« Vendre, c'est forcer la main », « tous les vendeurs sont des voleurs », « il faut savoir mentir pour bien vendre », voici en guise de florilège les appréciations les plus fréquemment portées sur la vente et les vendeurs, couramment recueillies au cours d'enquêtes terrain. Une étude menée auprès de 100 étudiants dans des filières gestion hors vente à bac + 2 nous permet de dresser, en 2001, après d'autres chercheurs comme Guay et Lachance (2000), un portrait stéréotype du vendeur « hâbleur », aimant l'argent, n'ayant guère fait d'étude, peu respectueux des autres... Les clichés ont la vie dure, en admettant qu'il s'agisse de clichés, même si de nombreux discours tentent de faire évoluer les représentations d'un métier, qui continue d'être peu attractif et ce, de façon remarquablement constante.

Le déficit d'image de la vente serait moins fort pour les pays anglo-saxons, lit-on et entend-on souvent, bien que, nous le constatons, les ouvrages consacrés à la vente et aux vendeurs outre-Atlantique s'ouvrent souvent sur une pseudo réhabilitation de cette fonction et de ses opérateurs. Pour comprendre cette représentation négative de la vente, il nous faut prendre deux angles d'attaque, d'une part la marginalisation stratégique de la fonction vente au cours du vingtième siècle dans les entreprises et le traitement partial et partiel de la vente par les chercheurs en sciences de gestion.

Évolution de la fonction vente dans les entreprises au xxᵉ siècle

■ *Une fonction éclipsée*

Tout d'abord, la vente « revient de loin ». C'est pourtant une pratique, puis une fonction inhérente à l'activité humaine ; elle a connu, au xxᵉ siècle, une véritable éclipse pendant plus de 50 ans, que ce soit dans les entreprises ou les milieux universitaires (pédagogie et recherche) au profit de son « double » : le marketing. Les raisons qui élucident les rapports entre ces deux fonctions méritent une analyse : le marketing a émergé comme pratique identifiée et corpus de connaissance à la fin du xixᵉ siècle en Allemagne. Le phénomène a très vite pris de l'ampleur aux lendemains de la Première Guerre mondiale, tout particulièrement aux États-Unis, au point de donner naissance à un « taylorisme de la vente ».

Il est vrai que, si l'on se penche sur son histoire disciplinaire, la filiation vente-marketing est évidente. Pourtant, le marketing a, petit à petit, cannibalisé la vente, qui est devenue la fonction « mal aimée », reléguée au rang des disciplines subalternes dans le dessein des organisations. Dès 1960, la montée en puissance des outils de gestion des données informatisées et d'impressionnants succès enregistrés par de grandes firmes ont pu laisser penser qu'une poignée d'experts pouvaient percer les envies ou les besoins potentiels du marché et y répondre en mettant du même coup au pas la production et la distribution. Les dernières décennies ont ainsi été dominées par le concept de marketing management comme le note Marion (1999).

Quelques remises en cause flagrantes ont pourtant eu lieu : des innovations spectaculaires qui ont conquis des marchés impressionnants contre l'avis des experts en marketing (le post-it, Canal +, le walkman...). Devant répondre à un consommateur de plus en plus complexe, caméléon, éclectique, les bonnes vieilles recettes empreintes de déterminisme paraissent moins fiables. Pourtant, la vente reste souvent classée comme un élément du *mix-marketing*, « coincée » entre la distribution et la communication (ou incasable...). On lui dénie sa capacité à appréhender le client dans sa totalité ou à être la justification de l'activité de l'organisation. Une branche du marketing, issue du traitement de plus en plus efficace de l'information, le marketing *one to one* ou « marketing relationnel » cherche à investir cette relation privilégiée avec le client. On a le sentiment que dans ce glissement sémantique, c'est un *modus operandi* différent qui est recherché pour éviter la confrontation avec cette activité de face-à-face et présentielle.

■ *Une fonction dénigrée*

La vente est une fonction, une pratique mal aimée, voire honteuse dans les cultures européennes, mais également nord-américaines. Hermès ou Mercure, le dieu grec ou romain des marchands était, rappelons-le, également celui des voleurs dans l'Antiquité. Les mentalités n'ont guère évolué et poussent souvent à la même caricature. La coercition, la roublardise, la recherche effrénée du gain au détriment du client, la dialectique bourreau/victime sont trop souvent citées quand on parle de vente, du moins dans les médias.

La vente est un métier habituellement reconnu comme ingrat, stressant, octroyant des revenus aléatoires, car soumis à la sanction récurrente du client et du chiffre. Les vocations sont rares, d'où le déficit chronique et alarmant sur le marché de l'emploi de ces métiers. Enfin, la vente est perçue comme un métier périphérique de l'organisation, éloignée de tout centre décisionnel. Cela ôte toute attractivité auprès d'individus brillants et ambitieux. Elle sera au mieux, un passage obligé, vite oublié pour retourner rapidement à des fonctions plus stratégiques (marketing, ressources humaines).

Une pratique sans fondement théorique

■ *Un faible corpus théorique*

Pour la croyance collective, la vente est avant tout vue comme une pratique qui ne s'apprend pas. On naît vendeur. Contrairement au marketing, à la comptabilité, au management, à la logistique, c'est une compétence innée. Dans ces conditions certes, les outils, les techniques, les savoir-faire se transmettent de façon « folklorique » (par voie orale), ou par simple mimétisme selon des recettes qui empruntent au compagnonnage et à l'apprentissage avec les pairs.

Très peu de chercheurs ont travaillé à l'élaboration d'un corpus théorique du champ ou à la construction d'une épistémologie de la vente, à l'exception des professeurs André Micallef en 1984 ou Michèle Bergadaà en 1997. On est encore loin d'une reconnaissance disciplinaire et académique avec une association d'enseignants, une revue de recherche, des colloques fonctionnant selon des normes académiques. Les observations *in situ* ou un bref aperçu de la littérature nous permettent donc d'affirmer que la vente est une pratique incontournable de nos sociétés, bien qu'elle reste une fonction peu enviée, voire socialement dévalorisée. Il n'existe pas de véritable reconnaissance académique par les milieux de la recherche pour ce domaine de connaissances mais seulement des éléments de réflexion disséminés. La vente reste la fonction de « ceux qui agissent » au service de « ceux qui pensent ». Ce qui la rend étrangère aux lectures et aux clés interprétatives que donnent les sciences de gestion.

▷ **La vente reste la fonction de « ceux qui agissent » au service de « ceux qui pensent ».**

■ *Pourtant le « champ » de la vente existe*

Les connaissances sont là, hétérogènes certes, fragmentées, ce qui fragilise énormément toute la légitimité en recherche et qui provoque une vision réductrice de la vente rarement abordée dans sa globalité. Nous proposons dans le tableau ci-après une synthèse des thèmes des recherches en vente (Barth, 2001).

Domaines	Organisations	Management de la performance commerciale	RH/formation	Relations inter individuelles	Épistémologie Recherche
Thèmes	Service vente Métier vente Canaux de distribution Organi- gramme Interfaces	Secteur de vente Portefeuille clients Motivations Système d'information NTIC Stratégie commerciale Approche financière	Transfert des savoirs Formation Recrutement	Négociation Éthique Droit Team-building	Recherche Didactique
Type d'approche	Fonctionnelle	Système d'information	Compétences	Relations	Phénomènes
Méthodologie	Qualitative	Quantitative	Qualitative	Qualitative	Qualitative
	Approche des fonctions	Approche par les hommes	Approche par les processus		

Tableau 4. Vue organisée et synthétique de la littérature de recherche en vente

On peut dresser le constat d'une recherche non cumulative excessivement focalisée sur *le management de la force de vente largo sensu* (les hommes, la motivation, la stimulation, l'organisation du travail, etc.) et *l'acte de vente en face-à-face* : les vendeurs sont alors perçus comme les clients internes d'une organisation, dont l'objet est de se développer sur un marché. Ces mêmes vendeurs doivent convaincre des clients externes.

Une première explication de la désaffection de la vente tant comme profession que comme objet de recherche, est la place très spéciale qu'occupe le vendeur dans les entreprises. Le vendeur est dans l'entreprise, mais non intégré ; à la fois à l'intérieur et à l'extérieur, *barbare et esclave dans son organisation*. L'enjeu est de le contrôler. La métaphore a toute légitimité en recherche en sciences de gestion. Nous reprenons celle de l'étranger pour mieux comprendre ce que nous observons.

Au départ, l'étranger est l'intermédiaire avec le reste du monde. Ensuite, la cohésion du groupe devient fonction du rapport créé et entretenu avec la personne de l'étranger et la relation entre individus se traduit dans le rapport distance/proximité : les personnes du groupe accentuent la distance car l'étranger est perçu comme proche mais non membre du groupe, ils accentuent la proximité car l'étranger est lointain du fait qu'il poursuit son chemin. La relation avec l'étranger est à la fois positive : il est accueilli dans le groupe ; et négative, il est là mais non intégré. La place de l'étranger demeure au sein du groupe, fondée sur l'opposition et l'extériorité et engendre de la distanciation et de la répulsion.

Trois autres modalités peuvent également être retenues : la mobilité, l'objectivité, l'abstraction. *La mobilité* se traduit par le fait que l'étranger n'a pas de racines. Ses fonctions sociales en découlent et sont réduites au commerce et à la finance. Ces dernières sont les formes sublimées de la mobilité. *L'objectivité* s'explique par la capacité de l'étranger à garder ses modèles propres. Il a donc une distance par rapport aux modèles du groupe et par là même un gain d'objectivité. Enfin, l'étranger perçoit les différences et/ou les similitudes entre les groupes d'accueil et d'origine, il est donc doté d'une capacité *d'abstraction* fondée sur ces modèles plus généraux.

En explorant les modalités du rapport à l'étranger, il se dessine une esquisse de modélisation de la vente en tant que fonction et processus. La figure ci-contre résume notre exploration.

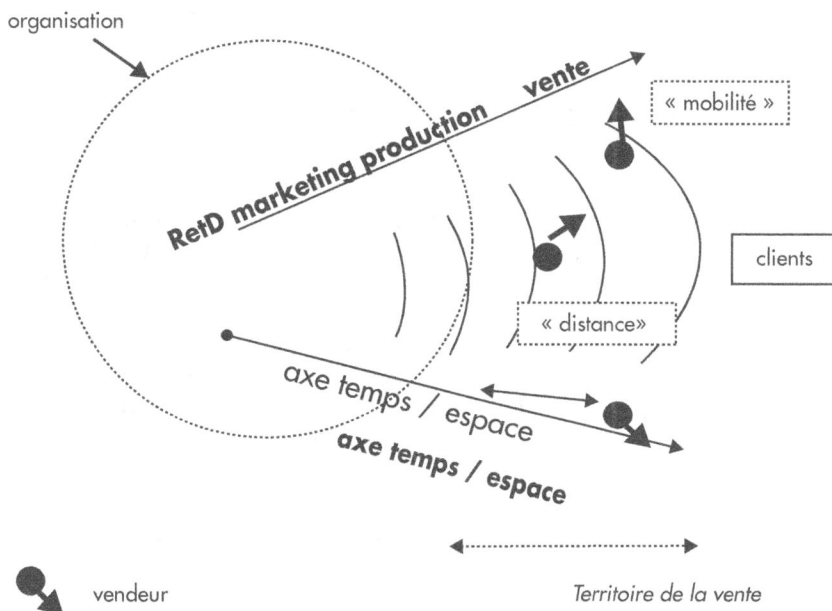

Figure 5. Modélisation du processus vente dans l'organisation

Dans cette représentation, on repère l'intervention du client « à distance » de l'organisation, à la fois dans l'environnement externe et sur un projet déjà avancé en âge, cristallisé, stabilisé. La mobilité est également présente et son intensité dépend, comme celle de l'objectivité et l'abstraction, du style de management et de l'activité. On peut retenir de ce panorama de la vente que, d'une part, ayant vécu une « relégation opérationnelle » et de l'autre limité dans sa définition à un savoir pratique, la vente est perçue comme une technique, au mieux un art du lien, de l'incertain, une intelligence de l'action.

Nous percevons donc un enjeu sociétal et disciplinaire à combler le déficit éthique de la vente pour réhabiliter cette fonction vitale pour l'entreprise, afin qu'elle trouve sa place au sein des sciences de gestion au côté d'autres disciplines légitimes comme le marketing, la stratégie ou la gestion des ressources humaines.

■ *Un déficit éthique : des défis à relever*

L'éthique est un mot à la mode dans le monde économique, il est souvent un argument commercial fort et, bien « vendu en interne », un outil de management qui peut se révéler efficace. Pourtant, nous ne

▷ *L'éthique est un mot à la mode dans le monde économique, il est souvent un argument commercial fort.*

pensons pas que ce soit à l'entreprise de s'en emparer mais au contraire à l'éthique, ou mieux à la morale d'encadrer l'activité économique. L'entreprise reste un espace professionnel qui n'a pas à secréter ses propres valeurs, lesquelles peuvent se révéler contraires à la morale. La mafia n'a-t-elle pas une éthique qu'elle appelle « code de l'honneur » ?

Ceci noté, il est évident que la vente, plus particulièrement, accuse un déficit éthique très fort dans la représentation que la société en a. Elle reste une activité de l'intelligence pratique qui ne fait pas bon ménage avec l'éthique. Il est assez révélateur que, depuis une cinquantaine d'années, elle ait été camouflée par une fonction jumelle, le marketing, qui s'installait dans un paradigme fondamentalement « éthique » et reléguait la vente dans celui du pouvoir. La recherche n'a pas, à notre sens, beaucoup contribué à combler ce déficit puisque la vente n'a pas la légitimité d'un champ de recherche.

La civilisation judéo-chrétienne a elle-même, particulièrement avec la prégnance de la religion catholique, développé des règles, des préceptes moraux qui étaient en divergence forte avec la vente ou la fonction marchande. La relecture du mythe d'Hermès, clé de cette fonction fondatrice de notre civilisation, nous montre bien que les fondements de la vente et, partant, ce qui va faire les qualités d'un vendeur, sont en opposition profonde avec l'éthique. La mobilité, l'interprétation et la plasticité sont en contradiction avec la stabilité et la permanence, la construction d'un chemin qui caractérise l'éthique dans son sens étymologique.

Notre hypothèse est qu'on peut réduire ces écarts, diminuer ces tensions et donc permettre qu'une vente réussie puisse être également une vente éthique. L'examen de situations très simples mais très emblématiques de la vie des entreprises nous montre aussi que ce chemin ne sera ni simple, ni rapide, en admettant aussi qu'il y ait une véritable volonté stratégique. Nous proposons comme pistes de réflexion l'évolution vers un « vendeur manager » et conjointement le réinvestissement de la stratégie par la vente. Le déficit éthique dans l'opinion qui accuse cruellement cette fonction et ceux qui la pratiquent ne pourra se réduire qu'à ce prix. Tant que la vente restera un savoir pratique, une métis, une ruse, un art de l'instant, elle s'opposera profondément et durablement à l'éthique.

L'éthique prise dans l'étau financier de la mondialisation

Djamila EL IDRISSI, Ali EL IDRISSI

La préoccupation morale qui était jusqu'à présent répandue aux États-Unis sous le vocable de *business ethics*, c'est-à-dire l'éthique appliquée ou l'éthique des affaires tend à s'étendre au niveau international en raison de la globalisation des marchés et de l'internationalisation des entreprises. Cette extension ne se fait pas sans mal puisque la conception de l'éthique est spécifique selon les acteurs, les pays. En effet, il paraît difficile de parler d'éthique mondiale ou d'éthique universelle, en ce sens que l'éthique d'entreprise est constituée par un système de normes et de valeurs gouvernant toutes les interactions à l'intérieur de l'entreprise, entre les entreprises, et finalement entre les entreprises et la société au sens large, et lorsque les règles universelles sont de moins en moins admises par une société de plus en plus individualiste [1]. Il s'agit ici de faire la relation entre l'éthique et le domaine financier dans le cadre de la mondialisation. Deux questions seront abordées en particulier, dans la mesure où elles sont révélatrices de la difficulté de l'éthique à être en harmonie avec les questions financières : les opérations de rapprochements et d'alliance, et l'éthique des marchés financiers et des activités financières, qui trouvent son aboutissement dans les fonds éthiques.

Le concept d'éthique trouve sa source dans la notion de choix, de décisions économiques, les choix ne sont jamais définitifs, le sens que

---

1. Voir G. Lipovetsky, 1996.

l'on donne à ces décisions ne se fait qu'*ex-post*, ce qui permet de justifier un choix plutôt qu'un autre.

Par ailleurs, l'éthique apparaît au travers de trois aspects.

- *L'éthique des rapports de l'entreprise* avec son environnement : c'est la référence à l'idée de justice qui est assimilée à une référence morale de l'action économique (Rawls, 1987).
- *L'éthique dans l'entreprise* : avec là une distinction entre éthique de la personne et éthique de la fonction, elle permet de mettre en évidence l'existence de conflits, conflits de vérité et d'obéissance et, par conséquent, des conflits basés sur le principe du respect de la loyauté et de la confidentialité.
- *L'éthique de la personne* : dans ce cadre là, il s'agit de s'interroger sur la rationalité individuelle et collective et sur les comportements des individus en faisant référence à l'idée de raison.

Le concept de raison plonge ses racines dans la philosophie grecque qui faisait la distinction entre la raison théorique (c'est par la vie contemplative qu'on pouvait élaborer des connaissances sûres) et la raison pratique (qui est plutôt une affaire de jugement, d'intelligence) ; la raison pratique correspondait à une raison molle, non scientifique, plus raisonnable que rationnelle. De nombreux écrits ont fait état de la question, mais des philosophes comme Kant (1982), Habermas (1987)... ont contribué à faire avancer la réflexion menée sur la raison pour aboutir à l'idée d'une raison qui n'est plus objectivée dans la science ou le droit mais qui apparaîtrait dans les processus de coordination entre les acteurs. La raison serait liée à la compétence et à la responsabilité des acteurs. Les relations entre ces acteurs seraient basées sur la notion de confiance, de principes d'équité et d'éthique dans les relations. Ces échanges interindividuels ont toujours existé mais ce qui nous intéresse à plus d'un titre, c'est l'éventuelle impossibilité de légitimer une démarche éthique dans les opérations internationales.

LES OPÉRATIONS STRATÉGIQUES ONT LEUR « ÉTHIQUE »

▶ **Les restructurations industrielles des années 1980 ont amené les entreprises à se rapprocher, nouer des alliances, faire des fusions-acquisitions.**

Les restructurations industrielles des années 1980 ont amené les entreprises à se rapprocher, nouer des alliances, faire des fusions-acquisitions... L'ampleur de ces phénomènes n'est plus à démontrer aussi bien en France que dans d'autres pays européens ou encore aux États-Unis ou au Japon. Ce qui est important dans ce mouvement, c'est la dimension éthique dans les relations nouées avec les différentes parties prenantes. Le phénomène d'alliance a été accéléré par la mondialisation et la globalisation des marchés et notre but est de fournir un cadre de réflexion et une typologie des problèmes éthiques spécifiques aux rapprochements d'entreprises.

Le fait de s'intéresser uniquement à ces formes organisationnelles se justifie en raison, d'une part, de l'univers complexe qui échappe largement aux mécanismes ordinaires de contrôle et de coordination, et, d'autre part, de l'ambiguïté des objectifs et des relations de pouvoir, souvent difficiles à vivre notamment en raison de l'importance de la relation avec les autres, la culture et la compréhension des mots selon les partenaires. Si l'on effectue, par exemple, une comparaison franco-allemande, les Français ont une approche plus globale et plus générale lors des négociations, le terme « généraliste » est positif en français alors qu'il a une connotation négative pour les Allemands pour qui « le généraliste » est celui qui ne connaît rien profondément contrairement à l'expert.

La grille de lecture des différents courants théoriques dominants (les théories d'agence, de coûts de transaction ou de gouvernance d'entreprise) nous permet d'utiliser certains concepts inhérents à tout processus de coopération, comme la confiance dans les relations entre les partenaires, le sens des relations, les conventions à appliquer, l'incomplétude des contrats, etc. À travers l'utilisation de ces concepts, l'existence possible d'une éthique coopérative ou d'une éthique d'alliance peut émerger. La relation entre les acteurs lors d'une opération de coopération est basée sur un échange de droits de propriété (Alchian, 1969, 1987). Cet échange est permis en raison de la conclusion de contrats incomplets car même s'ils sont formels la plupart du temps, ces contrats sont basés sur des relations de confiance. De ce fait, peut-on faire coexister confiance et éthique dans les affaires ?

La confiance, un concept éthique

Pour expliquer les comportements coopératifs ou altruistes des agents, on fait souvent référence au concept de confiance. Si l'on essaie de se référer à une définition de la confiance, on constate qu'il n'en existe pas une mais plusieurs, certaines insistent sur l'atmosphère, les sentiments, la bonne volonté... Notamment en marketing où la confiance est définie comme « la mesure dans laquelle une firme croit que son partenaire d'échange est honnête et/ou bienveillant ». La confiance dans l'honnêteté du partenaire est liée à la croyance de la fiabilité, la sincérité du partenaire, il est de parole, il remplit ses obligations. L'autre partenaire est supposé capable de subordonner son intérêt égoïste immédiat pour obtenir un gain commun à long terme. Cowles (1997) distingue la confiance qui représente la probabilité subjective estimée par un individu (en la confiance plausible à accorder à autrui) ou qu'un autre puisse être de confiance (avoir confiance), il s'agit là d'une évaluation de la confiance et le comportement de confiance qui comprend trois éléments : compter sur autrui, risquer ses ressources et essayer d'atteindre un but défini (faire confiance), dans ce cadre-là, la confiance est appréhendée sous son aspect actif.

Avoir confiance ou faire confiance relève de l'individu ou de l'organisation. Dans le premier cas, il s'agit surtout d'une approche endogène de la confiance et de l'individu alors que dans le second cas, c'est plutôt une approche exogène, une contrainte qui s'impose à l'individu. Quelle que soit la situation, cette confiance peut être contractuelle ; dans ce cas, elle se fonde sur un standard éthique universel, consistant à tenir ses promesses qu'elles soient ou non fondées sur un accord écrit. Dans ce contexte, on retrouve toute la signification et l'importance de la parole. Est-ce que celle-ci a encore un sens dans les affaires ?[1] La confiance peut être également accordée en fonction de la compétence, d'un savoir-faire bien identifié (technique, financier, direction, etc.).

L'acte de confiance a bien évidemment un corollaire, le risque qui, lui, est associé aussi bien au niveau de l'individu qu'au niveau de l'organisation. Toute relation d'affaires est par nature marquée par un mélange ambigu de rivalité et de coopération. L'attitude opportuniste d'une seule des parties pour s'accaparer des gains issus de la coopération conduirait à son arrêt. La notion de confiance est par essence bilatérale, de ce fait les rapports entre les partenaires doivent être équilibrés, or que signifie l'équilibre pour ces acteurs ? Ne doit-on pas dans le cas d'une coopération parler d'une recherche d'intérêts mutuels et donc pas forcément d'une relation équilibrée ? En effet, un des partenaires peut se mettre dans une situation inférieure volontairement pour continuer à exister ou à se développer.

Négociation et confiance dans la coopération inter-entreprises

Lors de la négociation entre les partenaires, on peut s'interroger sur la prise en compte ou non des aspects éthiques lors du déroulement des procédures d'acquisition.

---

1. On se situe dans le cadre d'une approche culturelle.

■ *Audit d'acquisition et éthique*

L'alliance ne bénéficie pas d'un savoir-faire collectif préalable. La mise en place faite par les partenaires n'a pas forcément les mêmes exigences de structuration de l'information, les besoins se découvrent au fur et à mesure de la négociation. La recherche de raccourcis d'apprentissage s'avère donc nécessaire : apprentissage du système, des règles et apprentissage du système technique [1]. L'alliance nécessite la mise en place d'outils communs pour assurer la réussite et cela suppose l'instauration de normes éthiques admises par les partenaires. L'audit d'acquisition ne prend pas en compte les considérations éthiques car la démarche est essentiellement axée sur les conditions suivantes :

- déterminer les forces et les faiblesses de la société cible au travers d'un diagnostic multicritère ;
- s'assurer que la démarche s'inscrit dans la stratégie d'investissement tant commercial que technique et industriel de l'acquéreur ;
- évaluer en tenant compte des éléments majorants ou minorants l'actif patrimonial.

Cette démarche permet de préciser la zone de négociation du prix, le périmètre de la chose vendue ainsi que les risques éventuels qui seront négociés lors des garanties. La négociation conduit à la notion de justesse, c'est-à-dire de rapprochement entre les deux protagonistes jusqu'au vrai prix ou à la juste valeur. La problématique de l'éthique dans cette phase de préacquisition repose sur la confidentialité des informations, sur le nombre réduit de personnes impliquées et sur les méthodes d'acquisition. En France, l'exemple de la fusion Vinci-GTM illustre bien l'absence de prise en compte des intérêts individuels, à savoir ceux des salariés, mais également ceux de l'équipe dirigeante et des actionnaires de l'entreprise absorbée.

L'opération de fusion entre les deux entreprises Vinci (ex-SGE) et le groupe GTM (les Grands Travaux de Marseille, ancienne filiale de la Lyonnaise des Eaux) a été très rapide car, déjà sur le terrain, le rapprochement était effectif. L'opération a été conclue en 4 mois et six jours (l'annonce officielle a été faite le 13 juillet 2000). Des tentatives de rapprochement ont déjà eu lieu en 1997, les deux dirigeants (Jean-Marie Messier pour Vivendi et Gérard Mestrallet pour Suez Lyonnaise) l'avaient évoqués dans la mesure où les deux filiales ne constituaient plus une activité au cœur des stratégies respectives des

---

1. *Cf.* les développements sur le concept de routine organisationnelle développé par Agerys, entre autres.

deux groupes. Mais, à cette époque, cette tentative a échoué compte tenu de la situation économique de crise dans le secteur du BTP et des mauvais résultats affichés par les deux protagonistes (45 millions de francs de pertes et 43,5 milliards de chiffre d'affaires pour GTM en 1996 et 933 millions de francs de pertes en 1995 pour 45,2 milliards de chiffre d'affaires et 372 millions de pertes en 1996 pour SGE). Les deux groupes ont entrepris progressivement de cesser leurs activités non rentables comme le pôle parapétrolier pour le groupe GTM, pour se concentrer sur des activités rentables comme les concessions des parkings, des autoroutes, des aéroports et de l'électricité. Le groupe s'est donc restructuré en s'écartant de son métier de base pour se présenter comme « un groupe de services et constructions associées ».

Par ailleurs, le groupe SGE a consolidé sa présence dans des activités pérennes comme l'électricité, la route et les concessions. De ce fait, au début de l'année 2000, les deux groupes concurrents avaient le même profil : taille équivalente, BTP restructuré, complémentarité géographique, profitabilité retrouvée et des intérêts communs dans les concessions comme le Stade de France ou la société de gestion d'autoroute. La prise de décision de la SGE a été assez rapide. Deux alternatives s'offraient à l'entreprise : la fusion hors des frontières avec des Anglais, des Allemands ou des Espagnols, mais cette solution a été écartée rapidement en raison des risques très forts de domination ; le rapprochement avec une entreprise en France s'est imposé avec une seule entreprise : la GTM.

Pour effectuer l'opération de rapprochement entre les deux partenaires (Vinci-GTM) une tierce personne a été appelée. Ce recours s'est fait en raison des liens amicaux qui liaient ce dernier à G. Mestrallet. Stratégiquement les évolutions parallèles de la SGE et de GTM vers les concessions donnaient un sens à l'opération. Cette opération a permis à la SGE de retrouver son indépendance et de préparer son changement de nom, pour s'appeler « Vinci » tandis que pour Suez, le BTP n'était qu'un métier « d'accompagnement » depuis sa fusion avec la Lyonnaise des Eaux. L'opération s'est faite dans le plus grand secret avec quelques personnes seulement pour mener les négociations : A. Zacharias et B. Huvelin chez Vinci et de l'autre côté G. Mestrallet et F. Jaclot chez Suez ; ensuite la banque d'affaires Clinvest (conseil de Suez) est intervenue pour l'OPE de Vinci sur GTM à l'issue des négociations. Cependant personne chez GTM n'est au courant de ces tractations.

Suez a demandé d'acheter le pôle électrique et industriel de GTM pour renforcer son propre pôle énergie pour 280 millions d'euros sachant qu'il génère 2,1 milliards de chiffre d'affaires. L'opération s'est soldée par une OPE : 12 actions Vinci contre 5 GTM. Le protocole d'accord a été signé le 1er juillet 2000, les dirigeants de GTM ont été informés au dernier moment de cette opération. Le 13 juillet l'annonce de l'offre a été faite : il fallait annoncer en même temps le principe de l'opération, la parité et le fait que Suez était d'accord pour privilégier cette offre si une offre concurrente était déposée.

L'opération, menée de façon très rapide, a réussi financièrement : elle reposait sur un projet industriel clair, négocié en petit comité et auquel, à aucun moment, les protagonistes n'ont associé les salariés. Cet exemple montre bien la rapidité avec laquelle les négociations ont été menées et l'absence de transmissions des informations pour les différentes composantes de l'entreprise. La dimension stratégique de l'opération prédomine donc au détriment des salariés et de l'individu d'une façon générale. Les actions des individus sont motivées par leur intérêt personnel. On constate bien à travers cet exemple, le peu d'intérêt accordé à toutes les parties prenantes de l'organisation. L'absence de loyauté est manifeste, la rétention de l'information montre également les orientations voulues par les dirigeants. Seul l'intérêt stratégique et financier prédomine, la responsabilité envers la collectivité reste posée.

■ Cadre éthique de la postacquisition

La seconde phase de l'acquisition se traduit par une phase de prise en main et ensuite une phase d'intégration de la cible. Cette période (3 à 6 mois) est capitale pour le succès de l'opération, puisqu'il s'agit de mettre en place des groupes de travail mixtes et ensuite d'envoyer des collaborateurs chez la cible acquise. Or, de nombreuses études récentes montrent que 60 % des fusions et acquisitions n'affichent pas les résultats escomptés, soit parce qu'il n'y a pas eu d'étude de préacquisition, soit parce qu'il n'y a pas eu de plan de communication préparé. Les procédures d'une fusion ou d'une acquisition se font en trois étapes : l'étude de pré-acquisition qui mettra à jour d'éventuelles incompatibilités culturelles entre les deux entreprises, la préparation minutieuse de l'annonce aux équipes concernées et le processus de suivi de l'opération pendant au moins un an.

> L'exemple des fusions-acquisitions entre les entreprises anglo-saxonnes et les entreprises japonaises révèle leur contradiction avec l'éthique même des entreprises japonaises.

L'exemple des fusions-acquisitions entre les entreprises anglo-saxonnes et les entreprises japonaises révèle leur contradiction avec l'éthique même des entreprises japonaises. En effet, jusqu'en 1990, les entreprises nippones en difficulté pouvaient compter sur leurs concurrents locaux pour les aider. Ainsi, l'entreprise Polly Pek, en 1989, a investi 69 millions de livres dans Sansui, un groupe de matériel hi-fi coté ; les difficultés financières de l'entreprise n'étaient pas cachées et il n'y avait par de repreneur nippon ; c'est pour cela que l'opération a pu être réalisée. À la suite de l'acquisition, Polly Pek a constaté des irrégularités dans les bilans, le groupe s'est effondré et a été repris par une société cotée à Hong-Kong.

Au Japon, quelques principes en matière d'acquisition prévalent :

– Toute entreprise étrangère qui veut acquérir une entreprise nippone cotée aura intérêt à prendre du temps et des participations plutôt que de procéder à l'acquisition en totalité.
– Il est souvent plus facile et moins cher d'acheter des entreprises qui sont en état de marche avec des locaux, des salariés, des réseaux de distribution, une clientèle...
– Les participations croisées, qui sont largement répandues, constituent une des plus importantes barrières structurelles à toutes les opérations de fusions et acquisitions dans le pays. Cette technique est souvent retenue car elle permet de nouer et de sceller des relations entre les partenaires (les entreprises) mais aussi leurs banques.

Cependant, certaines entreprises étrangères peuvent racheter des entreprises nippones. Mais il existe de nombreux freins aux investissements étrangers comme le prix élevé des terrains ou encore une forte imposition sur les sociétés. Peu de banques étrangères ont un impact réel sur le marché japonais, quel que soit leur engagement. L'attrait pour une entreprise prometteuse peut se révéler parfois catastrophique. Il arrive en effet que l'entreprise acquise ne se soit pas développée, mais que sa rentabilité soit forte (cela pose le problème du dynamisme interne de l'entreprise en matière de recherche-développement, de méthodes de travail...). De plus, si c'est une entreprise familiale, les résultats peuvent être fictifs afin de réaliser une plus-value lors de la cession.

Le Japon cultive l'ambiguïté en imposant une éthique interne stricte, jusqu'à une époque très récente, par le maintien d'un lien d'emploi entre salariés et dirigeants mais aussi entre l'entreprise et les sous-traitants. Les événements subis par le pays (crise financière en 1990, récession mondiale en 1992, fluctuation très forte du yen par rapport au dollar et forte instabilité politique née de nombreuses affaires de corruption) ont remis en cause cet état de fait. En ce qui concerne le commerce, la notion d'éthique couramment admise dans les pays occidentaux « chrétiens » n'est pas de mise au Japon. Certains auteurs soulignent que seul gagner compte, si la corruption est possible, il serait incorrect de ne pas l'utiliser, car ce serait faire passer les considérations personnelles avant l'intérêt collectif.

Une autre étude, menée par les Américains Cooper et Lybrand (1994), a dressé un bilan des expériences des entreprises européennes en matière de fusions et acquisitions durant les années 1980-1990, cette étude avait pour objectif de cerner à la fois les motivations des acteurs concernés, l'approche suivie au cours du processus d'acquisition et de déterminer la façon dont les entreprises analysent rétrospectivement leurs transactions. Sur un échantillon de 24 entreprises françaises analysées, les acquisitions ont été essentiellement motivées par des considérations d'ordre stratégique.

– Elles sont le plus souvent menées pour accélérer l'internationalisation de l'entreprise (63 %) et /ou pour consolider son métier de base (54 %) grâce à des gains de parts de marché (50 %) ou à des économies d'échelle (25 %).
– Seulement un tiers des entreprises a réalisé des acquisitions pour se diversifier le plus souvent dans des activités connexes à leur métier de base.

À l'inverse, les entreprises britanniques privilégient les objectifs financiers. Cette différence de raisonnement entre les deux pays a des conséquences à tous les stades du processus d'acquisition, tant au niveau de la démarche suivie qu'au niveau de l'appréciation *a posteriori* de la transaction. Si pour plus de la moitié des entreprises, les acquisitions sont des succès d'un point de vue stratégique, le prix payé est considéré comme non justifié *a posteriori*. Ces opérations sont le souvent menées par des intermédiaires extérieurs (54 %) mais une collaboration étroite avec les services internes permet à l'acheteur « d'avoir un regard et un contrôle sur le processus de rapprochement ».

Or, dans les faits le processus d'acquisition est parfois plus subi que réellement maîtrisé, car l'acquisition est souvent consécutive à la présence d'une opportunité ; le calendrier et les délais restent souvent imposés par le vendeur ; la rapidité de l'opération ne permet pas une analyse complète de la cible. Une fois sur trois, la transaction se fait en l'absence de *due diligence* (investigation financière et opérationnelle) ; 75 % des entreprises considèrent fondamental le soutien du dirigeant de la cible ; 70 % des entreprises n'élaborent pas de véritable plan d'intégration postacquisition avant la transaction.

À la suite des accords, les premières mesures concernent surtout des actions qui se situent plus à un niveau fonctionnel qu'opérationnel. Par exemple, les actions les plus répandues sont la mise en place d'un reporting financier dans 71 % des cas et la nomination des dirigeants dans 50 % des cas. Les acquéreurs ne veulent pas trop de modifications dans la période qui suit immédiatement l'acquisition. La volonté d'une démarche plus rigoureuse est manifeste en particulier en matière de méthodologie pour réduire les risques dus à divers facteurs (*cf.* tableau ci-dessous).

La connaissance incomplète de la cible.
L'analyse partielle de la conjoncture et des tendances du marché.
Le manque de rigueur dans les méthodes d'investigation et de prévision.
La mauvaise appréciation des facteurs humains et culturels.
Le manque de préparation de « l'après acquisition ».
La faiblesse des ressources allouées au stade post-acquisition.
L'absence de suivi des performances.
L'absence d'une réelle prise de contrôle.

Tableau 1. Les risques de la postacquisition

■ *Chrysler Daimler : une fusion à demi réussie*

Le cas de la fusion Chrysler Daimler Mercedes illustre bien l'intérêt stratégique mis en avant lors d'une opération de fusion-acquisition, et le rôle des dirigeants ; cette opération s'est construite sur le « non-dit ». Le troisième constructeur mondial s'enfonce dans la crise, sa trésorerie est en chute libre, ses résultats fléchissent et son cours de Bourse s'effondre : en un an l'action Daimler a perdu la moitié de sa valeur. Ces difficultés sont dues à Chrysler (476 milliards de francs de chiffres d'affaires en 2000, ce qui représente 42 % de l'activité du groupe germano-américain).

En novembre 1998, le groupe allemand a fusionné avec le troisième constructeur américain Chrysler. Cette fusion a été qualifiée comme étant la plus grosse fusion du siècle au niveau industriel, « une fusion entre égaux », selon le PDG de Daimler, J. Schrempp. Cela s'est traduit par le partage de la présidence puisque B. Eaton était devenu le coprésident du nouveau groupe. Daimler offrait le prestige de sa marque Mercedes et Chrysler apportait sa réputation d'hyperactivité et son titre de constructeur le plus profitable au monde avec un résultat net supérieur à 40 milliards de francs en 1997.

Deux ans plus tard, Chrysler affiche des résultats en baisse (15 milliards de francs de pertes en 2000 avec des ventes de véhicules qui ont chuté de 200 000 par rapport à 1999). Parallèlement sa part de marché en Amérique du Nord, qui représente 92 % de son activité, a chuté. Sur ce marché, il a été vendu plus de 17,4 millions de véhicules en 2000, sa baisse a surtout été notoire en fin d'année en raison de la hausse du prix des carburants mais aussi de la perte de confiance des ménages américains. Mais ces deux raisons ne sont pas suffisantes pour expliquer les difficultés de Chrysler, la première difficulté est apparue lors de la nomination du directeur marketing J. Holden (le 24 septembre 1999) à la fonction de PDG. Les Allemands ne savaient pas à cette époque que la plupart des responsables qui avaient assuré la réussite du groupe étaient déjà partis. Ce nouveau PDG n'avait pas les compétences requises pour assumer le bon fonctionnement de l'entreprise car en un an la surproduction a amené l'entreprise à la faillite. Début 2000, les stocks de Chrysler avaient atteint des niveaux importants et les dirigeants craignaient de ne pas atteindre leurs objectifs de profits. Alors le PDG a pris plusieurs décisions fatales :

– En mars, pour limiter les frais, les responsables des forces de vente ne devaient plus accorder de rabais au réseau de distribution et aux clients pensant que les concurrents General Motors et Ford feraient de même. En fait, les concurrents n'ont pas réagi dans le même sens. Les ventes ont chuté durant le deuxième trimestre car les véhicules étaient trop chers par rapport à ceux des concurrents. Constatant ses résultats, le dirigeant décide de faire marche arrière en accordant des rabais beaucoup plus importants que les concurrents : 17 000 francs par véhicule au lieu de 10 000 francs chez Ford et 13 000 francs chez General Motors.

– Au même moment, le dirigeant Holden décide d'augmenter la production de l'ancienne version du monospace *Voyager* pensant que la nouvelle version ne sortirait pas à temps. En définitive, le monospace est sorti comme prévu en automne et l'entreprise a, du coup, produit 120 000 véhicules de trop l'an dernier. Cette surproduction est dramatique pour Holden car les prévisions 2001 du marché américain annoncent 8 % de baisse.

Un nouveau dirigeant est nommé, D. Zetsche ; cet ancien ingénieur de Mercedes a pour mission de redresser l'entreprise en baissant les coûts de 15 % en deux ans, en réduisant les capacités et les effectifs afin d'engranger des profits. Avant d'entamer la restructuration, Chrysler a suspendu tous ses investissements en Europe et abandonné le réseau de concessionnaires allemands. Le constructeur se concentre sur le marché américain où 8 usines sur 12 ont été fermées pour une durée de une à trois semaines, mettant ainsi 30 000 salariés au chômage technique, et réduisant ainsi la production de 50 000 véhicules. Malheureusement, les difficultés de Chrysler sont beaucoup plus importantes que dles seuls problèmes de production ; le constructeur doit renouveler sa gamme et baisser ses coûts de production. Jusqu'en 1997, l'entreprise a réussi à contenir ses dépenses grâce à une gestion stricte avec les sous-traitants.

Ces derniers étaient impliqués, dès le début d'un projet, avec une procédure mise en place connue de tous. Avec l'arrivée d'un collaborateur de J. Holden comme responsable des sous-traitants, celui-ci a voulu imposer aux fournisseurs des réductions drastiques allant à l'encontre des relations partenariales du passé. Les résultats obtenus en matière de coûts de production sont en hausse et cela est à l'inverse des effets recherchés. En matière de *design*, l'entreprise n'a pas su renouveler son style, les *designer* sont partis et actuellement un modèle coûterait de 7 000 à 15 000 francs de plus que les anciens modèles. Les responsables allemands ont laissé faire les responsables américains.

Le PDG de Daimler a reconnu que la fusion n'a pas été menée jusqu'au bout pour éviter d'inquiéter les marchés et les consommateurs. En même temps, il a commis deux erreurs : la première, en décidant seul de la fusion ; jusqu'à la signature, trois personnes étaient au courant ; la seconde, en sous-estimant les différences de culture entre les deux constructeurs. Les actionnaires sont furieux, notamment le troisième porteur de parts, K. Kerkorian, qui réclame 70 millions de réparations ; le premier actionnaire, la Deutsche Bank, soutient encore l'entreprise et les 300 petits actionnaires de Daimler Chrysler demandent des comptes. En retour, certains dirigeants accusent les responsables de Chrysler de ne pas avoir été très clairs, honnêtes et loyaux lors des négociations.

Les difficultés du groupe ne sont pas résolues. La stratégie de développement en Asie est quelque peu risquée. Au départ, Daimler voulait acquérir le Japonais Nissan, mais les responsables de Chrysler s'y sont opposés. Par défaut, J. Schrempp a acquis 34 % du capital de Mitsubishi en octobre 2000, les négociations ayant duré deux ans. Avec cette opération et les 10 % qu'il possède dans le coréen Hyundai, le poids de Daimler Chrysler est très important en Asie. Toutefois, cette alliance avec Mitsubishi n'est pas sans risque puisque cette entreprise affiche une perte de 250 millions d'euros en 2000 et en aurait perdu, selon les estimations, près de 1,5 milliard de plus en 2001. De plus, une opposition apparaît en matière de gestion, dans la mesure où les Japonais refusent de laisser la gestion de l'entreprise à un responsable allemand. Enfin, la possibilité de créer des passerelles industrielles avec Chrysler semble quelque peu difficile à réaliser.

Cette fusion américano-germanique n'est, en définitive, qu'une mascarade dans la mesure où il a affirmé que cette fusion n'a jamais été sérieusement envisagée. Soutenant le contraire, il y a deux ans, son but était en fait « de faire de Chrysler une simple division de Daimler... Je ne pouvais pas le dire à l'époque pour des raisons psychologiques : les Américains n'auraient jamais signé. » De ce fait, se pose le problème du mensonge en matière de gestion : jusqu'où un dirigeant peut se permettre de mentir pour réaliser ses desseins ? Le problème éthique et moral dans les affaires prend toute sa signification avec cet exemple et celui de GTM-Vinci ; s'agit-il d'un mensonge ou d'une dissimulation ? Doit-on être choqué par les résultats ? Nous ne le pensons pas car dans tout processus d'alliance ou de fusion, la recherche d'un intérêt est sous-jacente à l'opération, l'opportunisme en affaires n'est plus à démontrer, on peut seulement s'interroger sur le niveau de confiance à accorder.

■ *Raisons d'échec*

▶ Un patron doit toujours s'interroger sur « ce qui est communicable aujourd'hui et qu'il pourra assumer sans problème demain ».

Selon J.-P. Beaudoin, directeur général du cabinet de conseil i&e, un patron doit toujours s'interroger sur « ce qui est communicable aujourd'hui et qu'il pourra assumer sans problème demain ». Le mensonge ne fait-il pas partie de la gestion, y a-t-il, en gestion, une véritable transparence ? Si l'on reprend les propos tenus par J. Maillot, PDG de Nouvelles Frontières, il a nié toutes les difficultés de son entreprise jusqu'à la fin de sa fusion avec l'entreprise allemande Preussag, notamment ses difficultés au niveau informatique qui ont coûté plus de 200 millions de francs. Pour lui : « Il s'agissait d'un problème interne, il y a des cas où dire la vérité peut faire capoter l'opération, mais à la fin, on peut en parler. » Est-ce pour se donner bonne conscience ou se dédouaner ?

À travers ces exemples, on peut s'interroger sur les limites de la responsabilité des dirigeants. Selon le sociologue G. Lipovetsky (1996), la disparition des anciennes formes d'encadrement[1] ne signifie pas la disparition de valeurs. Chaque individu doit, au contraire, s'engager sur une éthique de la responsabilité. Peut-on, en s'exprimant sur la faute commise par l'équipe dirigeante parler de loyauté, de sincérité ? L'éthique serait « l'agir humain » en représentant à la fois signification et direction. Ce sont les finalités poursuivies qui donnent un sens à une action, ce sont les valeurs qui s'expriment à travers les objectifs à atteindre.

Ainsi, les échecs des fusions-acquisitions résultent d'une mauvaise appréciation des données du marché, ou d'une trop forte attention accordée à la rentabilité immédiate au détriment de critères qualitatifs (évolution de la demande, effets futurs sur les paramètres de compétitivité).

---

1. Il s'agit du modèle d'organisation et des conditions de travail qui en résultent dans le modèle classique.

En résumé, une série de problèmes éthiques se pose lors des opérations de rapprochements comme les fusions-acquisitions. Il existe plusieurs éthiques, éthique des individus (dirigeants, actionnaires, salariés), éthique des entreprises (les clients, les fournisseurs, le marché, les produits commercialisés, etc.), ainsi que l'éthique de la société. En combinant les différentes phases lors des opérations de rapprochement et en tenant compte des niveaux hiérarchiques des interlocuteurs, on peut résumer les problèmes éthiques dans le tableau ci-dessous.

Niveau / Phase	Individus	Entreprise	Société
Préparation	Acquisition d'information : quel est le degré d'information qui doit être divulgué sans remettre en cause la stratégie de l'entreprise ? Délits d'initiés : peut-on, en raison d'une information privilégiée, s'octroyer un avantage ?	Acquisitions d'informations stratégiques (communiquer uniquement les informations nécessaires pour donner un cadre de travail ; si l'opération échoue l'information ne doit pas être exploitée)	
Négociation	Conflits d'intérêts entre les dirigeants	Qualité, pertinence et fiabilité de l'information divulguée, droits des petits actionnaires, Prélèvement dans les réserves, profits excessifs, effets sur les créanciers, Endettement massif	Transfert du capital vers des investissements, Dispositions fiscales, Exportations de capitaux, Vulnérabilité sectorielle Encombrement des tribunaux Dégradation morale
Intégration	Volume des stocks options	Effets sur les salariés et sur l'environnement de l'entreprise	Chômage, licenciements Pertes de sièges sociaux Vulnérabilité industrielle régionale, concentration du pouvoir
Gestion	Négligence Dissimulation	Pratiques déloyales Pratiques illégales	Diminution de la concurrence, pouvoir politique, lobbying, aliénation face aux grandes institutions

Source : Adapté par nous, *in* Pasquero J., « Fusions et acquisitions : principes analyses éthiques », *Revue française de gestion*, juin-juillet-août 1989, p. 103.

Tableau 2. Spécificités des problèmes éthiques dans les fusions-acquisitions

Si l'éthique est une notion complexe, difficile à cerner, elle apparaît encore plus fragile lors des opérations de rapprochements entre les entreprises où prédominent des aspects plus stratégiques et financiers que moraux. L'entreprise recherche lors des opérations de fusions-acquisitions, des intérêts financiers, commerciaux immédiats et les salariés sont quasiment absents des préoccupations des dirigeants. Ces derniers voient également leur statut se modifier, sont-ils vraiment indépendants ou salariés des actionnaires ? Qu'en est-il au niveau financier ?

LES INSTITUTIONS FINANCIÈRES EN MARGE DE L'ÉTHIQUE ?

La fin du XXe siècle est vraisemblablement inscrite dans l'histoire de la finance comme une période de fortes métamorphoses des marchés financiers. L'accélération du processus de déréglementation, de développement des innovations financières et technologiques, la globalisation des marchés, le foisonnement des produits financiers, la désintermédiation financière sont à l'origine de cette nouvelle donne financière qui a transformé non seulement l'environnement dans sa globalité mais aussi le rôle et l'activité des autorités de contrôle et des institutions financières. L'essor sans précédent des marchés, l'évolution des nouvelles technologies de l'information, le développement de l'idéologie libérale ont entraîné un peu partout une diminution d'une certaine morale et éthique financière. Après avoir fait irruption dans le monde financier au milieu des années 1980, l'éthique apparaît depuis quelques années comme une préoccupation majeure, comme un des aspects essentiels de la transformation radicale des marchés financiers.

L'intérêt de l'éthique financière, ici, se manifeste surtout en raison des profits choquants réalisés par les OPA sauvages, les délits d'initiés, la corruption, le blanchiment de l'argent, les spéculations hasardeuses qui entachent la réputation des institutions et des marchés financiers... et autres enrichissements sans travail.

Éthique financière, éthique de l'argent

Parler d'éthique dans les banques et les marchés financiers paraît plus évident que de parler d'éthique dans la gestion des entreprises en général. En effet, le but de toute institution est de créer, de négocier et de dénouer des obligations et des réclamations monétaires. L'éthique des institutions financières ne peut être séparée de l'éthique de l'argent ; cela a été largement débattu par le passé à travers la légitimité éthique du prêt. Personne aujourd'hui ne remettrait en cause le besoin d'intermédiation, les instruments ou les marchés financiers en tant que condition nécessaire pour développer l'activité des entreprises. Le malaise éthique apparaît au niveau du pouvoir du prêteur qui impose ses conditions à l'emprunteur (une entreprise, un ménage ou un individu). Comment peut-on donc justifier l'idée de « faire de l'argent avec de l'argent » ? Ce malaise apparaît également dans le rôle joué par les institutions financières et les marchés financiers dans l'allocation des ressources financières.

▶ **L'éthique signifie la science du bien et du mal, elle concerne les principes et les fondements de la morale.**

Les termes éthique, morale et déontologie sont parfois cités indifféremment dans la littérature financière. Il est donc opportun de les définir brièvement et mettre en évidence leur complexité. Nous avons vu (dans le chapitre introductif) que le terme éthique n'a pas de sens spécifique, il est en français synonyme du terme morale. L'éthique signifie la science du bien et du mal, elle concerne les principes et les fondements de la morale. La morale est un ensemble de normes, de règles de conduites propres à une société donnée. C'est donc un ensemble de règles auxquelles nous devons nous conformer pour être admis dans la société. En matière économique et financière, la morale trouve sa source au début du XVIIIe siècle avec A. Smith et J.S. Mill qui situent l'individu au centre de l'analyse. Quant au mot déontologie, il désigne l'ensemble des règles communément admises et des devoirs qui régissent une profession.

En matière financière, la déontologie exprime l'ensemble des règles qu'il est nécessaire d'apporter pour que l'activité financière se déroule de façon équitable pour tous les participants. Ainsi, sur les marchés financiers, tous les investisseurs s'attendent à trouver une égalité de traitement dans le respect des interventions de chacun (Daigne). La déontologie a pour but l'organisation d'un métier afin d'assurer la cohésion autour de l'exercice de ce métier. La déontologie financière s'intéresse à une activité qui regroupe plusieurs professions, donc plusieurs statuts professionnels (les banques, les investisseurs, les entreprises, les assurances, les sociétés de courtage). La déontologie s'assortit de sanctions telles que l'exclusion du milieu professionnel (Daigne). La déontologie ne peut se confondre avec l'éthique, elle s'en distingue non seulement par la nature de ses règles mais également par les questions auxquelles elle contribue à apporter une réponse ; si les exigences éthiques sont permanentes, les règles déontologiques sont évolutives.

Pour éviter des dérives des systèmes financier et bancaire et garantir l'intégrité, il est préférable de sortir du cadre éthique et privilégier la morale et la déontologie. Ce recadrage s'explique en partie par l'existence d'une réglementation qui codifie les liens entre les différents acteurs. La confiance s'établit à travers les normes professionnelles (Morrison). Le poids accordé aux consommateurs et à la société au sens large est plus important que le poids accordé aux actionnaires et au personnel. On trouve également dans la littérature l'idée d'éthique professionnelle (éthique médicale, génétique, judiciaire, etc.). Le domaine de référence est donc la déontologie car elle vise surtout à préciser les règles morales dans le domaine professionnel en raisonnant sur le « tu sais »[1] dans un cadre particulier et complexe du monde professionnel. Ce raisonnement s'applique à un bien commun qui appartient à chaque membre de la société mais c'est aussi un bien dont nul ne peut jouir seul. Aussi les professionnels du monde financier et bancaire devront-ils, en tout état de cause, agir dans la plus grande clarté en matière de transactions et de décisions pour garantir à la clientèle la plus grande égalité possible des traitements.

Des tactiques plus amicales

Les comportements prédateurs sont de moins en moins admis, compte tenu de la pression concurrentielle. Les OPA inamicales, par exemple, tendent de plus en plus à céder le pas sur des OPA plus amicales, moins agressives. L'environnement économique change et instaure de plus en plus des règles du jeu, en développant des codes de déontologie, des chartes d'entreprises, etc. Les principes de « bonne conduite » adoptés par la profession financière (banques, sociétés financières, sociétés de Bourse, etc.) représentent une forme d'éthique collective dans la mesure où la répartition des compétences entre pouvoirs publics et professionnels est nécessaire pour sauvegarder la liberté et la responsabilité de chaque intervenant. Le comportement moral apparaît déjà dans la notion de confiance de la clientèle mais également dans la notion de secret de la profession et la surveillance des activités, aussi bien nationales qu'internationales.

Cependant, les activités des entreprises peuvent parfois entraîner des comportements déviants. Les dirigeants sont prêts à tout pour atteindre leurs objectifs stratégiques, financiers, commerciaux, etc. Au niveau de la finance, les techniques nouvelles et les marchés financiers occultent la confiance, élément indispensable dans les relations financières. Il est dès lors facile de commettre des irrégularités. Ce phénomène n'est pas nouveau, mais l'ampleur des « affaires » et leur rythme surprend toujours. En effet, le cas du délit d'initié illustre bien la difficulté, pour un individu détenteur d'une information privilégiée, de la conserver et d'avoir un comportement moral. Cette pratique, censée

---

1. Il s'agit ici de faire la distinction entre « tu dois » et « tu sais », c'est-à-dire la distinction entre action (éthique) et connaissance (morale).

combiner un abus de confiance et d'injustice est, par conséquent, considérée comme condamnable. L'affaire Lloyds a démontré le déséquilibre existant quand une des parties contractantes est en possession d'une information plus complète qu'une autre à propos du vrai risque encouru (Morrison).

Optimiser à court terme ou à long terme, accepter un pot-de-vin ou pas... Ces choix sont multiples et la décision sera faite à partir d'une objectivité supposée. La justification du choix fait par le décideur va trouver sa légitimité dans les règles professionnelles, dans la législation et dans la morale. Par exemple, la société Kis a versé un pot-de-vin d'un montant de 760 000 francs à M. Noir (ancien ministre et maire de Lyon à l'époque des faits). Ce versement avait pour but l'obtention d'une remise de pénalités résultant d'un redressement fiscal de Kis, d'un montant de plus de dix millions de francs. Une remise de 750 000 euros a eu lieu. Le 10 janvier 1996, la cour d'appel de Lyon a déclaré le président-directeur de Kis coupable d'abus de biens sociaux. Par la suite, la Cour de cassation a censuré la cour d'appel car le délit de corruption était prescrit. Cet échange a permis de minorer substantiellement la dette de la société Kis [1] envers le Trésor public.

L'intérêt de la société commerciale a été envisagé uniquement sous l'angle de la rentabilité. Cet intérêt est distinct de l'intérêt public. On constate à travers cet exemple l'intérêt principal accordé au profit des actionnaires ; il s'agit d'une « éthique mercantile » ou d'une « éthique du profit » immédiat. L'abus de biens sociaux est à distinguer de l'abus de confiance et il est difficile en matière de jugement d'appliquer une éthique qui ne va pas à l'encontre de l'éthique judiciaire. La réputation d'une entreprise résulte plus actuellement de sa puissance financière ou de sa médiatisation que de l'absence de poursuite pénale ou fiscale.

Dans les entreprises bancaires, la bataille pour le contrôle d'Abbey National est un exemple manifeste. Les dirigeants d'Abbey National et de Bank of Scotland (BoS) ont demandé aux autorités britanniques de la concurrence (Office of Fair Trading, OFT) leur autorisation au projet de fusion pour créer ainsi la cinquième banque du pays. Lloyds TSB, troisième établissement britannique voudrait également effectuer un rapprochement avec Abbey National (la valeur attribuée à celle-ci est de 31 milliards d'euros, soit plus de 203 milliards de francs). La tactique de Lloyds doit, de l'avis général, être modifiée pour présenter une offre plus alléchante aux actionnaires d'Abbey (dont 2 millions d'investisseurs

---

1. L'infraction d'abus de biens sociaux ne permet pas, à l'heure actuelle, la poursuite pénale des personnes morales. L'abus de biens sociaux est une infraction pénale qui ne figure pas dans le Code pénal mais dans le Code de commerce.

individuels). Ces derniers peuvent pousser les dirigeants à entamer des négociations et ainsi engendrer une offre hostile valorisant la cible au-delà de la proposition actuelle. Le groupe issu de l'alliance Lloyds-Abbey, détiendrait 27 % des comptes courants britanniques et environ 23 % du marché des prêts hypothécaires et supprimerait 16 000 postes avec un effectif de 91 000 personnes. En revanche, le rapprochement Abbey-BoS serait moins coûteux en emplois [1].

Les organismes de surveillance restaurent la confiance

Un marché financier est un marché sur lequel s'échangent des actifs financiers, c'est-à-dire « un droit à la perception future d'une ou plusieurs sommes futures. Un actif financier constitue une réserve de valeur et il est lui-même productif de revenus ; il est évalué en fonction de deux critères : le temps et l'incertitude. » L'analyse de ce marché repose d'abord sur les conditions de la concurrence des marchés, puis sur la rationalité des agents.

La théorie financière standard s'est intéressée à l'information, variable centrale de l'évaluation de ce bien particulier qu'est un actif financier. Sans l'information sur les flux des revenus futurs, aucune décision ne peut être prise. Elle s'est également intéressée à la rationalité des investisseurs, de telle sorte qu'elle apparaît aux yeux des financiers comme solide et la confiance est inéluctable dans les actes et les relations avec les différents acteurs. Mais les marchés financiers sont également sujets à bouleversements, à des crises, et l'on est à même de s'interroger sur le degré d'information et de solidité du modèle de référence. Y a-t-il myopie ou incomplétude dans ce modèle ?

La confiance est ici institutionnelle dans le sens où le rôle des pouvoirs publics s'exerce à travers l'instauration d'organismes de surveillance. En France, ces organes sont chargés d'édicter la réglementation des professions bancaires et financières et de surveiller le respect de son application. Ces organismes que l'on rencontre dans la mise en œuvre de la déontologie financière sont de différentes natures ; chacun a ses objectifs, ses intérêts propres mais tous visent à affirmer la confiance des investisseurs, des clients, etc., à assurer le succès des activités financières dans un contexte de vive concurrence et d'intégrité des marchés. Plusieurs rapports ont permis de mettre à jour les circuits par lesquels les grandes banques occidentales participent à la circulation

---

1. *Les Échos*, 18 décembre 2000.

de l'argent sale. Comme cette pratique est courante dans les grandes banques, la démonstration vaut également pour le reste du monde.

Le GAFI, appelé également le FAFT[1], a recensé, en juin 2000, onze pays non coopératifs, c'est-à-dire les pays où les banques sont impliquées dans la circulation mondiale de l'argent sale et dans toutes activités suspectes. En France, la récente réglementation (nationale et européenne)[2] sur la régulation économique oblige désormais les banques à signaler systématiquement au TRACFIN (cellule de la lutte contre le blanchiment, rattachée au ministère des Finances) toutes transactions ou activités douteuses bien caractérisées. Cet organisme a recensé un ensemble de transactions douteuses, dont la statistique est, à cet égard, éloquente (voir tableau ci-dessous).

Années	Nombre de déclarations
1991	179
1992	388
1993	648
1994	683
1995	864
1996	900
1997	1202
1998	1244
1999	1665
2000	2537

Source : Ch. Chavagneux, « Des banques aux mains sales », *Alternatives économiques*, n° 194, juillet-août 2001, p. 34-37.

Tableau 3. Nombre de déclarations de soupçons en France

1. Le FATF (Financial Action Task Force on Money Laundering) ou le GAFI (Groupe d'action financière sur le blanchiment des capitaux) a été créé à l'initiative du G7 à Paris en 1989. Sur le principe que la seule adaptation du droit pénal ne suffirait pas à circonscrire les opérations de blanchiment, ce groupe *ad hoc* a proposé peu après sa création, un ensemble de 40 contre-mesures (*action steps*) inspirées par le constat du rôle central du système bancaire et financier et de l'importance décisive d'une coopération renforcée. Il s'efforce aujourd'hui d'en obtenir la mise en œuvre. Moins de trente pays ou territoires y participent. Tous n'ont pas encore étendu la notion de blanchiment au recyclage des capitaux d'origine criminelle non liés au trafic de drogue. Et près de la moitié d'entre eux tardent à introduire dans leur droit la responsabilité pénale des personnes morales. *Cf.* Rapport annuel 2001-2002.
2. La Communauté européenne a pris, en juin 1991, une directive relative à la prévention de l'utilisation des systèmes financiers aux fins de blanchiment de capitaux. Cette directive tend à imposer à tous les acteurs du système financier et bancaire (y compris les sociétés d'assurances) des obligations destinées à faciliter la détection, en amont des enquêtes criminelles, des opérations de blanchiment et toute autre activité illicite. En parallèle, la coopération des États membres dans les domaines de la justice et des affaires intérieures se poursuit dans le cadre défini par le titre VI du traité de Maastricht.

Parmi les services rendus par le système financier à leur client, deux méritent une attention particulière : la fourniture d'un accès aux réseaux électroniques de transferts internationaux de fonds ou de titres financiers ; la garantie d'un secret bancaire, considéré par certains banquiers comme « une nécessité éthique et morale pour garantir la protection de la sphère privée ». L'éthique financière apparaît donc, à travers un certain nombre de cadres réglementaires (lois, commissions, conseils, comités, associations professionnelles, groupements, etc.) que Rawls (1987) regroupe en deux catégories à travers sa notion de justice.

— ***La justice réglementaire*** ou procédurale, qui fait référence au droit et à la justice, ici il s'agit du droit commercial, du droit civil (qui régit les rapports entre les professions et leurs clients en fixant leur droit et leur obligation respectifs), le droit pénal (concernant les délits d'initiés par exemple).
— ***La justice économique***, qui est assurée par des organismes très diversifiés et hiérarchisés au niveau national (Banque de France, la Commission des opérations en Bourse, le conseil du marché à terme, le conseil des valeurs mobilières, le comité de liaison des marchés financiers, etc.), européen et international.

Au plan européen, l'harmonisation de la réglementation est la plus avancée, et la coopération en matière bancaire s'exerce au sein du comité des règles et pratiques de contrôle des opérations bancaires (comité Cooke). En 1985, le concordat de Bâle a fixé le régime de consolidation des risques et de surveillance des groupes bancaires internationaux (le contrôle est exercé par le pays où se situe le siège de la société mère du groupe) ; les règles de solvabilité minimum ont été harmonisées pour les grandes banques. Si l'on raisonne au niveau international, l'harmonisation des pratiques professionnelles et de la déontologie ne s'exerce pas véritablement et ce pour plusieurs raisons :

— le transfert de compétences d'un niveau national à un niveau international paraît difficile en raison d'une l'absence d'une réglementation internationale en la matière ;
— le secret professionnel des autorités nationales de tutelle et de contrôle est strict (exemple : la Suisse) ;
— les pratiques institutionnelles, réglementaires et professionnelles sont parfois éloignées selon les pays, la signification des concepts peut varier...

« L'éthique » des produits financiers

Comme nous l'avons souligné, l'éthique est à la mode, et encore plus au niveau financier, dans la mesure où les entreprises cotées proposent des produits aux investisseurs, où conjointement à des critères financiers, on trouve des critères environnementaux, sociaux ou moraux. Ce phénomène se développe aussi bien en France que dans les autres pays industrialisés. La multiplication des fonds éthiques ou « socialement responsables » s'explique par la volonté de réconcilier la Bourse avec une certaine morale. Les consommateurs sont de plus en plus enclins à investir mais de façon à produire un effet environnemental et social positif. Les analystes financiers considéraient qu'il s'agissait surtout d'individus excentriques ou moralistes. Or les résultats de nombreux fonds sont actuellement supérieurs à ceux de leurs équivalents traditionnels.

Selon une étude d'Europerformance-Fininfo, les montants déposés sur les Sicavs et les fonds communs de placement s'élevaient à 803 millions d'euros en 2000. L'émergence en France de ce phénomène est encore récent puisque sur 26 fonds recensés en octobre 2000 par la société de conseil Terra Nova, plus des trois quarts ont été lancés au cours des dix-huit derniers mois. Leurs encours représentent 0,37 % de la totalité des actifs détenus par l'ensemble des Sicavs et fonds communs de placements [1]. Ce chiffre paraît faible par rapport aux États-Unis où les fonds éthiques représentent plus de 2 000 milliards de dollars d'encours (2 260 milliards d'euros), soit 13 % de l'investissement global. Les sociétés cotées sont sélectionnées selon des critères précis : le respect des salariés, de leur actionnariat, l'environnement... Depuis dix ans, aux États-Unis, ces fonds sont particulièrement appréciés des fonds de pension, ils drainent des dizaines de milliards de dollars. En France, le développement est assez lent, mais il devrait s'accélérer avec le développement de l'épargne salariale et des FCPE (fonds communs de placement d'entreprise).

> La modification du comportement des investisseurs devrait avoir de profondes répercussions sur la gestion de la stratégie des entreprises cotées qui devront intégrer la notion d'éthique.

La modification du comportement des investisseurs devrait avoir de profondes répercussions sur la gestion et la stratégie des entreprises cotées qui devront intégrer la notion d'éthique. Près de 80 % des sociétés du CAC 40 intègrent cette notion dans leur stratégie contre seulement 38 % au sein du SBF [2] et 33 % dans le SBF 250, selon un rapport

---

1. Une dizaine de fonds éthiques sont apparus sur le marché en moins d'un an : Écureuil 1,2,3 Futur de la Caisse d'Épargne, Macif Croissance (Macif), CDC Euro 21 (Caisse des dépôts et consignations), CM Valeurs éthiques (Crédit Mutuel), RG Homme-Terre Expansion (Banque Robeco).
2. Il s'agit d'indices.

du cabinet d'audit KPMG. Ces sociétés ont le capital majoritairement détenu par le marché, notamment par les investisseurs anglo-saxons. Par contre, les entreprises dont la majorité du capital est détenue par un actionnaire, sont moins soumises à la pression des investisseurs internationaux, l'information est surtout interne [1].

Toutefois, on peut s'interroger sur la connotation éthique de ces fonds : est-elle fondée ou est-ce un argument marketing ? Selon un spécialiste en la matière, la société de gestion du Crédit Lyonnais a acquis un savoir-faire reconnu dans le domaine de l'investissement moral ; elle gère un fonds éthique chrétien et humaniste, Hymnos, conçu à l'origine pour une clientèle des congrégations religieuses. Le cabinet Arese (Analyse et recherches sociales et environnementales sur les entreprises), créé en 1997 à l'initiative de la Caisse d'Épargne et de la Caisse des dépôts et consignations dont il est une filiale, a mis au point une grille d'analyse et une technique de notation des entreprises à partir de critères multiples.

À partir de 120 sociétés constituant l'indice SBF 120 de la Bourse de Paris, le cabinet a établi une échelle de notation basée sur cinq critères d'évaluation allant de − à ++ : la qualité humaine dans l'entreprise, la qualité des relations avec les clients et les fournisseurs, la qualité des rapports avec l'actionnariat, le respect de l'environnement et les relations de l'entreprise à la collectivité.

Les données sont croisées avec trois grandes sources d'informations : la première, d'ordre macroéconomique, interprète ces données avec des études fournies par le Bureau international du travail, l'Organisation internationale du travail et l'OCDE ; la seconde, d'ordre sectoriel et qualitatif, s'appuie sur les informations disponibles en matière de normes ISO ; la troisième, enfin, correspond au niveau interne à l'entreprise, l'information étant fournie par les différents acteurs internes. Le but est d'élaborer une typologie des comportements, en ciblant tout d'abord les tendances sociétales et environnementales d'un secteur, puis de situer l'entreprise par rapport à la moyenne de son secteur.

Cette grille présente au moins deux limites : d'une part, la démarche du cabinet reste essentiellement quantitative, d'autre part, même si le cabinet projette d'ici un an de créer une plate-forme à l'international regroupant plusieurs cabinets internationaux d'analyses sociétales, les bases de l'analyse d'Arese sont franco-françaises. Par exemple, le fonds RG Hommes-Terre-Expansion de Robeco est géré en collaboration avec trois agences internationales : KLD, pour la partie améri-

---

1. *Les Échos*, 12 décembre 2000.

caine du portefeuille, Eiris (Ethical Investment Research and Investiment Services), cabinet anglais pour le marché européen et l'agence suisse SAM (Sustainable Asset Management) pour le reste du monde. Les autres sociétés comme Apogé, Meeschaert ou Écureuil Gestion gèrent leurs fonds en travaillant en collaboration avec leurs propres comités d'éthique et d'orientation. Elles mènent en parallèle des enquêtes supplémentaires auprès des syndicats, des experts comme le cercle éthique des affaires, les cabinets de notations internationaux, etc. Elles peuvent même convoquer les entreprises qu'elles souhaitent sélectionner.

Un grand nombre de sociétés se contentent de sélectionner les entreprises à partir du rating d'Arese, celles qui ont obtenu des notes « sociétales » supérieures à la moyenne dans leur secteur, puis à construire leur allocation d'actifs en fonction de critères avant tout financiers. Si l'on compare les entreprises retenues selon des critères d'Arese et celles qui sont retenues par les cabinets norvégien Storebrand ou suisse UBS, par exemple, les entreprises du CAC 40 seraient en totalité prises par Arese alors que dix seulement pour les deux autres cabinets seraient éligibles selon leurs propres critères. Si l'on regarde la composition des fonds éthiques, on peut constater qu'au niveau des entreprises françaises, les plus sélectionnées sont : Carrefour, Danone, Lafarge, Aventis, Vivendi, Sanofi, France Télécom, LVMH, L'Oréal et au niveau européen ST Microelectonics, Dexia, Nokia, Basf, Philips, Volkswagen, et certaines entreprises bancaires espagnoles [1].

Ces fonds éthiques nécessitent l'intervention de plusieurs acteurs : un comité de gestion, un comité d'investissement et un comité éthique, ou le recours au cabinet Arese est effectué. Cette gestion, assez complexe et lourde à mettre en œuvre, ne permet pas à toutes les banques de proposer ce type de produits.

La vague éthique secoue le monde des affaires qui, à la recherche d'un sens utilise tous les moyens pour améliorer l'efficacité des entreprises. Si l'éthique est délicate à appréhender au niveau de l'individu, elle l'est encore plus au niveau de l'entreprise. En effet, elle fait l'objet de nombreuses controverses dans la mesure où c'est un concept à la mode, fluctuant, adaptable et non universel, selon que l'on se réfère à une approche plutôt latine avec l'idée de valeurs, de finalité morale, de bien ou de mal ou à une approche à l'anglo-saxonne, plutôt axée sur les aspects pragmatiques et matériels. L'analyse de l'éthique dans les

---

1. *Les Échos*, 17 novembre 2000, « Votre portefeuille est-il socialement responsable ? ». L'abus de biens sociaux est une infraction pénale qui ne figure pas dans le Code pénal mais dans le Code de commerce.

affaires à l'échelle mondiale relève beaucoup plus d'une approche utilitariste que sentimentaliste, préconisée par A. Smith pour qui les sentiments forment le fondement éthique de l'économie de marché.

Cette vision de l'éthique remet l'individu au centre des préoccupations de l'organisation avec ses valeurs, sa dignité. Par contre l'utilitarisme met en exergue l'ambivalence entre la pluralité des valeurs morales que Sen (1982) relie à la diversité des cultures. Elle permet de donner un sens aux orientations de développement des entreprises et des États basé sur les idées de justice, d'équité, de solidarité. On peut même aller plus loin en utilisant le concept de « markéthique » où l'éthique ne serait qu'un outil de plus de communication, permettant d'établir des règles de critiques à l'égard de certaines entreprises ne respectant pas le minimum requis. Elle permet de justifier des choix au nom de la morale, mais aussi au nom du sens et des moyens mis en œuvre pour atteindre ses finalités. Elle s'inscrit dans un courant du début du XXIᵉ siècle, où le retour à des valeurs morales serait le plus fort. En somme, l'éthique n'est qu'un instrument utilitariste supplémentaire pour analyser et susciter la création de valeur pour l'entreprise.

Quatrième partie

Synthèse : l'éthique et le profit

Finalement, lorsque l'entreprise affiche un militantisme social, écologique, humanitaire, n'est-ce pas, finalement, qu'une recherche détournée du profit, au détour d'une image publique régénérée, une hypocrisie pure et simple qu'il convient d'ignorer ou de condamner ? Ou bien de véritables bonnes intentions se cachent-elles sous le militantisme tapageur ? Cette question centrale de notre réflexion est abordée dans le chapitre final de cet ouvrage, une fois la question de l'éthique de gestion abordée dans sa généralité et dans ses applications pratiques.

Le militantisme de l'entreprise, une hypocrisie ?

Fatna HARRAR, Edwige VERNOCKE

L'engagement de l'entreprise dans les grandes causes humanitaires et sociales est devenu une tendance lourde de sa communication. Tous les grands noms du paysage économique se doivent d'afficher des convictions dans ce domaine : fondations, campagnes de publicité, parrainages, et actions diverses... Peu à peu s'est développé un mécénat de solidarité que l'on peut analyser en termes de marketing, avec des actions de plus en plus spectaculaires, et des budgets considérables. L'entreprise s'oriente t-elle vers une « communication sociale » évoluant à terme vers un véritable « humanisme industriel et technologique » ?

L'interrogation centrale de ce chapitre, c'est une évidence, n'en est pas vraiment une, car s'interroger sur la part d'hypocrisie du militantisme entrepreneurial induit une réponse assez logique : on voit rarement l'entreprise engager des actions non bénéficiaires. De plus, dans le contexte d'ambiguïté à la fois structurelle et formelle, qui s'est développé autour du mot éthique lui-même, puis de son emploi dans le monde économique, le militantisme de l'entreprise, quels qu'en soient les paradigmes explicatifs, se présente néanmoins comme un point fort des visées éthiques de celle-ci. Au cœur de ce concept, il est peut-être nécessaire d'en remettre en question la pertinence...

ENTRE PROFIT ET PRESSION ENVIRONNEMENTALE, UNE INVITATION AU SCEPTICISME

Le militantisme entrepreneurial se décline actuellement sous des formes très variées, évoluant dans le temps, les lieux géographiques et les cultures, ce qui rend difficile l'économie d'un état des lieux dans ce domaine, lors d'une première approche. Il est alors nécessaire d'expliciter nos doutes et d'étayer au mieux notre scepticisme sur les bonnes intentions du monde entrepreneurial. On ne peut le faire qu'en suscitant et en examinant les hypothèses explicatives les plus logiques, selon un cheminement à la fois déductif et inductif. Du simple effet de mode à une nouvelle stratégie de profit, de la pression du « politiquement correct » à la remotivation des salariés, il est utile de dégager les différents paramètres de ce nouvel engouement de l'entreprise, sans exclure, *a priori*, l'examen de motivations plus nobles, ou moins intéressées.

> De nombreuses raisons incitent au scepticisme quant à la bonne foi de l'entreprise dans son militantisme humanitaire et social.

De nombreuses raisons incitent au scepticisme quant à la bonne foi de l'entreprise dans son militantisme humanitaire et social. L'analyse de tels comportements est possible, si l'on ne perd pas de vue les objectifs fondamentaux de l'entreprise, justification de son existence et de son développement entropique : le profit. Le guide de notre interrogation sur ses actions humanitaires ne peut malheureusement être que celui-ci. Mais il ne faut pas négliger, comme dans tous les phénomènes qui mettent en cause de vastes systèmes, de distinguer les stratégies délibérées des effets de système purs, simple entraînement ou accompagnement de vastes évolutions. Quoi de plus remarquable que l'insertion du système entrepreneurial dans le système général de son environnement social, écologique et culturel, à l'échelle mondiale ?

Une nouvelle niche de profitabilité

L'antinomie initiale entre la notion de militantisme et toutes les définitions connues de l'entreprise ne peut que faire surgir des doutes quant à sa bonne foi dans son action sociale et humanitaire. C'est ainsi que le terme d'hypocrisie commence à s'imposer, qui traduit un décalage entre l'affichage de la vertu et sa réalité. Ce nouvel intérêt pour le civisme et l'action caritative n'est pas exempt de valeur ajoutée. Toute cette agitation ne serait-elle pas, avant tout, un habile outil de marketing ? Nous serions donc tout simplement dans une nouvelle logique managériale, elle-même issue d'un certain opportunisme.

On se rend très vite compte qu'avoir un comportement éthique ne doit surtout pas s'opposer à la notion de profit, de performance et d'efficacité : « Lorsque les centres Leclerc sélectionnent des produits agroalimentaires très typés fabriqués par des PME régionales, ils se posent en défenseurs des terroirs et s'ancrent dans la vie sociale, mais ils cherchent en même temps à se distinguer de la concurrence et à conserver l'avantage dans le jeu qui les oppose aux oligopoles agroalimentaires », déclare Gérard Koenig (1992).

■ Dons et contre-dons

Le cas des fonds éthiques déjà cités illustre bien cette idée. Aux États-Unis, la performance de ce type de placement est égale à celle du Standard Poor's 500. En un an, en France, le meilleur a progressé de 3,7 %, en 2000 [1] Comme l'explique Erik Pointillart : « A priori, une société qui ne pollue pas, qui évite les grèves et obéit à des règles de transparence, a de grandes chances de créer davantage de richesses. » Ce point de vue est conforté par celui de Vincent Auriac, directeur de la gestion des fonds Apogé au CCF : « C'est la plus forte niche de croissance pour les prochaines années... » On est même arrivé à chiffrer le fruit de l'ensemble de ces actions civiques, soit 500 millions de dollars de plus en 1999 grâce à la publicité d'un militantisme affiché [2]. De même, si les entreprises ont tendance à effectuer de plus en plus de dons ces derniers temps, c'est en raison des dispositions législatives favorisant ce type d'action, à l'étranger comme en France. Selon un rapport de l'American Association of Fund Raising, les dons de personnalités ou d'entreprises sont passés de 110 milliards de dollars en 1990 à plus de 150 milliards en 1998 soit une augmentation de 36 %. Les entreprises ont là-bas une stimulation particulière qui les pousse à la vertu : le désir d'éviter les pénalités légales. Dans notre pays, il s'agit d'un cadre fiscal favorable, utilisé par environ 4 entreprises sur 10 pour les années 1987 et 1988 et 1992 et 1993. En voici le tableau d'ensemble, réalisé par la Fondation de France, à partir des données de la Direction générale des impôts.

---

1. Soit du double du CAC 40.
2. F. Rousselot, « Le nouveau civisme. Valeurs ajoutées », *Libération*, 7 novembre 2000, p. 10 et 11.

Destinataire des dons	Loi en vigueur	Déduction du résultat imposable (bénéfice)
Fondations ou associations reconnues d'utilité publique	Avant 1987	1 ‰ du CA
	Loi du 23 juillet 1987	3 du CA
	Loi du 24 Juin 1996	3,25 ‰
Associations et organismes d'intérêt général	Avant 1987	1 ‰
	Loi du 23 juillet 1987	2 ‰
	Loi du 24 juin 1996	2,25 ‰

Tableau 1. Le cadre fiscal des dons effectués par les entreprises

Nous pouvons donc nous interroger sur la proportion de dons effectués par les entreprises si de telles lois favorisant ce type de démarche n'existaient pas... On peut trouver une confirmation de cette hypothèse dans le tableau suivant, de la même source, qui évalue la proportion du don par rapport au bénéfice selon les secteurs d'activité.

Secteurs d'activité	1987	1988	1992	1993
Industrie agroalimentaire	0,26	0,43	0,09	0,08
Organismes financiers	0,30	0,25	0,62	0,99
Industrie biens intermédiaires	0,12	0,11	0,05	0,09
Industrie biens d'équipement	0,09	0,11	0,03	0,06
Industrie biens consommation	0,29	0,30	0,60	0,54
Commerce	0,29	1,86	0,48	0,31
Bâtiment Travaux publics	0,53	0,51	2,30	1,18
Services marchands	0,23	0,25	0,47	0,34

Tableau 2. Évolution des dons par rapport aux bénéfices entre 1987 et 1993 en %

Ainsi l'intention humanitaire ne serait pas dénuée de toute intention vénale. Le terme est loin d'être excessif lorsqu'on sait que l'action de Vivendi, précédemment citée, et proposant une ligne de 10 millions de francs pour financer les projets de reboisement ou de reconstruction après la tempête de décembre 1999, s'adresse à une forte clientèle de collectivités territoriales [1]... On a donc des doutes sur l'aspect désinté-ressé de la démarche quand on sait que Vivendi a fait une énorme

---

1. S. Syfuss-Arnaud et A. Trentesaux, « Plus sociale que ma boîte tu meurs », *Liaisons sociales magazine*, avril 2000, p. 16-18.

publicité autour de cette action [1]... Jusqu'à présent les entreprises qui mariaient business et solidarité ne le faisaient pas vraiment savoir [2]. De la publicité naît la progression des ventes, le principe est bien connu. Les démarches citoyennes et humanitaires relèvent, de toute évidence, du marketing social, l'important consistant plus à *faire savoir* qu'à faire... Franck Riboud (jusqu'à ces derniers temps) et J.-M. Messier étaient passés maîtres dans l'exercice. Le socialement et humanitairement correct devient un excellent moyen de se distinguer de la concurrence.

Il existe des cas où l'hypocrisie est vraiment patente, démontrant une intention réelle plutôt sournoise. Les industriels d'agrochimie en Inde ont lancé des opérations de soutien aux paysans victimes du tremblement de terre de janvier 2001, comme la reconstruction d'hôpitaux et d'écoles afin d'empêcher les paysans de fuir la région, exemple parmi tant d'autres de l'entreprise qui se substitue à l'État. Cette action n'est pas dépourvue de tout intérêt, puisque ces agriculteurs sont des clients potentiels d'engrais. En empêchant l'exode de ces populations, ils maintiennent leurs débouchés dans cette région. De la même manière, on peut s'interroger sur l'introduction dans les écoles primaires de mallettes pédagogiques sponsorisées par une grande marque de l'agroalimentaire ou les encarts publicitaires d'une grande marque de cigarettes déconseillant aux jeunes de fumer. Pour rester dans le domaine toxicologique, certains exemples laissent à réfléchir lorsque l'on sait que, dans certains cas, des entreprises utilisent le partenariat avec des organisations non gouvernementales pour les influencer. Ainsi, une organisation internationale a-t-elle été approchée par une grande firme de tabac proposant un partenariat pour aider les associations dans les pays développés. À condition que l'organisation arrête une campagne antitabac en Asie [3].

■ L'humanitaire au service de l'entreprise

> ▷ **L'action sociale ou humanitaire devient vite un argumentaire commercial.**

Mieux, l'action sociale ou humanitaire devient vite un argumentaire commercial. Les 35 heures sont au départ prévues pour une amélioration du bien-être des salariés et non comme un outil marketing. Pourtant, le magasin de vêtements pour enfants « Tout compte fait » placarde sur les vitrines et au-dessus des caisses des magasins, en

---

1. « Après tout,... rien ne sert d'avoir de l'éthique si on ne le fait pas savoir ; la vertu doit s'afficher... », *Libération*, 15 avril 2000, p. 14.
2. Qui se souvient, par exemple, de l'ancien PDG de Darty, Philippe Francès, soutenant depuis quinze ans une entreprise d'insertion, Envie, récupérant et valorisant les vieux appareils ménagers ?
3. Currah K., « How Corporations Absolve Their Sins », *Guardian*, 28 août 2000.

décembre 1999 : « Merci aux mamans, aux papas et à vous de nous permettre d'aborder les 35 heures, sans baisse de rémunération et dans les meilleures perspectives : forte progression du nombre de collaborateurs à temps complet, plus de 100 % d'emplois créés sur les 18 mois en cours, maintien du rapport qualité prix de nos produits. Bonne année 2000 à tous. Signé : la direction des ressources humaines. » Exhiber son accord 35 heures dans les magasins, c'est faire la démonstration à la clientèle qu'ici, on respecte le personnel. C'est utiliser la gestion sociale comme argument publicitaire [1].

De plus en plus d'entreprises utilisent le militantisme comme un outil de mobilisation interne : « Les actions de bien commun, chaque salarié doit pouvoir se les approprier et en être témoin, le reflet. Il n'y a pas de communication interne à proprement parler, mais valorisation par appropriation individuelle d'une action collective. » [2] Ainsi, le personnel considérera l'entreprise autrement que comme un centre de profit. Le plus souvent, les salariés seront directement impliqués, concernés, voire culpabilisés par le simple rappel « qu'il y a des gens plus malheureux qu'eux ».

Certaines entreprises donnent des congés solidaires à leurs salariés, leur proposant de participer à la vie associative sur le temps de travail (Marks & Spencer, Ford France, Carrefour, Fondation Kronenbourg). Elles espèrent ainsi une remobilisation interne. Certains groupes sont allés très loin dans une telle démarche, comme Rhône-Poulenc (Aventis), qui recense les savoir-faire extra-professionnels de salariés volontaires pour toutes opérations... Un projet social peut avoir la capacité de mobiliser et fédérer les salariés. Comme le souligne Éric Besson [3], délégué général de la Fondation Vivendi, rien de tel « pour créer un sentiment d'appartenance », voire une « fierté d'entreprise ». Est-ce la finalité première d'une fondation ?

Une véritable instrumentalisation du militantisme apparaît alors, qui incite à rationaliser les actions afin d'obtenir le plus possible d'impact financier et médiatique. L'entreprise améliore son image auprès du public (dont une partie constitue une cible de consommateurs potentiels) en mettant particulièrement l'accent sur les aspects environnementaux. Cette amélioration d'image de marque auprès du public et des partenaires ne peut que montrer l'importance de l'entreprise dans

---

1. Gros M.-J., « Emploi, la pub de la semaine : tout compte fait, les 35 h c'est bon pour le commerce », *Libération*, 24 janvier 2000, p. 6.
2. Étude de la Fondation de France, citée *supra*.
3. S. Syfuss-Arnaud et A. Trentesaux, « Plus sociale que ma boîte tu meurs », *Liaisons sociales magazine*, avril 2000, p.16-18.

le fonctionnement de la société et améliorer sa capacité de lobbying à grande échelle[1]. L'activisme social et humanitaire devient alors un moyen de se faire connaître, de donner une image positive de la firme, ce qui rejaillit sur les qualités supposées de ses produits. Par la même occasion, l'image de marque se voit aussi revalorisée vis-à-vis du personnel, mobilisé pour la circonstance... Elle permet ainsi de créer les conditions favorables à son objectif ultime : le profit. L'éthique devient alors la condition nécessaire pour faire de bonnes affaires.

Hypocrisie et air du temps

La part de la philanthropie dans le processus décisionnel rationnel » d'investissement éthique devient de moins en moins visible. Il serait cependant injuste, inexact et simpliste de n'attribuer qu'au cynisme et à la soif de lucre des entreprises l'accroissement exponentiel de leur activité citoyenne et humanitaire. Dans le cas du militantisme entrepreneurial, le seul désir de l'organisation de trouver sans cesse de nouveaux moyens d'augmenter ou même maintenir ses objectifs commerciaux ne suffit pas à expliquer et justifier la totalité de son engagement actuel dans des causes où l'on n'aurait pu l'imaginer, il y a seulement deux ou trois décennies... De tels phénomènes, s'ils sont en partie le fruit d'une stratégie, s'inscrivent aussi, en général, dans le cadre d'un processus socio-économique global dont chacun des acteurs n'a pas toujours la maîtrise. En fait, l'analyse de toute stratégie passe par l'observation du contexte systémique dans lequel elle se développe[2]. Or il y a un véritable effet de système dans l'intensification du militantisme de l'entreprise. On ne peut que constater que les organisations subissent autant de pressions qu'elles en exercent, y compris de la part de cadres d'évaluation qu'elles ont contribué à créer. Le meilleur exemple en est le véritable carcan normatif que l'entreprise laisse se développer pour contrôler et mesurer le degré exact de sa vertu sociale et humanitaire.

---

1. Par exemple convaincre divers groupes sociaux d'agir en faveur de la promulgation de règles sociales qui leur soient favorables (suppression de l'autorisation préalable de licenciement : loi Seguin 1986 afin de permettre aux entreprises de mieux embaucher).
2. Il est très utile, dans ce cas, de se référer à l'œuvre d'auteurs comme Michel Crozier, Philippe Bernoux, Jean-Louis le Moigne, Denis Segrestin, Jacques Melese, ou Daniel Durand, qui, tous, ne peuvent concevoir l'existence et l'analyse de stratégies dans le contexte organisationnel sans une prise en compte de l'influence de leur environnement systémique...

Une pression normative

Un des paradoxes de la vague du militantisme dans la sphère du marché est son obligation de répondre à l'attente des actionnaires, en amont, au militantisme des consommateurs, en aval, tout en passant par la bonne opinion des salariés. L'entreprise est de plus en plus exposée à l'opinion publique et à l'opinion de la Bourse, et la sphère du marché dépend de celle du hors marché[1]. Plus l'entreprise tisse de liens avec ce « hors marché », plus elle accroît ses chances de rester en phase avec la population. L'achat par le « consomm'acteur » devient de plus en plus « citoyen ». La recherche d'un bénéfice maximal résulte alors de l'existence de modèles de comportements, c'est-à-dire la pression des milieux sociaux dans lesquels vivent les entrepreneurs et des marchés sur lesquels ils vendent. De plus, l'accroissement des nouveaux moyens de communication permet une diffusion de l'information instantanée, abondante, pertinente, où toute crise prend une grande ampleur dans les médias.

Les conditions du militantisme de l'entreprise sont à la fois réunies, définies et bien circonscrites. Selon la définition de Bernard Ibal, dans le journal *Le Monde* du 11 septembre 1991 : « La gestion quotidienne des entreprises est contrainte par la peur du scandale et se doit d'intégrer trois déontologies : celle d'une pratique sociale, celle d'une protection de l'environnement et celle de la prise en compte de la dignité de son personnel. »

Ces pressions, ces influences, sont concrétisées par l'apparition et le développement de normes, organismes de contrôle, indicateurs de performances sociales et humanitaires de plus en plus nombreux et exigeants. L'apparition d'une véritable notation sociale place progressivement les entreprises à leur merci. Si elles affichent de plus en plus un comportement correct, c'est qu'elles y sont un peu contraintes par la surveillance de certaines organisations. Le militantisme a vite été accompagné, aux États-Unis, de l'instauration, en plus des normes ISO 9000 et ISO 14000, de la norme SA 8000 (*Social Accountability*), déjà évoquée. Dans le contexte du « socialement correct », ce standard assure une « source éthique »[2] pour la production de biens et de services. L'adhésion au *Business for Social Responsability* est un gage de bonne volonté humanitaire.[3] On peut rappeler et préciser que l'indice Domini a ainsi mis au point une grille d'analyse portant sur

---

1. J. Barraux, « L'essor d'un mécénat de solidarité », *Les Échos*, 19 avril 2000, p.74.
2. Standards et procédures de base concernant la santé et la sécurité, le travail des enfants, le travail, les droits syndicaux, la rémunération et les heures travaillées.
3. Adhèrent à cet organisme : General Motors, Mattel, Walt Disney, etc.

400 valeurs du marché boursier. Enfin, le Dow Jones comporte maintenant un indicateur social.

Même si les Européens ont suivi le mouvement avec un peu de retard, la commission de Bruxelles a favorisé la création du Réseau européen des entreprises pour la cohésion sociale, dont sont membres les sociétés Accor, EDF, Shell, Suez, IBM, etc. Le collectif « Label social, où sont les entreprises » publie un carnet de notes de la bonne conduite sociale de 14 distributeurs français. Arese [1] a mis au point un processus d'évaluation de la qualité sociétale et environnementale des entreprises. On peut y ajouter la création de la GRI, outil de mesure de l'impact social et écologique de l'action des entreprises, sorte de « grille de vertu ». Toutes ces normes représentent un coût pour les acteurs concernés, mais ils n'ont aucun intérêt à les négliger. Il ne suffit pas d'adopter des codes de conduite, encore faut-il les respecter. Les multinationales sont tenues aux bilans annuels dans le domaine éthique, social, environnemental, réalisés par des audits indépendants, parfois les ONG elles-mêmes. En cas de dérive, l'opinion publique a vite fait de rappeler les managers à l'ordre, notamment en brandissant l'arme du boycott...

Une resocialisation à la fois voulue et subie

La naissance et le développement de ce nouvel intérêt du monde entrepreneurial pour les grandes causes sociales et humanitaires relève, de toute évidence, d'une certaine logique de système. Au-delà du simple effet de mode, certes bien réel, les comportements, que certains ont essayé avec succès, sont devenus quasiment obligatoires pour tous [2].

Le réveil des consciences est général dans la société actuelle. Depuis les années soixante, de grands mouvements d'opinion s'orchestrent autour de la décolonisation, de la faim, du travail des enfants, des droits de l'homme enfin. Pourquoi l'entreprise se situerait-elle en dehors des préoccupations du grand public ? Pourquoi ne trouverait-elle pas sa place dans les grandes causes, substituts consensuels des idéologies moribondes ? « Lorsqu'il (l'entrepreneur) reconnaît que son entreprise ne peut être une île isolée dans la société mais qu'elle est imbriquée dans un réseau de multiples relations sociales, qu'à long

> Pourquoi l'entreprise se situerait-elle en dehors des préoccupations du grand public ? Pourquoi ne trouverait-elle pas sa place dans les grandes causes, substituts consensuels des idéologies moribondes ?

---

1. Analyses et recherches sociales et environnementales sur les entreprises, créée en 1997 sur l'initiative de la Caisse d'Épargne et de la Caisse des dépôts et consignations.
2. Il est en par ailleurs très intéressant de voir que, au sens propre du terme, c'est le monde de la mode qui reprend le flambeau du militantisme de l'entreprise. Ainsi le magazine féminin *Elle* titre : « L'éthique c'est chic » (mars 2001), alors que *Cosmopolitan* nous promet « de l'équité dans le ticket de caisse » (avril 2001), et *Le Figaro Madame* commente ainsi l'action du laboratoire BMS envers l'OMS : « c'est beau d'être bon. ».

terme sa rentabilité dépend de la santé de cette société, alors il aura satisfait à sa responsabilité envers le bien commun » (Spieker, 1997).

S'impliquer dans la vie de la cité, véhiculer des valeurs d'efficacité et d'humanisme à la fois, voire suppléer les carences grandissantes du politique, de nouvelles missions sont apparues pour l'organisation, même si aujourd'hui l'entreprise citoyenne apparaît parfois comme un douteux gadget marketing. Ses efforts en matière d'image, sa réconciliation avec le pouvoir politique, même de gauche, et son rôle indispensable contre le chômage, ont même pu la présenter comme une sorte de valeur-refuge. Pour beaucoup d'entreprises, les années 1980 constituent un tournant dans l'histoire de leur mode de gestion et la manière de répondre aux tendances générales de l'environnement. À l'imaginaire d'opposition des années 1970, où les femmes s'opposent aux hommes, les adolescents à leurs parents, et les ouvriers aux patrons selon un immuable scénario, succède une dynamique réconciliatrice. Les attitudes traditionnelles de l'État et des salariés envers l'entreprise ont basculé en moins de dix ans. Les comportements du public aussi, au point que l'on peut parler d'un véritable retournement de l'opinion publique dans sa perception de l'image de l'entreprise. Elle a été en quelque sorte réhabilitée, réinstallée au cœur de la société et son insertion progressive dans le système médiatique lui a valu une incontestable revalorisation d'image. L'image négative de l'entreprise, longtemps entretenue par les acteurs syndicaux, a laissé la place à une vision beaucoup plus consensuelle de celle-ci. Les âpres luttes politiques dont l'entreprise était l'enjeu, le lieu et l'objet, connaissent une sorte de trêve. Les débats se sont recentrés davantage sur les modes de gestion des contraintes économiques que sur les idéologies fondamentales. On peut même dire que le pouvoir politique lui-même a accéléré l'évolution de la représentation de l'entreprise dans l'imaginaire collectif.

Ce climat et cette évolution ont ainsi amené pour l'entreprise de nouvelles responsabilités sociétales. Elle est ainsi questionnée sur de nombreux problèmes : le chômage, l'écologie, la culture et maintenant l'humanitaire. Elle se doit de répondre et même d'agir. Sa réévaluation sociale est certaine, mais s'accompagne d'un certain nombre d'obligations. La réduction du rôle de l'État, l'internationalisation, la régionalisation positionnent l'entreprise dans des réalités sociales nouvelles. Elle a trouvé une place dans la société et dans l'opinion publique. Faut-il s'étonner alors qu'elle se situe dans le droit fil des préoccupations du grand public ? Il y a une logique d'accompagnement des enjeux collectifs par une entreprise devenue élément fondamental de la vie sociale.

Si les choix humanitaires et sociaux de l'entreprise apparaissent comme dictés par le profit, ils sont aussi la conséquence de l'insertion grandissante de l'entreprise dans son environnement. Le monde productif subit davantage les pressions. Les médias, l'opinion publique, les ONG sont autant d'éléments susceptibles de favoriser comme de paralyser l'action des entreprises, tant dans le domaine du militantisme que dans celui de l'éthique qui le sous-tend. Il reste que le militantisme entrepreneurial est un fait acquis, qu'il convient maintenant d'analyser plus en détail.

LES RÉALITÉS DU MILITANTISME ENTREPRENEURIAL : UN MOUVEMENT DE FOND

Peut-on associer les termes militantisme et entreprise ou bien sont-ils vraiment antinomiques ? Apparemment, oui. Mais le militantisme, qui est une « action individuelle et collective luttant activement pour défendre une cause, une idée »[1] peut théoriquement se développer sur le terrain un peu particulier et inhabituel qu'est l'entreprise. Elle s'y prête d'ailleurs à merveille, en tant que carrefour d'intérêts individuels et communs, complémentaires et antagonistes, et peut susciter un désir individuel de soutenir une cause. On peut, certes, se demander si l'action collective militante y est envisageable : il faut croire que oui, puisque ce militantisme est une réalité, comme nous allons le montrer en ce début de chapitre, avant d'en envisager ensuite les arrière-plans. Actuellement, l'entreprise endosse un nouveau rôle, celui d'entité responsable, tant dans la société où elle évolue que dans le contexte des échanges internationaux. Une première analyse fait apparaître la réalité de son militantisme dans son contexte historique et social, pour en souligner ensuite l'aspect humanitaire.

Dans la tradition de l'action sociale

Le comportement éthique ne date pas d'aujourd'hui. Il peut s'agir, pour certaines entreprises ou individus, de promouvoir des fonds « socialement responsables ». Au départ, il s'agissait de congrégations religieuses, qui, afin de défendre leurs valeurs, avaient opté pour des choix d'investissements à caractère moral. Dans les années vingt, aux

---

1. Selon *Le Petit Robert*.

États-Unis, l'investissement éthique existait déjà, en excluant toute activité liée à l'alcool, au tabac, à la pornographie, l'armement, etc. Actuellement, dans ce pays, 2 dollars sur 10 sont investis dans des fonds socialement responsables, qui ont augmenté de 82 % entre 1997 et 1999[1].

Cette idée a été reprise en France, il y a une vingtaine d'années, sous le nom de « fonds éthiques »[2], promouvant des « valeurs » (au double sens du terme) attachées au respect de la personne humaine ou de l'environnement. C'est ainsi que dans notre pays aussi, le développement des fonds de partage ou fonds éthiques va s'imposer rapidement. Au-delà des fonds humanitaires et caritatifs classiques, tous les grands réseaux bancaires possèdent maintenant leur « produit éthique », portant, en un an et demi, le nombre des fonds éthiques français de 7 à 24.

Depuis déjà plusieurs décennies, les États-Unis avaient défini les bases du « socialement responsable », traduit chez Ford par *corporate citizenship*. La notion de « socialement correct » se développe, dès 1970, sous diverses formes, comme le *linked prosperty*, initié par les fondateurs des glaces Ben & Jerry's, persuadés que le partage est à la base de la réussite dans les affaires. On parle alors en France d'entreprises citoyennes. Jean-Pierre Le Goff date cette tendance du début de la décennie 1980, au moment de la concordance du discours du CNPF et des cabinets de conseil sur le rôle de l'entreprise dans la société, quand le gouvernement Fabius valorisait l'entreprise sociale[3]. En fait, c'est dans les années 1990, avec le ralentissement de la croissance et les restructurations industrielles, que s'installe vraiment dans notre pays cette notion de « socialement correct ». En résumé, le tableau suivant[4] permet de retracer schématiquement l'historique et l'étendue du militantisme entrepreneurial dans le domaine social, de 1960 à aujourd'hui.

---

1. V. de Filippis, C. Losson, « L'entreprise responsable : esbroufe ou réalité ? ».
2. Enquête réalisée par le magazine *Challenges* en févier 2001.
3. Débat « Démarche citoyenne ou simple affaire de marketing », *Liaisons sociales*, avril 2000, p. 26-28.
4. Infoscopie *Observatoire de la générosité et du mécénat*, réalisée pour la Fondation de France, avril 2000.

Formes de militantisme	Actions
Militantisme social 1960 à aujourd'hui	– Implication du personnel – Mécénat
Militantisme sociétal 1970 à aujourd'hui	– Actions humanitaires – Fondations – Actions dans les cités – Environnement
Militantisme technologique 1990 à aujourd'hui	– Internet – Formation aux nouvelles technologies

Tableau 3. Les différentes formes de militantisme entrepreneurial

> ▶ **Actuellement, on peut dire que le « socialement correct » a gagné l'entreprise, sous des formes bien différentes, et de plus en plus variées.**

Actuellement, on peut dire que le « socialement correct » a gagné l'entreprise, sous des formes bien différentes, et de plus en plus variées. Ainsi, l'établissement, par le CEP [1] de la première norme sociale internationale, la SA 8000 (*Social Accountability*), « petite sœur sociale » des normes ISO, puis de l'indice Domini, mis au point par le cabinet KLD de Boston, note les entreprises en fonction de leur vertu sociale. De manière pratique, ce type d'action est complété, entre autres, par les fondations [2] (une centaine en France). Ce ne sont pas des opérations ponctuelles puisqu'elles existent depuis au moins cinq ans, ont un conseil d'administration, et constituent des entités juridiques indépendantes [3]. Ainsi, la fondation Bill Gates a-t-elle donné des centaines de millions de dollars aux enfants défavorisés. Vivendi et Alcatel donnent des stock-options à l'ensemble de leur personnel dans le monde. Le distributeur Géant Casino offre, en mars 2000, un hectare de lune à chacun de ses 2 000 salariés, « cadeau porteur de rêve et d'émotion... » Sous l'égide d'une fondation, au-delà de l'action sociale classique, toutes les œuvres et les activités sont possibles, comme l'environnement, la culture, etc. Certaines ont des activités multiples, comme la fondation Vivendi qui s'intéresse à la fois à l'emploi jeune, au parrainage local, à la culture, au commerce multiservice en milieu rural, au temps libre des enfants de 6 à 12 ans, au transport et l'accompagnement de personnes à mobilité réduite, au financement de projets féminins, ou au respect de la nature en ville.

Les actions de ce type sont nombreuses, complétées par ce que l'on peut appeler en France l'entrepreneuriat social, qui regroupe des activités aussi diverses que les collectifs d'agriculteurs bios, la collecte et

---

1. *Council of Economic Priorities.*
2. Une centaine en France.
3. S. Syfuss-Arnaud et A. Trentesaux A., « Plus sociale que ma boîte tu meurs », *Liaisons sociales magazine*, avril 2000, p.16-18.

le tri des déchets par des travailleurs sociaux ou militants alternatifs, ou l'insertion des chômeurs de longue durée dans des entreprises adaptées.

La réalité historique conduit à raccrocher cette évolution à une tradition de mécénat social déjà bien développée dans notre pays, et beaucoup plus ancienne. Au XIXe siècle et au début du XXe, l'intérêt social de l'entreprise se traduisait essentiellement par tous les actes d'aide qu'elle accordait à ses ouvriers[1]. À cette époque, personne n'aurait vu un militantisme quelconque dans la construction de crèches, d'écoles, ou de logements sociaux que les patrons faisaient édifier essentiellement pour leurs propres salariés. Un seul terme, celui de paternalisme, servait à qualifier ce qui apparaît maintenant comme une forme de militantisme, selon les critères actuels.

Le social devient ainsi, peu à peu, un élément de fait de la panoplie du parfait militant entrepreneurial, et la performance sociale le nouveau credo de la réussite de l'entreprise. La vague du socialement responsable, venue des États-Unis, a déferlé sur l'Europe et la France, sous forme d'une longue liste d'actions éthiques et solidaires. Fondations, chartes, labels, campagnes et initiatives en tout genre, tout est actuellement fait pour démontrer la responsabilité sociale des entreprises. Tiers secteur, entreprises sociale, économie solidaire, etc., nombre d'appellations nouvelles ont surgi depuis les années 1980 pour désigner un mouvement bien réel, celui de l'entrepreneuriat social.

Une nouveauté : le militantisme humanitaire

Contrairement à l'action sociale, le militantisme humanitaire est résolument nouveau, lié à l'ère de la globalisation. Ce phénomène crée, à l'heure actuelle, des millions d'emplois un peu partout dans le monde, mais, malheureusement, les richesses sont encore mal réparties entre le Nord et le Sud, et il est souvent nécessaire que des ONG ou des associations caritatives interviennent. Dès lors, il ne faut pas s'étonner que, dans ce contexte, les entreprises étendent leurs responsabilités sociales à leurs relations avec le tiers monde. La mondialisation apparaît ainsi pour elles comme une occasion de jouer un nouveau rôle. Fortes de leurs avancées en matière sociale, elles vont jusqu'à considérer que « la mondialisation est une chance pour le mécénat, car elle provoque une redistribution des cartes ». En bref, l'entreprise montre qu'elle n'est plus indifférente aux désordres et aux inégalités du monde.

---

1. Comme les écoles Michelin destinées aux enfants des ouvriers de la firme.

L'action peut alors prendre des formes différentes, comme le respect de chartes éthiques ou un code de bonne conduite. Certains groupes multinationaux ne vont pas investir dans un pays si les droits de l'homme ne sont pas respectés. Comme le remarque Belot (2000), les droits de l'Homme font partie intégrante du paysage décisionnel de l'entreprise. Selon une enquête « Business, Response to Human rights »[1], 28 entreprises parmi les 500 plus grands groupes mondiaux ont choisi de quitter un pays en raison du non-respect des droits de l'Homme, 18 autres ont refusé un projet pour les mêmes raisons[2].

Aux États-Unis, 300 entreprises et plus de 2 000 marques sont actuellement inventoriées dans l'édition 2000 de l'ouvrage *Shopping for a Better World,* tandis que chaque année se décerne le prix du *Corporate Conscience Award,* récompensant les entreprises méritantes, comme celles qui sont classées parmi les *50 Best Companies for Asians, Black and Hispanics*[3].

Protection de la nature, droits de l'homme, travail des enfants, expérimentation animale, antiracisme, lutte contre la faim, le sida et la pauvreté, on ne compte plus les grandes causes ostensiblement défendues par le monde de l'entreprise. On ne trouve plus guère de marque d'article de sport qui fasse fabriquer dans ses usines asiatiques ou autres des chaussures ou des vêtements par des enfants, surtout après la campagne CCC (*Clean Clothes Campaign*) orchestrée par une ONG néerlandaise. Dans cet esprit, la marque Nike a été la première à garantir que ses survêtements n'étaient pas cousus par des enfants du tiers monde. L'entreprise Patagonia reverse 1 % de son chiffre d'affaires à des associations de protection de la nature et ouvre des crèches dans tous ses centres de production.

La France a suivi en cela les initiatives anglo-saxonnes, ainsi que les actions comme celles du collectif de « l'éthique sur l'étiquette » qui, en 1998, a rassemblé 120 000 signatures dans notre pays pour dénoncer les mauvaises conditions de travail dans les usines d'articles de sport en Asie. On peut citer aussi le collectif « Libère tes fringues » militant contre l'origine douteuse de certains produits distribués par les enseignes du textile.

Ainsi, on voit aussi se développer une consommation citoyenne. Dès 1974, les Artisans du monde ont pour objectif la création d'un réseau

---

1. Centre de recherche de l'école britannique d'Ashridge.
2. L. Belot, « Les droits de l'Homme commencent à peser sur les choix des multinationales », *Le Monde*, 10 avril 2000.
3. Liaisons sociales, avril 2000, p. 22.

de distribution pour des produits payés au prix juste pour aider le développement économique des pays défavorisés [1]. Cette association entretient des relations avec des coopératives de paysans et d'artisans étrangers et propose leurs produits dans des boutiques un peu partout en France. Le café Malongo reverse 2 francs sur chaque kilo vendu aux victimes du cyclone Mitch au Honduras, France Télécom emploie une partie de ses recettes cartes pour aider les autistes ; après la tempête de janvier 2000 Vivendi a offert 10 millions de francs pour les forêts, etc.

Partant du principe que la somme des actions individuelles crée une force au service des grandes causes et de l'environnement, certaines entreprises ont même développé une nouvelle forme de militantisme, la « force entrepreuneuriale ». Carrefour propose même à ses 130 000 salariés des « congés solidarité » pour s'investir dans des actions caritatives, tout en fournissant repas et vêtements aux banques alimentaires et Restaurants du cœur. J.-M. Messier lorsqu'il était en fonction souhaitait une implication personnelle de ses salariés, dont il demandait le parrainage individuel pour chaque projet, comme c'est le cas à la Fondation Kronenbourg. On ne peut négliger non plus l'implication systématique dans les grands shows médiatiques, comme le Téléthon ou les Restos du cœur, sans lesquels l'action sociale et humanitaire serait incomplète.

Enfin, pour le nouveau millénaire, si l'humanitaire est venu s'ajouter au « socialement correct », les innovations aidant, on en arrive aussi au « technologiquement correct » souvent appelé mécénat technologique. Soucieuses des inégalités engendrées par le développement des nouvelles technologies, les entreprises vont jusqu'à soutenir des programmes de formation et d'aide à l'accès aux NTIC.

▶ **L'action humanitaire de l'entreprise est une réalité de grande ampleur, une véritable vague de fond, se superposant à une tradition de mécénat social.**

L'action humanitaire de l'entreprise est une réalité de grande ampleur, une véritable vague de fond qui, venue des États-unis est maintenant arrivée dans notre pays, se superposant à une tradition de mécénat social. Le titre du journal *Libération* du 31 janvier 2000 résume bien cette tendance : « Standards éthiques et moraux. Les patrons s'enrichissent du vocabulaire des ONG... ». Gigantesque mouvement de moralisation de la vie des affaires, ou vaste stratégie orientée vers toujours plus de profit ? Il semble que l'on ne puisse répondre de façon aussi manichéenne, et que les paradigmes explicatifs soient à la fois complexes et complémentaires.

---

1. E. Patriarca, « La boutique de l'éthique s'agrandit. En 25 ans, le commerce socialement correct est sorti de sa confidentialité », *Libération*, 25 avril 2000, p 26.

ÉTHIQUE ET MILITANTISME :
LE RÊVE IMPOSSIBLE DE L'ENTREPRISE

À ce stade, il est nécessaire d'intégrer l'éthique comme élément conducteur de toute réflexion sur le militantisme. Si l'éthique de gestion peut être définie par la manière dont les normes morales des individus s'appliquent aux décisions personnelles et organisationnelles. Selon Gergmann (1997), l'éthique répond à la question : « Comment dois-je me conduire pour être bon ou juste ? » On reste alors dans le cadre d'une conception anglo-saxonne du *business ethic* où l'éthique est utilisée afin d'aider les managers dans leurs décisions concrètes, puis la politique générale de l'entreprise. De nombreux auteurs en sociologie (Le Goff, 1992) en gestion (Gélinier, 1991, Moussé, 1992) remarquent que l'éthique, plus qu'une fin en soi, est un nouvel outil de gestion.

Le militantisme de l'entreprise, aux finalités des plus nobles, se présenterait donc comme une forme aboutie du rôle de l'éthique dans la gestion. En conséquence, on se pose exactement la même question quant à son rôle exact dans le processus gestionnaire : valeur fondamentale (au sens propre) ou élément de stratégie médiatique ? Prise en compte de son environnement ou simple outil de gestion ? En bref, fin ou moyen ? La logique et les faits apportent une réponse plutôt claire, qui permet de parler d'une véritable instrumentalisation du militantisme, donc de l'éthique par la même occasion. On voit cependant se dessiner une sorte d'obligation d'équilibre, pour l'entreprise, entre le profit qu'elle souhaite cyniquement obtenir [1] et la pression environnementale, entre la stratégie délibérée et l'effet de système. Le résultat en est que l'entreprise se trouve en permanence dans une situation dangereuse. La duplicité de son discours, sa course effrénée pour rester dans le mouvement qui lui est imposé mais qu'elle souhaite en même temps utiliser lui imposent un grand écart permanent, aux conséquences souvent négatives. Ce qui rend nécessaire le recadrage de ses relations avec l'éthique.

L'entreprise schizophrénique

Si l'entreprise se trouvait seulement partagée entre sa recherche du profit, et l'obligation de ne pas être prise en flagrant délit, elle se trouverait en état d'hypocrisie simple. Mais la réalité de sa recherche

---

1. Sous couvert de militantisme éthique.

de légitimité et son refus de reconnaître que le public n'est pas dupe de son instrumentalisation de l'éthique la montrent comme véritablement schizophrénique, présentant des attitudes totalement contradictoires.

■ La soif de légitimité

L'entreprise a de plus en plus besoin de légitimité dans le sens de la reconnaissance de son pouvoir et de l'importance de son rôle. Celle-ci dépasse le cadre du droit et de la justice, et suppose l'existence de représentations partagées quant à la façon de décrire les actions et quant à la façon de juger de leur bien-fondé (Laufer et Burlaud, 1997). Le militantisme est une des meilleures opportunités d'asseoir cette légitimité, et l'exploitation de l'action humanitaire serait faite en partie dans ce but. En utilisant le vocabulaire des ONG, les entreprises essaient de conquérir ce qui leur manquait : une reconnaissance morale. Le militantisme peut ainsi apparaître comme une sorte de course aux « indulgences », destinée à se faire absoudre du péché d'irresponsabilité sociale ou humaine. Il est alors difficile de nier une part de sincérité, même infime, dans cette quête de l'absolution. Elle représente sans doute ce que l'entreprise n'a jamais atteint, ni même osé espérer : faire du profit en étant approuvée, soutenue, aimée (?) des médias, de l'État, de ses salariés, des actionnaires et des clients, etc. Mais pour cela, il ne suffit pas, comme c'est le cas depuis quelques années, de noyer le public dans l'affirmation ostentatoire de ses responsabilités morales et l'omniprésence du discours vertueux. Le réveil est parfois un peu rude.

■ La duplicité du discours : l'éthique, maillon faible de la stratégie communicationnelle

Lorsque, manifestement, apparaît un écart entre le discours, les actions et les véritables buts de l'entreprise, émerge une grande impression d'hypocrisie, où le public soupçonne le monde entrepreneurial d'utiliser le message humanitaire et social afin de masquer d'autres intentions moins avouables. Plus que le concept lui-même, c'est son utilisation ostentatoire qui apparaît comme un leurre. Prenons un exemple de l'échec de la duplicité du discours avec le cas Danone. Comme les Anglo-Saxons, la France divulgue parallèlement aux rapports annuels, les rapports sociaux et environnementaux (*stakeholders reports*). Les entreprises se sont engagées, dans les années 1990, dans une démarche d'audit éthique et social à l'aide d'organisations spécialisées [1]. Danone, seul, a publié un rapport de « responsabilité sociale ». En 2000, Franck Riboud, PDG du groupe, déclare : « *... les entreprises qui réussiront [...] sont celles qui, comme la nôtre, sont animées par des valeurs fortes et placent l'homme au cœur de leur démarche* ».

Plus loin, on peut lire dans la partie « Valeurs et principes d'action » : « La performance de l'entreprise découle de l'attention qu'elle porte à ses salariés... l'humanisme, enfin, fonde la volonté de partage, le respect de l'autre et accompagne la responsabilité, lorsqu'elle est attention portée au salarié, au consommateur ou au citoyen [...] en 1998, la responsabilité sociale de l'entreprise a été affirmée comme l'un des quatre axes stratégiques de la politique humaine du groupe. » Ainsi se dégagent les valeurs morales et humaines d'une grande ampleur, ce qui serait plutôt rassurant. Malheureusement, émerge une discordance entre les propos tenus et les actes. En effet, en janvier 2001, le groupe a fait une erreur de communication à propos d'un plan de licenciement. Les médias furent, malheureusement, informés avant le comité d'entreprise. Ce plan de licenciement, devenu effectif en avril 2001, n'est d'ailleurs pas économique mais financier, afin de rassurer les actionnaires par la rationalisation des coûts à tout prix. Que devient alors la notion de responsabilité sociale ? On peut presque parler de catastrophe médiatique.

Le militantisme, utilisé comme un moyen plutôt qu'une finalité, ne peut convaincre personne. L'instrumentalisation de l'éthique ne pourra contribuer à instaurer une relation de confiance, tant qu'elle ne cherchera qu'à créer une image servant à conserver ses partenaires, et que chacun le verra.... Élément de la communication globale de l'entreprise, quand le discours publicitaire se dissocie de plus en plus du produit, le militantisme n'est, pour le public, qu'un support comme un autre. Pour l'instant, on l'a vu, les résultats sont intéressants, mais les risques ne le sont pas moins : méfiance, incrédulité des consommateurs et des collaborateurs, discordance entre les discours et les actes. OPA prédatrices, dépassements de devis concertés, pots-de-vin pour ventes d'armes, catastrophes écologiques, produits défectueux ou dangereux, délits d'initiés ou « affaires » en tout genre, le public ne peut manquer d'être informé des nombreux manquements à la morale...

Dans ce cas, entre le discours éthique insistant du monde organisationnel, diffusé en colloques, articles, démarches de consultants et

---

1. C'est le cas de Ben & Jerry aux États-Unis avec Paul Hawken, celui de The Body shop et Taidcraft en Grande-Bretagne avec la New Economic Foundation. En France, c'est celui de Nature et Découvertes avec Utopies (http : //www.utopies.com).

l'actualité médiatisée, concrète, comment ce public ne verrait-il pas un décalage ? Les conflits entre l'éthique personnelle des collaborateurs et celle de l'entreprise peuvent s'aggraver, et le problème du rapport entre la morale et le management se pose au quotidien, dans des circonstances de licenciement particulièrement dures, par exemple.

Il y a alors d'énormes risques pour l'image, car l'éthique et le militantisme représentent dans le système de médiatisation de l'entreprise des valeurs très fragiles, qui ont créé les conditions de véritables catastrophes médiatiques pour les entreprises qui n'ont pas su gérer les distorsions entre la vertu affichée et la réalité des faits. On se trouve alors face à des risques de distorsion dans le système de communication, liés aux dissonances entre le discours vertueux, l'affichage ostentatoire des responsabilités éthiques, et des faits que le public, les consommateurs, les citoyens ou les salariés ne peuvent que ressentir comme contradictoires [1].

■ Trop de militantisme tue

Le public n'est non seulement pas dupe, mais trop de militantisme, trop d'intentions éthiques peuvent l'agacer, le sensationnel humanitaire peut même le choquer. Beneton, avec ses campagnes publicitaires montrant des personnes atteintes du sida, des condamnés à mort, etc., serait la marque la plus boycottée en France.

L'évidence de l'hypocrisie peut avoir des conséquences négatives qui permettent parfois au public de rendre à l'entreprise la monnaie de sa pièce. Quand Axa a tenté de doubler le montant des primes d'assurance vie des parents d'enfants handicapés puis a dû faire machine arrière, le public a oublié qu'elle était la seule à assurer cette catégorie et son soutien de dix ans aux associations de handicapés. Quand la Camif [2], centrale d'achat réservée aux fonctionnaires, a décidé de s'ouvrir au grand public, elle lui a proposé de « consommer responsable » par le biais de produits fabriqués dans le respect des conditions humaines. La consommation éthique n'a pas trouvé son public, le groupe a perdu environ 300 millions de francs en 1999 et 150 millions de francs au premier semestre 2000. Selon la société conseil Experts, « les produits humanitaires ont un défaut majeur : ils sont chers, ou mal finis, ou affreusement ringards. Pour amener les clients normaux aux produits humanitaires, il faut leur présenter une offre aussi belle ou performante

---

1. Comme dans le cas de Danone ou de Total.
2. C. Legrand, « La consommation éthique a du mal à s'imposer en France », *Les Échos*, 23 octobre 2000, p 75.

que celle de la concurrence, et que son contenu éthique soit un plus ». En fait, les consommateurs voulaient montrer qu'ils n'étaient pas dupes du discours éthique, qui ne leur fait pas pour autant acheter n'importe quoi...

Cette situation contradictoire s'installe de plus en plus, où l'éthique peut ne pas faire assez vendre, parce qu'elle est trop militante, faute d'avoir trouvé son public ou de ne pas avoir vaincu son scepticisme. Le consommateur fixe ainsi une nouvelle « barre » : le produit doit être à la fois éthique et performant.

■ Le roi est nu... et croit que personne ne s'en rend compte ?

Étrangement, 'entreprise paraît ne pas avoir conscience de 'évidence de son hypocrisie, et continue d'agir comme si ses partenaires étaient dupes.

Étrangement, l'entreprise paraît ne pas avoir conscience de l'évidence de son hypocrisie, et continue d'agir comme si ses partenaires étaient dupes. Elle fait semblant de ne pas se savoir démasquée, comme les enfants regardent au travers de leurs doigts écartés... Il faut dire que le public regarde souvent ailleurs. On se demande même si certains ne sont pas rassurés, finalement, par la constatation de l'absence totale de grandeur d'âme de la part de l'entreprise dans ses tentatives éthico-militantes. Le monde entrepreneurial continue d'étaler imperturbable-ment ses bonnes intentions et ses déclarations moralisatrices, refusant de voir que sa volonté éthique n'est plus guère crédible. Coupée des réalités, on a l'impression que l'entreprise gère un militantisme rêvé généré par une éthique irréelle... Et, qu'en fait, personne ne croit vrai-ment au langage moralisant et au militantisme de l'entreprise, devenus, aux yeux de tous de simples procédés publicitaires. Le public n'est pas dupe, et l'on peut dire qu'en France, il ne l'a jamais été, comme le montre la réalité des faits et des sondages. D'après une étude Sofres [1], les Français n'attendent pas de l'entreprise « qu'elle se substitue aux acteurs caritatifs et associatifs en œuvrant pour le bien commun mais ils exigent qu'elle s'applique modestement à elle-même un code de bonne conduite inspiré de la morale individuelle ». 48 % pensent qu'une entreprise responsable est celle qui sait reconnaître ses erreurs, 22 % celle qui respecte parfaitement la loi et seulement 27 % celle qui s'implique pour l'intérêt général. Pour le public, un comportement éthi-que de la part des entreprises consiste par exemple à refuser de faire travailler les enfants du tiers monde (79 %), bien traiter ses salariés (65 %), informer honnêtement le public quand un produit présente un

---

1. « L'entreprise responsable », sondage Sofres auprès de 1 030 personnes, représentatives de la population française de 15 ans et plus. 15 décembre 2001.

risque (51 %) ; enfin, l'engagement pour l'environnement et les causes humanitaires est en queue de file, respectivement 26 % et 12 %.

L'opinion des Français sur la responsabilité des entreprises est plutôt mitigée : 48 % d'entre eux estiment que la majorité des entreprises se comporte de manière responsable, 44 % sont d'avis inverse. Les actionnaires et les cadres portent pour la plupart un regard positif sur la responsabilité des entreprises françaises, alors que les employés et les jeunes sont plus sceptiques.

Même dans l'humanitaire, on ne perd pas le sens des affaires, mais cela finit par se savoir... Alors, tout cela apparaît dans de nombreux cas comme un habile outil de marketing, et montre clairement l'entreprise en pleine opération de récupération. L'humanitaire, conçu comme un instrument de profit, s'il fait vraiment vendre, n'abuse pas pour autant le consommateur, conscient du détournement de l'éthique, réduite au rôle d'outil de communication et de support publicitaire. Les mesures de rétorsion restent cependant exceptionnelles, et un peu erratiques. Peut-être parce que consommateurs et bénéficiaires des actions humanitaires trouvent souvent leur compte dans celles-ci.

Un épisode comme celui d'Ikea annonçant à grand renfort de publicité son intention de reverser à tous ses salariés européens l'intégralité de la recette d'une journée en est un bon exemple. L'annonce a provoqué une véritable ruée, avec pour résultat un confortable bonus pour l'entreprise et chaque salarié, ainsi qu'une grande satisfaction des consommateurs. Ainsi, en France, l'exploitation de la misère humaine et des grandes causes à des fins mercantiles ressemble plus à un jeu triangulaire où chacun (public, bénéficiaires et entreprises) trouve son intérêt, qu'à un scandale moral. Le militantisme de l'entreprise est davantage perçu par le public comme une nouvelle donne des échanges commerciaux que comme un gage de la valeur morale et des bonnes intentions de l'entreprise, et cela ne le choque pas toujours, car il participe, en fait, à l'établissement de nouvelles règles.

Partagée entre sa soif de légitimité et sa recherche constante du profit, soumise à des pressions externes de plus en plus diversifiées, souvent peu crédible, l'entreprise vit une situation véritablement schizophrénique, où s'opposent des aspirations inconciliables. Elle en arrive à ne plus distinguer la réalité de son quotidien économique et social de ses fantasmes éthiques.

La sphère métamorale de l'entreprise

L'usage du militantisme fait par l'entreprise est déjà apparu justiciable de plusieurs paradigmes explicatifs, comme le profit, le souci de légitimité, ou même le désir d'implication sociétale, sans que l'éthique n'en apparaisse comme le fondement véritable. Pourtant, dans l'environnement de confusion qui règne autour du mot éthique en général et de son emploi en gestion en particulier, on peut se demander si, à propos du marketing social, mettre en lumière une hypocrisie que finalement personne ne songe à contester, n'est pas un faux problème.

■ Le contexte de confusion autour de l'éthique

S'il est possible de démontrer que l'entreprise est la seule à croire que personne ne connaît (ou ne reconnaît ?) sa finalité véritable, qui est le profit, ses efforts en matière éthique (déclaration d'intentions, chartes, chaires, etc.) se révèlent alors à usage uniquement interne. Dans ce cas, les justifications éthiques de l'entreprise, qui se situent à la fois à l'intérieur et à l'extérieur de la sphère morale de son environnement prennent un aspect très nettement incantatoire dans le domaine de l'humanitaire.

Le terme éthique lui-même est au centre d'une imposture terminologique d'un grand intérêt. Longtemps, dans la langue française, les mots « éthique » et « morale » ont eu exactement la même signification, leur seule différence résidant dans leur étymologie, la première étant grecque, donc savante, la seconde latine, plus populaire [1]. De subtiles distinctions philosophiques sont venues plus tard, au XVIIIe siècle, sous l'influence de la langue allemande (celle de Kant) essentiellement, réservant davantage à l'éthique le rôle de métamorale, de réflexion et de son analyse.

Mais la bonne vieille morale aux connotations actuellement très négatives dans le monde managérial [2] aurait sûrement coulé des jours tranquilles dans l'idiome vernaculaire si toute la littérature (américaine) de gestion de l'après-guerre n'avait pas apporté avec elle un bouleversement de nature essentiellement linguistique. La déferlante en vocabulaire de gestion l'a vite remplacée par l'éthique, simple traduction du

---

1. Latin : *moralis*, relatif aux mœurs, grec : *ethos*, comportement. Le français est familier de ces « doublons », comme anthologie et florilège.
2. « ... au cachet victorien suranné et répressif... », selon l'expression d'Alain Minc. Pourtant, notre pays a une longue tradition de « morale des affaires » qui remonte au Moyen Âge, où l'Église catholique recommandait de « faire un honnête profit » en vendant un « produit loyal » dont le produit « éthique » apparaît un peu comme un avatar.

seul terme anglais en usage. En plus de prononcer la condamnation à mort et à l'infamie du mot morale, ou tout au moins son ostracisme du domaine de la gestion, ce fait a ouvert la porte à des débats stériles, et qui durent encore, sur les mille et une définitions, distinctions et applications de l'éthique en management. Si l'on prend en compte le goût de l'esbroufe, l'anglomanie endémique et le désintérêt pour la linguistique de la littérature managériale, on en arrive à de cocasses situations de faux débats terminologiques sur des concepts qui n'en avaient pas besoin, construits récents et artificiels autour d'un quiproquo.

Au-delà des dérives ainsi engendrées, on perd de vue l'aspect transcendantal de l'éthique, lui prescrivant en gestion des domaines d'application de plus en plus spécialisés. À une époque où la tendance mondiale va vers une normalisation et une universalisation des cadres moraux, tant au niveau culturel (meilleure connaissance des principes religieux et philosophiques élémentaires) qu'au niveau institutionnel (déclaration et application des droits de l'Homme par l'ONU, etc.) on voit apparaître une dimension de plus en plus surréaliste du débat sur l'éthique et l'entreprise.

■ Vers une éthique symbolique ?

La véritable hypocrisie apparaît donc à ce niveau, beaucoup plus que dans des actions dont les véritables motivations ne trompent personne. L'éthique définie, énoncée, débattue ou même contestée dans toute la littérature managériale n'a pas vraiment de sens et, surtout, n'y a pas vraiment de place. Certes, le monde des affaires et de l'industrie est appelé, de plus en plus souvent, notamment en raison de son implication sociétale grandissante, à s'expliquer sur ses actes, à exposer clairement les raisons de ses décisions, à éclairer la collectivité sur une éthique que l'on peut qualifier de professionnelle. Mais il n'en reste pas moins que son usage est surtout interne, et que, comme la culture d'entreprise, l'éthique sert surtout à renforcer le consensus de la communauté organisationnelle.

On a vu que le grand public a tranché depuis longtemps dans le débat sur l'éthique et l'entreprise : l'éthique n'est pas l'affaire de l'entreprise, tout simplement. Elle est en dehors, dans ce que l'on pourrait appeler une « sphère métamorale », sur un autre terrain... Ce simple bon sens s'est retrouvé quelque temps dans la littérature paramanagériale française, celle du début de la médiatisation de l'entreprise et de la presse économique. On peut en donner pour exemple cette réflexion d'un praticien, Yvon Gattaz, qui déclarait, en 1989 : « Les entreprises constituent un milieu dont la finalité n'est pas la morale. Leur raison d'être, c'est tout de même de gagner de l'argent en vendant des produits ou des services à des clients satisfaits. » En écho, on peut lui adjoindre à la même époque, la définition solution proposée par J.-L. Servan-Schreiber, généralement peu critique vis-à-vis du monde patronal : « ... toute éthique des affaires a une limite obligatoire. Au mieux, tout en respectant des règles morales, elles poursuivent un ultime objectif amoral : le profit. (Pas immoral, seulement amoral.) »[1]

Que s'est-il donc passé ces dernières années ? Que la finalité ultime et inchangée de l'entreprise soit le profit est un fait, clair pour tout le monde. Que les activités industrielles et financières, pour obéir à la grammaire de l'argent, aient réellement besoin de cadres éthiques, même si ceux-ci sont quelque peu ambigus, constitue un tout autre problème et nous ramène à la dimension interne de l'éthique entrepreneuriale.

S'orienterait-on, alors, vers une éthique purement incantatoire, relevant davantage du symbolique que de l'ontologique ? Elle resterait liée au constant besoin de légitimation culturelle, sociale et morale que l'entreprise exprime depuis toujours. En 1999, le prix Nobel d'économie[2] fut décerné à l'économiste d'origine bengalie, Armartya Sen, pour ses travaux défendant le principe de la vertu qui renforcerait l'économie. Si l'économie du nouveau millénaire fait appel au profit, elle fait aussi appel à la morale, à la confiance, à la loyauté et au sens du devoir. Selon l'auteur, en étant plus vertueux, on peut être plus efficace car les comportements humains ont besoin de valeurs morales sans nuire à l'efficacité économique[3].

> **Malgré hypocrisies et incohérences, l'éthique, l'humanitaire et la gestion cohabitent d'une façon de plus en plus normalisée.**

En fait, malgré hypocrisies et incohérences, l'éthique, l'humanitaire et la gestion cohabitent d'une façon de plus en plus normalisée. Si le militantisme de l'entreprise est une vaste hypocrisie, on peut constater qu'elle n'est ni pure, ni simple. Que penser alors de la vision du Harvardien Chris Argyris ? Pour lui l'avenir de la morale dans l'entreprise paraît, depuis longtemps, plutôt sombre. En effet, à la question de Daniel Hall et Maurice Thévenet sur les évolutions de la société qui

---

1. Yvon Gattaz, *Le Métier de patron*, p. 284. On note une évolution intéressante depuis la conception catholique, qui a connu son apogée et sa fin dans les années cinquante, avec les grands mouvements de patronat chrétien.
2. F. Morenon, « Les marchés financiers sont devenus les gardiens du "socialement correct" », *Les Échos*, 14 mars 2000, p. 76.
3. Une étude menée par Mercer Management Consulting auprès de 800 grandes entreprises nord-américaines dans 35 secteurs différents montre que les entreprises qui licencient pour réduire les coûts enregistrent une progression plus faible (+ 16 %) des cours de Bourse que les autres entreprises (+ 26 %).

risquent d'être décisives ou problématiques pour les entreprises au XXIe siècle, il répond en ces termes : « L'intérêt pour l'argent va complètement miner ce qui m'intéresse, la motivation intrinsèque. Si la littérature de management commence à leur dire : "vous avez l'obligation d'être plus moral", les gens répondront : "Oui monsieur. Combien allez-vous me payer pour cela ?" » [1].

Ses propos font écho à ceux d'Alain Etchegoyen, qui, dans le même esprit, parlait dès 1991 d'une « morale de l'intérêt », et nous rappelait : « ... le trop fameux axiome des Américains : *Ethic pay.* » Allons-nous alors, dans ce cas, « lire le sens de la *vertu* de l'entreprise à la lueur de sa racine étymologique latine *virtus*, la force. Plus précisément, l'acception qu'il faudrait lui donner serait la conception aristotélicienne de l'*arêtè*. Ce terme, généralement traduit par vertu, serait souvent mieux rendu par "excellence"... » [2]

Ce n'est pas au niveau des concepts que nos craintes s'expriment, mais plutôt à propos de l'usage qui en est fait. Nos réserves sont de même nature que pour la culture d'entreprise, par exemple, orientées dans la direction des errances du pouvoir et des manipulations psychologiques. Comme celle de la culture, l'utilisation excessive de la morale telle qu'elle est pratiquée par les entreprises peut abuser à la fois le public, le corps social, les collaborateurs. Elle en arrive alors à se présenter comme une « machine à consensus » interne et instrument de déculturation et d'aliénation externe.

Il ne nous appartient cependant pas ici de faire le procès du concept ou de « la mode » de l'éthique. On peut juste penser que la référence faite sans cesse à l'éthique peut non seulement apparaître comme un discours plaqué, coupé des vrais centres d'intérêt et de préoccupation, où l'on évacue souvent les véritables questions, mais aussi comme une preuve de cynisme, d'hypocrisie ou de désillusion. Pour notre part, à l'interrogation du philosophe allemand Otfried Höffe [3] : « *l'éthique sera-t-elle la science incontournable du XXIe siècle ou deviendra-t-elle un simple label de bonnes intentions ?* » la réponse semble claire. À moins que l'éthique ne soit un jour considérée, tout simplement, comme un pur produit de l'imaginaire organisationnel.

---

1. Entretien rapporté dans *La Revue française de gestion,* n° 100, sept.-oct. 1994, p. 77.
2. M. Gomez et J.-F. Trinquecoste, *Problèmes économiques*, n° 2372, avril 1994, p. 14.
3. *Petit Dictionnaire d'éthique*, Cerf, Paris, 1993.

Conclusion générale

André BOYER

Au fil de cet ouvrage, on se sera convaincu que notre intention n'était nullement de concurrencer les philosophes qui se sont emparés du champ de l'entreprise afin de vendre des principes et des règles éthiques adaptées à des entreprises désorientées par la société mondialisée et anxieuses de disposer de règles solides.

L'objectif de notre travail était plutôt de clarifier le sens de notre proposition liminaire, à savoir que l'éthique de gestion n'a de sens que par rapport à la gestion et non relativement à l'éthique, en observant, en décrivant et en analysant les actes de l'entreprise sous l'angle éthique dans leurs différentes dimensions.

Que le XXIᵉ siècle soit éthique ou non, les entreprises seront toujours guidées par l'objectif du profit, si bien que l'éthique n'entre véritablement en jeu dans l'entreprise que lorsque l'absence ou l'insuffisance d'éthique contrarie le profit. L'éthique est, en ce sens, un effort pour retrouver le chemin du profit à long terme face à la tentation de donner la priorité au profit à court terme. On peut considérer aussi que lorsque l'éthique s'inscrit dans le court terme, elle n'est qu'une hypocrisie en général assez vaine, tandis que l'éthique de gestion ancrée dans le long terme des relations de l'entreprise avec ses partenaires trouve sa véritable signification. L'éthique de gestion est donc, pour nous, un outil stratégique de long terme.

Le gestionnaire se trouve toujours tenté d'invoquer le « véritable » besoin d'éthique qui l'inspire, hors de toute considération pratique. Il est en effet libre de se référer à son éthique personnelle, d'autant plus que les certitudes collectives face à la Vérité ou la Raison s'éloignant, il dispose théoriquement d'un large éventail de choix éthiques.

Cependant, l'exemple de la gouvernance d'entreprise démontre que les valeurs éthiques sont plus au service du marché qu'à celui de l'actionnaire. Les règles déontologiques qui la régissent ont en effet pour but de fixer les devoirs respectifs des dirigeants de sociétés cotées et des gestionnaires d'actifs pour compte de tiers, alors que ces derniers ne sont pas de véritables actionnaires. Comment croire, dans ces conditions, à une véritable exigence générale d'éthique ?

De même, au plan de la gestion des ressources humaines, si l'on peut avancer que la question de l'éthique est fortement liée à la problématique de la confiance, il s'agit simplement d'utiliser ce concept pour valoriser l'entreprise dans le cadre de son développement stratégique. Lorsqu'on se place, enfin, au niveau d'un acte de gestion aussi fondamental et élémentaire que la vente, force est de constater que les qualités d'un vendeur, sa mobilité, ses capacités d'interprétation et sa plasticité sont en opposition profonde avec la stabilité, la permanence et la construction d'un chemin, qui caractérisent l'éthique. Il n'est pas impossible de concevoir une vente éthique, mais il faut pour cela une volonté stratégique, qui ne soit pas asservie à l'objectif de profit. Nous retrouvons donc ici notre proposition liminaire.

Si, au niveau global, les critères éthiques permettent de justifier des choix de développement au nom des idées de justice, d'équité, de solidarité, et d'établir des règles permettant d'évaluer si les entreprises atteignent un minimum requis d'éthique, au plan des stratégies des entreprises mondialisées, le concept d'éthique de l'entreprise devient relatif. En effet, en raison de la pluralité des valeurs morales, reliée à la diversité des cultures, on se trouve face à un concept fluctuant, adaptable et non universel selon que l'on se réfère par exemple à une approche plutôt latine, avec l'idée de valeurs, de finalité morale, du bien ou du mal ou à une approche à l'anglo-saxonne, plutôt axée sur les aspects pragmatiques et matériels.

▷ Le concept d'éthique d'entreprise n'est pas critiquable en soi, mais son domaine d'application reste flou.

Le concept d'éthique d'entreprise n'est pas critiquable en soi, mais son domaine d'application reste flou et se prête donc à des usages discutables, au même titre que la culture d'entreprise orientée dans la direction des errances du pouvoir et des manipulations psychologiques. L'utilisation de la morale telle qu'elle est pratiquée par les entreprises peut abuser à la fois le public, le corps social et leurs collaborateurs. Elle en arrive alors à se présenter comme une « machine à consensus » interne et instrument de déculturation et d'aliénation externe.

Peut-on démontrer que l'économie du XXIᵉ siècle sera capable de concilier à la fois le profit et la morale ? Comment normaliser leurs rapports ? Si de nombreux auteurs pensent qu'il n'y a pas d'autre morale dans l'entreprise que le profit, c'est que la référence faite à l'éthique dans l'entreprise peut apparaître comme une marque de cynisme, voire d'hypocrisie. Dans la mesure où l'entreprise est un simple espace professionnel qui n'a pas à secréter ses propres valeurs, ce n'est pas à l'entreprise de s'emparer de l'éthique mais au contraire à l'éthique d'encadrer l'activité économique.

Du point de vue de l'éthique d'entreprise, cette dernière n'a pas vocation à déterminer des principes éthiques qui conviendraient à ses actionnaires, cadres, employés, clients ou fournisseurs : ces principes sont connus, tels le respect des clients et du personnel, la protection de l'écosystème, et d'une façon générale les normes de la société. Personne ne peut raisonnablement prétendre ignorer l'éthique en vigueur dans notre société. Il nous paraît par conséquent déplacé d'inviter les entreprises à la redécouvrir ou à la réinventer.

Sans entretenir la confusion avec la morale individuelle, il reste pourtant à l'entreprise à s'adapter et parfois à anticiper l'évolution des normes éthiques, ainsi qu'à résoudre les problèmes d'application des principes éthiques pour chaque situation de gestion vécue en son sein : à ce titre l'éthique fait bien partie des disciplines de gestion.

Bibliographie

Ouvrages sur l'éthique

Arendt H., *Condition de l'homme moderne*, Presses Pocket, Agora, Paris, 1961.

Arendt H., *La crise de la culture*, Gallimard, coll. « Folio essais », Paris, 1994.

Arendt H., *Considérations morales*, Payot Rivages, Paris, 1996.

Badiou A., *L'éthique. Essai sur la conscience du mal*, Hatier, Paris, 1993.

Benoit J., *Graine d'éthique*, Presses de la renaissance, Paris, 2000.

Bernier A.G et Pouliot F., *Éthiques et conflits d'intérêts*, Liber, Éthique Hors-Série, CEP,1999.

Besnier J.-M. *et al., La société en quête de valeurs*, ouvrage collectif, Maxima Laurent du Mesnil Éditeur, Paris, 1996.

Canivez P., *Éduquer le citoyen*, Hatier, Paris, 1995.

Changeux J.-P. (dir.), *Fondements naturels de l'éthique*, Odile Jacob, Paris, 1993.

Conche M., *Le fondement de la morale*, PUF, Paris, 1993.

Darcangues J., *Contre les fausses valeurs de la modernité : éthique et déontologie pour un nouvel humanisme*, Éd. de l'Orme, 1989.

Dherse J.-L. et Minguet H., *L'éthique ou le chaos ?,* Presses de la Renaissance, Paris, 1998.

Delsol C., *Le souci contemporain*, Complexe,1996.

Dumont L., *Essais sur l'individualisme. Une perspective anthropologique sur l'idéologie moderne*, Seuil, coll. « Points essais », Paris, 1995.

Dupouey P., *Éthique et formation*, Insep Éditions, Paris, 1998.

Engel L., *La responsabilité en crise*, Hachette, Paris, 1995.

Eslin J.-C., Arendt H., *L'obligée du monde*, Michalon, 1996.

Fuchs E., *Comment faire pour bien faire ?*, Labor et Fides, 1995.

Habermas J., *Raison et légitimité : problèmes de légitimation dans de capitalisme avancé*, Payot, Paris, 1978.

Habermas J., *Morale et communication*, Cerf, Paris, 1987.

Habermas J., *Théorie de l'agir communicationnel*, Fayard, Paris, 1988.

Jankélévitch V., *Le paradoxe de la morale*, Seuil, Paris, 1981.

Jarrosson B., *Humanisme et technique*, PUF, coll. « Que sais-je ? », Paris, 1996.

Jonas H., *Le principe de responsabilité. Une éthique pour la civilisation technologique*, Cerf, Paris, 1990.

Joule R.-V., Beauvois J.-L., *Petit traité de manipulation à l'usage des honnêtes gens*, Presses universitaires de Grenoble, 1987

Jonas H., *Pour une éthique du futur*, Payot Rivages, Paris, 1998.

Kant E., *Fondements de la métaphysique des mœurs*, Librairie philosophique J. Vrin, Paris, 1992.

Kant E., *La raison pratique*, PUF, Paris, 1991.

Kremer-Marietti A., *L'éthique*, PUF, coll. « Que sais-je ? », Paris, 1987.

Lacan J., *L'éthique de la psychanalyse*, Seuil, Paris, 1986.

Larmore C., *Modernité et morale*, PUF, Paris, 1994.

Le Bihan C., *Les grands problèmes de l'éthique*, Mémo Seuil, Paris, 1997.

Levinas E., *Éthique et infini*, Le livre de poche, coll. « Biblio essais », Paris, 1984.

Lipovetsky G., *Le crépuscule du devoir. L'éthique indolore des nouveaux temps démocratiques*, Gallimard, Paris, 1992.

Lipovetsky G., « L'ère de l'après-devoir », in Besnier *et al., La société en quête de valeurs*, Maxima, 1996.

Lyotard J.-F., *Moralités postmodernes*, Galilée,1993.

Misrahi R., *La signification de l'éthique*, Les Empêcheurs de penser en rond, Paris, 1995.

Misrahi R., *Qu'est ce que l'éthique ?*, Armand Colin/Masson, Paris, 1997.

Mosse-Bastide R.-M., *Genèse de l'éthique*, Éd. Patino, 1986.

Nietzche, *La généalogie de la morale*, Garnier-Flammarion, Paris, 1996.

Peyrefitte A., *La société de confiance*, Odile Jacob, Paris, 1995.

Platon, *Œuvres complètes*, Gallimard, Paris, 1950.

Prades J.-A., *L'éthique de l'environnement et du développement*, PUF, coll. « Que sais-je ? », Paris, 1995.

Rawls J., *La théorie de la justice*, Seuil, Paris, 1987.

Rawls J., *Le droit des gens*, Éd. Esprit, 1996.

Ricœur P., *Soi-même comme un autre*, Seuil, Paris, 1990.

Ricœur P., *La critique et la conviction*, Calmann-Levy, Paris, 1995.

Ricœur P., *Le juste*, Éd. Esprit, 1995.

Russ J., *La pensée éthique contemporaine,* PUF, coll. « Que sais-je ? », Paris,1994.

Schopenhauer A., *Le fondement de la morale*, Livre de poche, Paris, 1991.

Sibony D., *Entre dire et faire*, Grasset, Paris, 1989.

Spinoza B., *L'éthique*, Gallimard, Paris, 1954.

Steiner C.-M., *Des scénarios et des hommes*, Desclée de Brouwer, Paris,1974.

Taylor C., *Le malaise de la modernité*, Cerf, Paris, 1994.

Varela F.-J., *Quel savoir pour l'éthique ?*, La Découverte, Paris, 1996.

Dictionnaires d'éthique

Canto-Sperber M. (dir.), *Dictionnaire d'éthique et de philosophie morale*, PUF, Paris, 1996.

Höffe O. (dir.), *Petit dictionnaire d'éthique*, Éditions universitaires Fribourg et Cerf, 1993.

Sfez L. (dir.), *Dictionnaire critique de la communication*, PUF, Paris, 1993.

Ouvrages sur l'éthique de gestion

Ambroselli C., *Le comité d'éthique*, PUF, coll. « Que sais-je ? », Paris, 1990.

Arnsperger C. et Van Parijs P., *Éthique économique et sociale*, La Découverte, Paris, 2000.

Appel K.-O., *Éthique de la discussion*, Cerf, Paris, 1994.

Bergman A., *Éthique et gestion*, Encyclopédie de gestion, tome 2, Economica, Paris, 1992.

Berger J.-L., *Droit et déontologies professionnelles*, Librairie de l'Université, 1997.

Bidault F., Gomez P.-Y., Marion Gilles, *Confiance, entreprise et société*, ESKA, 1995.

Blanchard K., Peale Norman V., *Éthique et management*, Éditions d'Organisation, Paris, 1988.

Blanchard K. et Peale N.V., *Éthique et management*, Éditions d'Organisation, Paris, 1988.

Claude J.-F., *L'éthique au service du management : concilier autonomie et engagement pour l'entreprise*, Éd. Liaisons, Paris, 1998.

Combe P. et Deschamps P., *Éthique en toc*, Les Presses du management, Paris, 1989.

De Carmoy H., *Stratégie bancaire : le refus de la dérive*, PUF, Paris, 1988, réed. 1996.

Debord G., *La société du spectacle*, Gallimard, coll. « Folio », Paris, 1996.

Dejoux C., *Les compétences au cœur de l'entreprise*, Éditions Organisation, Paris, 2001.

De la Bruslerie H., *Éthique, déontologie et gestion de l'entreprise*, Economica, Paris, 1992.

Etchegoyen A., *La valse des éthiques*, François Bourin, Presses Pocket, Paris, 1991.

Etchegoyen A., *Le corrupteur et le corrompu*, Julliard, Paris, 1995.

Even Granboulen G., *Éthique et économie, Quelle morale pour l'entreprise et le monde des affaires ?*, L'Harmattan, Paris, 1998.

Feldman J., Canter R., *Éthique dans la pratique des sciences humaines*, L'Harmattan, Paris, 2000.

Forrester V., *L'horreur économique*, Fayard, Paris, 1996.

Gélinier O., *L'éthique des affaires. Halte à la dérive*, Seuil, Paris, 1991.

Giraud, P.-N., *L'inégalité dans le monde. Économie du monde contemporain*, Gallimard, coll. « Folio », Paris, 1996.

Habermas J., *Morale et communication*, Cerf, Paris, 1986.

Habermas J., *L'éthique de la communication*, PUF, Paris, 1987.

Iribarne (d') P., *La logique de l'honneur. Gestion des entreprises et traditions nationales*, Seuil, Paris, 1989.

Iribarne (d') P., *Vous serez tous des maîtres. La grande illusion des temps modernes*, Seuil, Paris, 1996.

Koestenbaum P., *Les quatre vérité du management : vision, réalité, éthique, courage*, Interéditions, Paris, 1993.

Koestenbaum P., *Socrate et le business : les conseils d'un philosophe aux dirigeants d'entreprise*, Interéditions, Paris, 1998.

Legendre P., *L'empire de la vérité. Introduction aux espaces dogmatiques industriels*, Fayard, Paris, 1983.

Legendre P., *La fabrique de l'homme occidental*, Arte, Mille et une nuits, 1996.

Lemaire J., Wachtelaer C., *L'éthique des affaires*, Éd de l'Université de Bruxelles, 2001.

Le Goff J.-P., *Le mythe de l'entreprise : critique de l'idéologie managériale*, La Découverte, Paris, 1992.

Le Goff J.-P., *Les illusions du management. Pour le retour du bon sens*, La Découverte, Paris, 1996.

Le Mouel J., *Critique de l'efficacité*, Seuil, Paris, 1991.

Le Tourneau P., *L'éthique des affaires et du management au XXe siècle*, Dalloz, Paris, 2000.

Mercier S., *L'éthique dans les entreprises*, La Découverte, Paris, 1999.

Mousse J., *Fondements d'une éthique professionnelle*, Éditions d'Organisation, Paris, 1989.

Moussé J., *Éthique et entreprises*, Vuibert, Paris, 1993.

Nillès, J.-J., *L'éthique comme outil de management des forces de vente, une application à la vente directe*, thèse pour le doctorat en sciences de gestion, Université de Savoie, 1998.

Puel H., *L'économie au défi de l'éthique, essai d'éthique économique*, Cerf, Paris, 1989.

Seguéla J., *Ne dites pas à ma mère que je suis dans la publicité, elle me croit pianiste dans un bordel*, Flammarion, Paris, 1979.

Seidel F., *Guide pratique et théorique de l'éthique des affaires et de l'entreprise*, Éditions Eska, 1994.

Sen A., *Éthique et économie, philosophie morale*, PUF, Paris, 1996.

Tourneau P., *L'éthique des affaires et du management au XXIe siècle*, Dalloz, Dunod, Paris, 2000.

Usunier J.-C., *Confiance et performance : un essai de management comparé France/Allemagne*, ouvrage collectif, Vuibert FNGE, Cahors, 2000.

Usunier J.-C. et Verna G., *La grande triche*, La Découverte, Paris, 1994.

Weber M., *L'éthique protestante et l'esprit du capitalisme*, Press Pocket, coll. « Agora », Paris, 1993.

Ouvrages sur l'éthique de gestion en anglais

Aldson T., Werhane P., *Ethical issues: a philosophical approach*, Prentice Hall, 1988.

Baron David P., *Business and its environment*, Prentice Hall, 2000.

Beauchamp T.L. et Bowie N.E., *Ethical Theory and Business*, Practive Hall, 1988.

Beauchmap T.L. et Bowie N.E., *Ethical Theory and Business*, Practice Hall, 1988.

Bucholtz R.A, *Fundamental Concepts and Problems in Business Ethics*, Prentice-Hall, Inc, Englewoods Cliffs, New Jersey, 1989.

Cannon T., *Corporate responsability: a textbook on business ethics; governance environment: roles and responsabilities*, Pitman, 1994.

Choko Lawrence B., *Ethical decision making in marketing*, Sage, 1995.

Donaldson, T., *The ethics of international Business*, New York, Oxford University Press, 1989.

Dunfee Thomas W., Nagayasu Y., *Business ethics: Japan and the global economy*, Kluwer, 1993.

Frederick W., Preston Lee E., *Business ethics: research issues and empirical studies*, JAI, 1990.

Mahoney J., *Teaching business ethics in the UK Europe and USA: a comparative study*, Athlone, 1990.

Punch M., *Dirty Business Exploring Corporate Misconduct Analysis and Cases*, Sage Publications, 1996

Ulrich D.D. Lake, *Organizational capability: Competing from the inside out*, New York, John Wiley & Sons, 1990.

Velasquez M.G., *Business ethics: concept and cases*, Prentice Hall, 1988.

Velasquez M.G. *et al., Ethics, Concepts and Cases*, Prentice Hall, 1988.

Articles sur l'éthique de gestion en langue française

Barth I., « Faire de la recherche en vente, la question de la méthode », *Congrès AFM Deauville*, mai 2001.

Barth I., « Proposition pour une épistémologie de la vente », *Colloque épistémologie et méthodologie en sciences de gestion*, novembre 2000.

Benoît D., « La fin justifie-t-elle les moyens ? Techniques de communication d'entreprise et éthique », *La communication d'entreprise : regards croisés Sciences de gestion, Sciences de l'information et de la communication*, 5ᵉ colloque du Centre de recherche en information et communication (CRIC), Nice, 6-7 décembre 2001, p. 265-276.

Berthon J., « Indices et performances boursières dans l'investissement éthique », *Revue d'économie financière*, p. 137-143.

Breuer J.-P. et de Bartha P., « La médiation interculturelle au secours des partenariats franco-allemands », revue *Annales des Mines*, 1993, p. 50-58.

Chambolle T., « Le point de vue d'un responsable d'entreprise », *Éthique économique : fondements, chartes éthiques, justice, CREEADP*, Actes du colloques d'Aix-en-Provence, 6-7 juillet 1995, p. 153-165.

Claude J.-F., « Gestion éthique du personnel au quotidien », *Entreprise éthique,* n° 8, avril 1998.

Claude J.F., « Valeur, confiance, sens », *Entreprise éthique*, n° 6, avril 1997.

Charreaux G., « Le rôle de la confiance dans le système de gouvernance des entreprises », *Economies et Sociétés, Sciences de gestion*, n° 8-9, 1999, p. 47-65.

Chavagneux C., « Des banques aux mains sales », *Alternatives économiques*, n° 194, juillet-août 2001, p. 34-37.

Colloque : *Éthique et performance de l'entreprise : morale et réussite*, Actes du colloque GSI, 17-19 octobre 1991, Collioures, 1993.

Courrent J.-M., Mercier S., « La formalisation de l'éthique en gestion », IXᵉ *Conférence Internationale de Management Stratégique, AIMS 2000*, Montpellier, 24-26 mai 2000 (actes sur CD-ROM).

Delga J., « Éthique et entreprise », *Tertiaire*, n° 93, septembre-octobre 2000, p. 52-58.

Di Domenico C., Fay É., Seidel F., « Éthique des affaires et civilisation européenne », propos d'étape n° 3, décembre 1993 : chaire d'enseignement créée avec le soutien de Lyonnaise des Eaux-Dumez et le groupe Schneider, Groupe ESC Lyon, 1993.

Donaldson T., Dunfee T.W., « Quand l'éthique parcourt le globe », *L'Expansion management Review*, juin 2000, p. 29-40.

Doucet R., « L'éthique et la gestion des ressources humaines », *Gestion*, vol. 16, n° 2, mai 1991, p. 70-77.

Dryancour G., « Les chartes éthiques sont-elles un outil de gestion ? », *Éthique économique : fondements, chartes éthiques, justice, CREEADP,* Actes du Colloques d'Aix-en-Provence, 6-7 juillet 1995, p. 125-131.

Eliet G., « Définir la déontologie financière », *Revue d'économie financière*.

Gauthier L., « L'impact des chartes d'éthique », *Revue française de gestion*, sept-oct 2000, p. 77-88.

Girard D., Prouvost M., « La gestion des risques éthiques dan sles entreprises au Québec : le rôle du conseil d'administration », *Le Management aujourd'hui : une perspective nord- américaine,* M. Côté et T. Hafsi (coord.), Economica, Presses de l'université Laval, 2000, p. 416-424.

Hollet S., « Une remise en cause des agents stresseurs du commercial, la notion de *burnout* », *Congrès AFM Deauville*, mai 2001.

Isaac H. et Mercier S., « Éthique ou déontologie : quelles différences pour quelles conséquences managériales ? L'analyse comparative de 30 codes d'éthique et de déontologie », *IXᵉ Conférence Internationale de management stratégique, AIMS 2000*, Montpellier, 24-26 mai 2000 (actes sur CD-Rom).

Marion G., « La nouvelle crise des modèles rationalisateurs du marketing », *Revue française de gestion*, 1999, p. 81-90.

Marion G., Fay É., Seidel F., « Éthique des affaires et civilisation européenne », propos d'étape n° 2, juin 1992 : chaire d'enseignement créée avec le soutien de Lyonnaise des Eaux-Dumez et le groupe Schneider, Groupe ESC Lyon, 1992.

Micallef A., « Positivisme et relativisme en théorie commerciale, analyse d'une évolution et nouvelle formulation », *Économie et Société*, tome XVIII, 1984, p. 31-61.

Minguet D.M. (1995), « "Table ronde", Éthique économique : fondements, chartes éthiques, justice », CREEADP, Actes du colloques d'Aix-en-Provence, 6-7 juillet, p. 143-175.

Mousse J., « Le chemin de l'éthique », *Revue française de gestion*, mars-avril-mai 1992, p. 61-66.

Nantel J.A., Weeks W.A., « L'éthique en marketing : d'une approche utilitariste à une approche déontologique », *Gestion*, vol. 16, n° 2, mai 1991, p. 57-63.

Naudet *et al.*, « Éthique financière », Actes du colloque d'Aix-en-Provence, 1er et 2 juillet 1999, Librairie de l'université d'Aix-en-Provence.

Obrecht J.-J., « L'éthique et le nouvel entrepreneur », *Gestion 2000*, n° 1, février 1994, p. 37-55.

Ortiz-Ibarz J.-M., « "Table ronde", Éthique économique : fondements, chartes éthiques, justice », CREEADP, Actes du colloques d'Aix-en-Provence, 6-7 juillet 1995, p. 143-175.

Ortiz-Ibarz M. et Echevarria Torres M., « La nécessité de la codification éthique dans l'entreprise », *Éthique économique : fondements, chartes éthiques, justice, CREEADP,* Actes du colloque d'Aix-en-Provence, 6-7 juillet 1995, p. 147-150.

Padioleau J.G., « L'éthique est-elle un outil de gestion ? », *Revue française de gestion*, juin-juillet-août 1989, p. 82-91.

Pasquero J, « Fusions et acquisitions : principes d'analyse éthique », *Revue française de gestion*, juin-juillet-août 1989, p. 97-108.

Pecqueur M., « L'éthique au quotidien », *Revue française de gestion*, juin-juillet-août 1989, p. 92-96.

Pesqueux Y., Bergniol B., « Entreprise, éthique des affaires et société : du regard académique à celui du protestantisme », *Cahier de recherche HEC*, n° 496/1994.

Saporta B. et Verstraete T., « Réflexions sur l'enseignement de l'entrepreneuriat dans les composantes en Sciences de gestion des universités françaises », *Gestion 2000*, n° 3, mai-juin 2000, p. 97-121.

Schmidt C., « Un autre utilitarisme, celui de Sen », *Problèmes économiques*, n° 2693, décembre 2000, p. 16-20.

Schweitzer S., « La morale, l'entrepreneur et l'histoire de la pensée économique », *Éthiques des affaires : de l'éthique de l'entrepreneur au droit des affaires, CREEADP,* Actes du colloque d'Aix-en-Provence, 4-5 juillet 1996, p. 131-138.

Verna G., « Éthique réactive ou proactive : les victimes et les barbares », *Éthique des affaires*, vol 1, n° 5, octobre 1996.

Articles sur l'éthique de gestion en langue anglaise

Akaah I.P., « Attitudes of Marketing Professionals Toward Ethics in Market Research: A Cross National Comparison », *Journal of Business Ethics,* 9, 1990, p. 45-53.

Bavaria S., « Corporate Ethics Should Start in the Boardroom », *Business Horizons*, janv.-févr. 1991, p. 9-12.

Barney J., Wright P., « On becoming a strategic partner: The rôle of human ressources in gaining a competitive advantage », *Human Resources Management*, n° 37(1), 1998, p. 99-120.

Barney J., « Firm ressources and sustained competitive advantage », *Journal of Management*, n° 17, 1991, p. 99-120.

Beltramini R.F., « Ethics and the Use of Competitive Information Acquisition Strategies », *Journal of Business Ethics*, vol. 5, 1986, p. 307-311.

Buller P.F., McEvoy Glenn M., « Creating and Sustaining Etical Capability in the Multi-National Corporation », *Journal of World Business*, n° 34(4), 1999, p. 326-343.

Burke F., Blodgett M., Carlson P., « Corporate Ethics Codes: A new Generations Tool for Global Management and Decision Making », *International Journal of Value Based management*, vol. 11, issue 3, 1998, p. 201-213.

Cavanagh G.F., Moberg D.J., Velasquez M., « Making Business Ethics Practical », *Business Ethics Quarterly*, 5(3), 1995, p. 399-418.

Delaney J.T., Sockell D., « Do Company Ethics Training Programs Make a Difference ? An Empirical Analysis », *Journal of Business Ethics*, 11, 1992, p. 719-727.

Dolecheck M.M., Dolecheck C.C., « Cross Cultural Analysis of Business Ethics in Hong-Kong and American Business Personnel », *Journal of Managerial Issues*, 4(2), 1992, p. 288-303.

Donaldson T., « When is different just different, and when is different wrong ? », *Harvard Business Review*, sept.-oct. 1996.

Driscoll D.M., Hoffman M.W. Petry E.S., « Nynex Regains Moral Footing », *Personnel Journal*, 75(6), 1996, 147-156.

Forsyth D.R., « Judging the Morality of Business Practices: The Influence of Personal Moral Philosophies », *Journal of Business Ethics*, 11, 1992, p. 461-470.

Frederickson H.G., Jeremy D., « Ethics in Contemporary », *Human Resources Management*, vol. 28, issue 4, 1999, p. 501-504.

Fritzsche D.J., « A Model of Decision Making Incorporating Ethical Values », *Journal of Business Ethics*, 10, 1991, p. 841-852.

Galbraith S., Stephenson H., « Decision Rules Used by Male and Female Business Students in Making Ethical Value Judgements: Another Look », *Journal of Business Ethics*, 12, 1993, p. 227-233.

Grunbaum L., « Attitudes of Future Managers Towards Business Ethics: A Comparison of Finnish and American Students », *Journal of Business Ethics*, 16, 1997, p. 451-463.

Hoffman M.W., Kamm J.B., Frederick R.Z., Petry S.E. (eds.), « Emerging Global Business Ethics », *Quorum Books*, Westport, Connecticut, 1994.

Hyman M.R., Skipper, Tansey R., « Ethical Codes Are Not Enough », *Business Horizons*, mars-avril 1990, p. 15-22.

Jones T.M., « Ethical Decision Making by Individuals in Organizations: An Issue-Contingent Model », *Academy of Management Review*, 16(2), 1991, p. 366-395.

Kavathatzopoulos L., « Morality Can Be Taught », *European Business Ethics*, Newsletter 5, septembre 1991.

Kellough J.E., « Special Ethics Issue: Reinventing Public personnel Management », *Public Personnel Management*, vol. 28, issue 4, 1999, p. 655-688.

Key S., Popkin S.J., « Integrating ethics into the strategic management process », *Management Decision*, vol. 36, 1998, p. 331-338.

Koehn D., Petrick J.A., Quinn J.F., « Mangement Ethics: Intergity at Work », *Business Ethics Quaterly*, vol. 9, issue 4, 1999, p. 713-718.

Light E., « Business with Soul », *New Zealand Business*, 9(8), septembre 1995, p. 35-37.

Litz R., « A ressource-based view of the socially responsible firm: Stakeholder interdependence, ethical awareness, and issue responsiveness as strategic assets », *Journal of Business Ethics*, n° 15, 1996, p. 1355-1363.

McDonald G.M., Zepp R., « What Should Be Done: A Practical Approach to Business Ethics », *Management Decision*, 28(1), 1990, p. 9-14.

McDonald G.M, Pak C.K., « Acculturation and Business Ethics: Expatriate Managers in a Cross Cultural Context », *Proceedings of the Inaugural Conference of the Centre for the Study of Business Values*, Hong-Kong, 1-3 juin 1994, p. 257-285.

McIntyre R.P., Capen M.M., « A Cognitive Style Perspective on Ethical Questions », *Journal of Business Ethics*, 12, 1993, p. 629-634.

Metzger M., Dalton D.R., Hill J.W., « The Organization of Ethics and The Ethics of Organisations : The Case for Expanded Organisational Ethics Audits », *Business Ethics Quarterly*, 3(1), 1993, p. 27-43.

Minkes A.L., Small M.W., Chatterjee S.R., « Leadership and Business Ethics: Does It Matter ? Implication for Management », *Journal of Business Ethics*, vol 20, issue 4, 1999, p. 327-335.

Murphy E.R., Smith J.E., Daley J.M., « Executive Attitudes, Organisational Size and Ethical Issues: Perspectives on a Service Industry », *Journal of Business Ethics*, 11, 1992, p. 11-19.

Premeaux S.R., Mondy R.W., « Linking Management Behaviour to Ethical Philosophy », *Journal of Business Ethics*, 12, 1993, p. 349-357.

Reamer F.G., « The social Work Ethics Audiat: A Risk-Management Strategy », *Social Work*, vol. 45, issue 4, 2000, p.335-338.

Singhapakdi A., Vitell S.J., « Marketing Ethics: Factors Influencing Perceptions of Ethical Problems and Alternatives », *Journal of Macro Marketing*, 12, printemps 1990, p. 4-18.

Stark A., « What's the Matter with Business Ethics ? », *Harvard Business Review*, 71, 1993, p. 38-48.

Stead B.A., Miller J.J., « Can Social Awareness be Increased Through Business School Curricular », *Journal of Business Ethics*, 7, 1988, p. 553-560.

Stevenson T.H., Bodkin C.D., « A cross national comparison of university student's perceptions regarding the ethics and acceptability of sales practices », *Journal of Business Ethics*, 17, 1998, p. 45-55.

Stead E.W., Worrell D.L., Stead J.G., « An Integrative Model for Understanding and Managing Ethical Behaviour in Business Organisations », *Journal of Business Ethics*, 9, 1990, p. 233-242.

Trevino L.K.,Youngblood S.A., « Bad Apples in Bad Barrels: A Casual Analysis of Ethical Decision-Making Behaviour », *Journal of Applied Psychology*, 75(4), 1990, p. 378-385.

Tse A., Au A.K., « Are New Zealand Business Students More Unethical Than Non Business Students ? », *Journal of Business Ethics*, 16, 1997, p. 445-450.

Wernerfelt B., « A ressource-based view of the firm », *Strategic Management Journal*, n°5, 1984, p. 171-180.

Wimbush J.S., Shephard J.M., « Toward an Understanding of Ethical Climate: Its Relationship to Ethical Behaviour and Supervisory Influence », *Journal of Business Ethics*, 13, 1994, p. 637-647.

Weeks W., Nantel J., « Corporate codes of ethics and sales force behavior: a case study », *Journal of Business Ethics*, 11, 1992, p. 753-760.

Wines W., Napier N.K., « Towards an Understanding of Cross-cultural Ethics: A Tentative Model », *Journal of Business Ethics*, 11, 1992, p. 831-841.

Index

A

ABÉLARD, 35.

Abus de biens sociaux, 51, 72, 73, 170, 176.

Affectio societatis, 74.

APEL, 19.

Approche déontologique, 65, 217.

Audit, 4, 10, 11, 12, 64, 81, 89, 97, 104, 107, 112, 157, 175, 189, 199, 220.

B

Boycott, 7, 189.

C

Capital immatériel, 30.

Catastrophe-mix, 7.

Causes humanitaires et sociales, XVI.

Charte éthique, XIII, 9, 10, 12, 13, 32, 53, 54, 97, 102, 124.

Code de l'entreprise, 12.

Code éthique, 9, 32, 102.

Codes de bonne conduite, 65.

Complexité, 27, 44, 49, 52, 69, 168.

Comportement entrepreneurial, 46.

Comportements
~ déviants, 108, 169.

~ éthiques, XIV, 5, 12, 27, 43. 47, 52, 55, 63, 64, 95, 101, 102, 107, 108, 110, 112, 117, 126, 183, 191, 201.
~ prédateurs, 169.

Confiance, 97, 155.

Consommation citoyenne, 195.

Corporate governance, 63, 65, 68, 80, 81, 85, 87, 89, 90.

D

Déficit éthique, XV, 129, 130, 145, 151, 152.

Délit d'initié, 50, 71, 169.

Démarche éthique, XIV, 57.

Déontologie
code de ~ , 98, 102, 104, 107.
~ financière, 168, 171, 217.

Désaffection de la vente, 150.

Dissonances éthiques, 144.

Duplicité du discours, 198.

E

Efficacité communicationnelle, 58.

Entrepreneur, 45.

Entrepreneuriat, 44.
~ social, 193.

Esprit d'entreprise, XIV.

Ethic officer, 108.

Éthique
~ collective, 3.
~ coopérative, 155.
~ d'alliance, 155.
~ de la communication, 121.
~ de la distribution, 120.
~ de gestion, XIII, 22.
~ de l'argent, 167.
~ du prix, 119.
~ de la responsabilité, 59, 165.
~ de la vente, 145.
~ du droit des sociétés, 66.
~ du travail, 29.
~ entre pairs, 138.
~ financière, 71, 167, 173.
~ individualiste, 15.
~ individuelle, 3, 17.
~ mondiale, 153.
~ normative, 5.
~ du produit, 117.

Exemplarité, 47.

F

Fonds de pension, 7, 68, 69, 76, 78, 81, 105, 174.
Fonds éthiques, 153, 174, 176, 183, 192.
FREUD, 14.
Fusions-acquisitions, 31, 154, 159, 165, 166, 167.

G

Gestionnaire de capital, 77.
Gouvernement d'entreprise, 63, 64, 65, 74, 75, 78, 79, 80, 81, 84, 85, 86, 87, 88, 89, 90, 91.

H

HABERMAS, 18.
HEGEL, 36.
HERMÈS (mythe d'), 132.
Humanitaire, 8, 49, 179, 182, 184, 185, 187, 188, 189 190, 191, 192, 193, 194, 196, 198, 200, 202, 203, 205.
Hypocrisie, 182, 185.

I

Image de la vente, 146.
Information financière, 79, 80, 83, 87.
Instrumentalisation de l'éthique, 57, 142, 198, 199.
Intentions éthiques, XVI.
Intérêt social, 66, 67, 68, 70, 72, 73, 75, 86, 194.
Irrationnel, 25.

J

JONAS, 19.
Justice, 5, 6, 18, 19, 33, 34, 124, 136, 154, 172, 173, 177, 198, 208.
~ économique, 173.
~ réglementaire, 173.

K

KANT, 14, 36.
KIERKEGAARD, 37.
Knowledge management, 30.

L

Légitimation, 205.
Légitimité, 65, 66, 85, 125, 149, 150, 152, 167, 170, 198, 202, 203.
LOCKE, 35.
Loyauté, XIV, XV, 54, 63, 66, 67, 72, 85, 86, 88, 115, 116, 125, 126, 154, 159, 165, 205.

M

MACHIAVEL, 14.
Management de la vente, 145.
Management éthique, 107, 109.
Management responsable, 105.
Marché financier, 76, 79, 171.
Marché humanitaire, 8.
Markéthique, 177.
MARX, 37.
Mécénat social, 194.

Mécénat technologique, 196.
Médias, 15.
Médiatisation de l'entreprise, 200.
Métaéthique, 5.
Métamorale, 13.
Militantisme, 179, 182, 183, 186, 188, 191, 193, 194, 196, 197, 198, 199, 200, 201, 203.
~ de l'entreprise, XVI, 181, 182, 187, 188, 189, 191, 192, 193, 197, 201, 202, 205.
Mix-marketing, 115.
Morale, 131.
pratique ~ , 21.
~ de l'intérêt, 206.
Mythe d'Hermès, 132.

N

Net-économie, 28, 32.
NIETZSCHE, 14, 37.
Normes morales, 4.

O

Obligation de loyauté, 67.
Opinion publique, XV, 6, 7, 22, 71, 95, 97, 116, 146, 188, 189, 190, 191.

P

Philanthropie, 8.
Philosophie de la morale, 20.
Position éthique, 100.
Pratiques éthiques, 101.
Principes éthiques, 99.
Problème moral, 21.

Processus d'acquisition, 161.
Protestantisme, 17.

R

Raison, 35.
Rapport de gestion, 83.
Rapports Vienot, 81.
Rating d'Arese, 176.
RAWLS, 18, 173.
Règles éthiques, 9, 10, 16, 22, 56, 58, 108, 136, 207.
Relations publiques, 7.
Religions, 16.
Renaissance, 14.
Responsabilité des dirigeants, 68, 89, 165.
Responsabilités sociétales, 190.
ROUSSEAU, 35.

S

SAINT THOMAS, 34.
SARTRE, 38.
Shareholder value, 65, 70.
Socialement correct, 188, 192, 193, 196, 205.
Standards de conduite, 11.

T

TIC, XIII, 1, 25, 27.
TRACFIN, 172.

V

Valeur actionnariale, 65, 68, 70, 78, 79.
Vente éthique, 134.